Marcel Dirsus

Wie Diktatoren stürzen

und wie Demokraten siegen können

Marcel Dirsus

Wie Diktatoren stürzen

und wie Demokraten siegen können

Aus dem Englischen von
Sylvia Bieker und Henriette Zeltner

Kiepenheuer & Witsch

1. Auflage 2025

Titel der Originalausgabe How Tyrants Fall
First published in Great Britain in 2024 by John Murray (Publishers)
© Marcel Dirsus 2024
Aus dem Englischen von Sylvia Bieker und Henriette Zeltner-Shane
© 2025, Verlag Kiepenheuer & Witsch GmbH & Co. KG,
Bahnhofsvorplatz 1, 50667 Köln
Alle Rechte vorbehalten
Die Nutzung unserer Werke für Text- und Data-Mining
im Sinne von § 44b UrhG behalten wir uns explizit vor.
Covergestaltung Jana Meier-Roberts
Covermotiv © Stephanie Sinclair/Chicago Tribune/KRT/ABACAPRESS /
Alamy Stock Photo
Gesetzt aus der Adobe Garamond Pro und der Forma DJR Text
Satz Buch-Werkstatt GmbH, Bad Aibling
Druck und Bindung GGP Media GmbH, Pößneck
ISBN 978-3-462-00805-0

Kontaktadresse nach EU-Produktsicherheitsverordnung:
produktsicherheit@kiwi-verlag.de

Für Anneliese

Inhalt

Einleitung: Die Golden Gun — 9
1. Die Tretmühle des Diktators — 31
2. Der Feind im eigenen Haus — 62
3. Das Militär schwächen — 95
4. Rebellen, Waffen und Geld — 131
5. Feinde im In- und Ausland — 160
6. Wer schießt, verliert — 187
7. Keine andere Option — 219
8. Vorsicht vor dem, was man sich wünscht — 247
9. Wie man Diktatoren stürzt — 277

Dank — 313
Anmerkungen — 315
Personenregister — 357

Einleitung: Die Golden Gun

Ich leugne nicht, einsam zu sein. Zutiefst einsam. Ein König, der niemandem Rechenschaft ablegen muss, was er sagt und tut, ist zwangsläufig sehr allein.[1]

Mohammad Reza Pahlavi, Schah von Persien

Die mächtigsten Diktatoren der Welt sind dazu verdammt, ein Leben in Angst zu führen. Mit einem Fingerschnippen lassen sie Feinde verschwinden. Sie selbst, ihre Familien und Gefolgsleute mögen von ihren luxuriösen Palästen aus ganze Länder beherrschen, aber dennoch sind sie jede wache Stunde von der Angst geplagt, alles zu verlieren. Ganz gleich, wie mächtig sie sind, kein Befehl und kein Geld der Welt kann dafür sorgen, dass die Angst verschwindet. Nur eine falsche Entscheidung und sie werden gestürzt. Und wenn Diktatoren fallen, landen sie häufig im Exil, in einer Gefängniszelle oder gleich unter der Erde.

An einem kalten Wintertag Ende 2007 gab die patrouillierende Amazonen-Garde in grüner Tarnkleidung das Zeichen, alles sei unter Kontrolle. Einen Augenblick später trat Oberst Muammar al-Gaddafi aus dem Hôtel de Marigny im Zentrum von Paris. Nachdem er die Treppe hinuntergegangen war, schritt er über einen roten Teppich auf dem makellosen Rasen vor dem Gebäude. Am Ende des Teppichs stand ein riesiges Zelt. Das Hôtel de

Marigny, von der französischen Regierung als Gästehaus für Staatsgäste genutzt, war es gewohnt, den Marotten mächtiger Herrscher zu entsprechen. Aber noch nie zuvor war ein Beduinenzelt im Garten errichtet worden, damit ein Diktator, der sich zu Besuch befand, seine Gäste nach »Wüstentradition« empfangen konnte.[2]

Dieses Zelt war innen mit Bildern von Kamelen und Palmen dekoriert. In schweren Ledersesseln konnten aufmerksame Besucher Platz nehmen und zuhören. Abends wurden Gäste mit einem großen offenen Feuer begrüßt.

Zusätzlich zu dem Zelt, das ihm als Arbeitsplatz diente, machte Gaddafi Paris zu seiner persönlichen Spielwiese. Ursprünglich nur drei Tage nach Frankreich eingeladen, beschloss er, fünf zu bleiben. Er war mit seiner berüchtigten, ausschließlich aus Frauen bestehenden Leibgarde und einer derart großen Entourage in Paris eingetroffen, dass es hundert Fahrzeuge bedurfte, die in langen Kolonnen durch die Stadt fuhren. Präsident Nicolas Sarkozy empfing ihn mit militärischen Ehren. Als Gaddafi beschloss, Schloss Versailles zu besichtigen, weil Ludwig XIV. ihn faszinierte, brachte er eine »Delegation« von hundert Personen mit. Er wurde in einer überlangen weißen Limousine, die überall Staus verursachte, von seinem Zelt abgeholt. Als er mit einem Boot auf der Seine fahren wollte, mussten sämtliche Brücken entlang des Flusses für die Öffentlichkeit gesperrt werden.[3] Gaddafi ging sogar auf Fasanenjagd, ein höchst ungewöhnlicher Programmpunkt für ein besuchendes Staatsoberhaupt im 21. Jahrhundert.[4] Für Gaddafi jedoch Normalität. Seine selbstherrliche Haltung gegenüber dem Rest der Welt veranschaulicht auch seine Reaktion auf einen Vorfall im Jahr 2008, als sein

Sohn in Genf verhaftet wurde, weil er zwei Angestellte in einem Luxushotel attackiert hatte. Im darauffolgenden Jahr forderte der Diktator Italien, Deutschland und Frankreich auf, die Schweiz »aufzulösen«.[5] Als das nicht geschah, rief Gaddafi die Muslime in aller Welt zum Heiligen Krieg gegen das Land auf. Und bei der UNO-Vollversammlung, wo Staatsoberhäupter gewöhnlich fünfzehn Minuten Redezeit haben, sprach Gaddafi ganze dreiundneunzig Minuten. Während seines Vortrags bezeichnete er den Sicherheitsrat als »Terrorrat«, warb für seine Website, beklagte sich über seinen Jetlag und sprach über die Ermordung von John F. Kennedy.[6]

Von aller Exzentrik abgesehen: Gaddafi, der in Libyen seit den späten 1960er-Jahren herrschte, war ein blutrünstiger Diktator.

Wollte er weiterleben, musste er an der Macht bleiben. Und um an der Macht zu bleiben, verließ er sich darauf, allen, die er regierte, Angst einzujagen. In den Straßen von Tripolis drohte dem Volk, sollte es sich je gegen das Regime aussprechen, unmittelbar die Inhaftierung oder sogar der Tod. An einem einzigen Tag im Sommer 1996 massakrierten Gaddafis Sicherheitskräfte in einem der Foltergefängnisse des Regimes mehr als zwölfhundert Menschen.[7] Selbst regimefeindliche Gedanken galten als gefährlich. Ein Libyer drückte es so aus: »Wir wagten es nicht nur nicht, irgendeine Kritik zu äußern, wir wagten es nicht einmal, irgendetwas Kritisches zu *denken*.«[8]

Doch selbst auf dem Höhepunkt seiner Macht – als viele seiner Feinde unter der Erde oder in Gefängnissen verrotteten – sah sich Gaddafi von allen Seiten bedroht. Die Mauern um seinen Hauptwohnsitz waren vier Meter hoch und einen Meter dick. Unter dem Gelände ließ Gaddafi von seinen Männern ein so ungeheuer großes Netz von Tunneln als Fluchtmöglichkeit errichten, dass man darin mit Golfcarts umherfahren konnte.[9] Ein unterirdisches Fernsehstudio stand bereit, damit sich der Diktator bei einer Belagerung an sein Volk wenden konnte.[10] In einem anderen Gaddafi-Anwesen in Tripolis befand sich hinter schweren Bunkertüren ein Operationssaal, damit das Leben des Diktators selbst während einer blutigen Revolution gerettet werden könnte. Das unterirdische Labyrinth dort war dermaßen weitläufig, dass ein Journalist es als »Irrgarten« bezeichnete.[11]

Ein von seiner rosigen Zukunft überzeugter Mann benötigt nicht mehrere Anwesen mit kilometerlangen unterirdischen Tunneln. Aber Gaddafi wusste, seine Zukunft war nicht sicher. Für Diktatoren ist es eine sehr reale Notwendigkeit, Schutzanlagen wie diese zu bauen. Ihre Bedrohungen sind gewaltig und konstant.

Am 15. Februar 2011 brachen in Libyens zweitgrößter Stadt Bengasi Proteste aus, nachdem das Regime einen Anwalt verhaftet hatte, der Opfer des Gefängnismassakers von 1996 vertrat.

In Gaddafis Libyen, wo oppositionelle Meinungen nicht geduldet wurden, war dies ein äußerst seltenes Zeichen für Dissens.[12] Der Panzer des Regimes bekam Risse und die Situation eskalierte rasch, denn der Widerstand wuchs und griff auf andere Städte über. Als Reaktion darauf hielt Gaddafi im Staatsfernsehen eine Rede, in der er schwor, »Libyen Haus für Haus zu säubern«.[13] »Ich werde das Land nicht verlassen«, sagte Gaddafi und fügte hinzu, er werde »als Märtyrer sterben«.[14]

Doch zu dem Zeitpunkt war Gaddafi immer noch zuversichtlich, nicht sterben zu müssen. Und obwohl die Rebellen inzwischen ganze Städte kontrollierten, blieben dem Regime ausreichend Offensivkräfte. Am 16. März näherten sich Gaddafis Truppen dem von Rebellen gehaltenen Bengasi und einer von Gaddafis Söhnen prahlte in einem Interview, dass »in 48 Stunden alles vorbei sein wird«.[15]

Nachdem Gaddafi seine Feinde als Ratten bezeichnet hatte, bestand nun die sehr reale Möglichkeit, dass vor den Augen der Weltöffentlichkeit ein Massenmord stattfinden würde.[16] Daher stimmte der UNO-Sicherheitsrat mit zehn zu null Stimmen dafür, »alle notwendigen Maßnahmen zum Schutz der Zivilbevölkerung zu ergreifen«.[17] Das Ende hatte sich nun seit geraumer Zeit abgezeichnet, dies war der Anfang. Zwei Tage später flogen französische Kampfjets Angriffe auf das Regime, während Kriegsschiffe der US Navy Marschflugkörper abfeuerten, um libysche Luftabwehrsysteme zu neutralisieren. US-Präsident Barack Obama meldete sich dazu von einem Auslandsbesuch in Brasilien: »Wir können nicht tatenlos zusehen, wie ein Tyrann seinem Volk erklärt, es werde keine Gnade geben.«[18]

Als das Regime im Oktober schon stark geschwächt war und noch immer Bomben fielen, ahnte Gaddafi, dass der Moment gekommen war, den er schon lange gefürchtet hatte. Es gab keine gesicherten Anwesen mehr, keine Tunnel und keine Mauern, die den Diktator hätten schützen können. Stattdessen irrten Gaddafi und seine Unterstützer in der Küstenstadt Sirte, in deren Nähe der Diktator zur Welt gekommen war, von Haus zu Haus. Die Vorräte waren knapp und Gaddafis Bodyguards gezwungen, nach

Nudeln und Reis zu suchen. Gaddafi selbst war eindeutig verwirrt. »Warum gibt es kein Wasser? Warum gibt es keinen Strom?«, fragte er den Führer seiner Garde. Ein Fluchtversuch war riskant, aber die näher rückenden Rebellen und der ständige Beschuss machten es unmöglich, in Sirte zu bleiben. Schließlich stimmte Gaddafi widerwillig der Flucht zu. Ursprünglich sollte es im Schutz der Dunkelheit um drei Uhr nachts losgehen, doch der Konvoi aus etwa vierzig Fahrzeugen machte sich erst fünf Stunden später auf den Weg. Da war die Sonne bereits aufgegangen. Eine halbe Stunde nach Abfahrt wurde die Wagenkolonne von Raketen getroffen. Eine der Explosionen war so nah, dass der Airbag des Toyota Land Cruiser, in dem Gaddafi saß, ausgelöst wurde.[19] Man beschloss, zu Fuß weiterzufliehen. Nachdem sie ein Gehöft hinter sich gelassen hatten, blieb ihnen nichts anderes übrig, als sich in einem übel riechenden Abwasserkanal zu verstecken.[20]

Nachdem die Rebellen ihn gefasst hatten, konnte er nicht begreifen, was geschah. Er war doch Oberst Muammar al-Gaddafi, der Pate von Libyen, der König der Könige von Afrika. Und, wie er sich selbst einmal beschrieb: der Führer, der in den Herzen aller Libyer lebte. »Was soll das? Was soll das, meine Söhne? Was macht ihr da?«, fragte Gaddafi.[21] Seine »Söhne« behandelten ihn unablässig brutal. Vom Mob geschlagen und mit einem Bajonett misshandelt, zeigen die letzten Aufnahmen von Gaddafi, wie er mit blutüberströmtem Kopf auf dem Dach eines Autos hockt und um Gnade bettelt.[22]

Die Aufständischen feierten, den Diktator endlich in ihrer Gewalt zu haben. Eines der einprägsamsten Bilder des Bürgerkriegs zeigt einen jungen Rebellen, der auf den

Schultern seiner Kameraden getragen wird und eine goldene, mit kunstvollen Gravuren verzierte Pistole hochhält. Diese Waffe gehörte Gaddafi, angeblich ein Geschenk eines seiner Söhne.[23] Das nenne ich das goldene Paradoxon: Diktatoren können alle Insignien der Macht besitzen, sogar eine Pistole aus Gold, aber zum Zeitpunkt, da sie ihre Macht nutzen müssen, um sich selbst zu retten, ist es bereits zu spät. Ein Diktator kann sich nicht einmal mit einer goldenen Pistole retten. Für Gaddafi bedeutete diese Waffe nur so lange Macht, wie das Volk an diese glaubte. Als das vorbei war, nutzte die Golden Gun nichts mehr.

Am Ende dieses Tages, des 20. Oktober 2011, war die goldene Pistole verschwunden und der Diktator tot. Als letzte Demütigung wurde Gaddafi nicht einmal das im Islam übliche schnelle Begräbnis zuteil. Stattdessen stellte man seinen Leichnam mit nacktem Oberkörper in der Fleischkühlkammer eines örtlichen Einkaufszentrums öffentlich zur Schau.[24] Von einem Journalisten darauf angesprochen, antwortete ein Einheimischer, Gaddafi habe sein Schicksal selbst gewählt. »Wäre er ein guter Mensch gewesen, hätten wir ihn begraben«, sagte er.[25]

Und tatsächlich: Wäre Gaddafi ein guter Mensch gewesen oder auch nur ein demokratischer Regierungschef statt eines Diktators, hätte er vermutlich ein vollkommen anderes Ende genommen.

Tyrannentum ist riskant.

Laut einer Studie, in der untersucht wurde, wie 2790 Herrscher ihre Macht verloren, ging es 1925 (69 Prozent) nach ihrem Ausscheiden aus dem Amt gut. »Nur« etwa 23 Prozent wurden ins Exil geschickt, eingesperrt oder getötet.[26] Aber das betrifft alle Länder und alle politischen

Systeme. Konzentriert man sich allein auf personalistische Diktatoren – die Staatslenker mit der größten Machtkonzentration –, sind die Zahlen umgekehrt. 69 Prozent dieser Tyrannen werden ins Gefängnis gesperrt, ins Exil gezwungen oder getötet.[27] Die Chancen auf einen ruhigen Lebensabend sind schlechter als bei einem Münzwurf.

Ich beschäftige mich seit mehr als zehn Jahren mit Tyrannen und damit, wie sie an der Macht bleiben oder diese verlieren. An der Universität Oxford habe ich das Leben der Mitglieder des Politbüros der Kommunistischen Partei der Sowjetunion untersucht. Wer waren diese Leute? Wie konnten sie in einem derart feindseligen System an die Spitze gelangen? Und was war ihnen wichtig?

Nach meinem Abschluss in Oxford dachte ich, ich hätte genug davon, mir über Diktaturen Gedanken zu machen (und in staubigen Bibliotheken zu sitzen). Ich wollte die Welt sehen und beschloss, für eine Brauerei in der Demokratischen Republik Kongo zu arbeiten. Die unvergesslichsten Lektionen dort betrafen jedoch nicht Hopfen oder Gerste, sondern wie autoritäre Regime funktionieren – und wie viele Tyrannen ständig ein Leben auf Messers Schneide führen.

Am 30. Dezember 2013 war ich gerade in Lubumbashi, als bewaffnete Angreifer die Studios des staatlichen Rundfunks in Kinshasa stürmten. Die Männer brachten den Sender unter ihre Kontrolle und verkündeten eine an den Präsidenten Joseph Kabila gerichtete Botschaft. Sie erklärten ihm, er sei am Ende, seine Zeit sei abgelaufen. Während sie sprachen, griffen ihre Komplizen den wichtigsten Flughafen des Landes an. Auch ein Militärstützpunkt wurde getroffen.[28]

In Lubumbashi, auf der anderen Seite des Landes, waren zuverlässige Informationen nur schwer zu bekommen. »Haben Sie gehört, was in Kinshasa los ist?«, fragten Leute in der Brauerei. Während des Mittagessens versuchte ich herauszufinden, was genau vor sich ging. Niemand wusste etwas. Da die Gewalt weit weg zu sein schien, ging ich zurück ins Büro, das sich auf demselben Gelände befand wie mein Bungalow. An einem normalen Montag wäre dieser Spaziergang einer der schönsten Momente des Tages gewesen. Lubumbashi ist nicht gerade eine grüne Stadt, aber die Vegetation hier war üppig. Auf dem Weg staunte ich stets über die Größe der Palmen oder beobachtete außergewöhnliche Vögel über mir. Das alles ähnelte einer Oase.

An diesem Tag jedoch war es anders. Auf dem Rückweg zur Arbeit wurde die Stille von einem Knall gestört. Ein Schuss. Dann noch einer und noch einer, ein Rat-ta-ta von Schüssen aus drei Richtungen. Dann hörte ich etwas Größeres, eine Explosion. Eine Million Gedanken schossen mir durch den Kopf. Unwahrscheinlich, dass hinter den Mauern des Geländes eine verirrte Kugel zu einem Problem werden würde. Aber was, wenn diese Explosion von einem Mörser stammte? Noch so ein Schuss konnte ernsthaften Schaden anrichten, selbst wenn ich nicht das eigentliche Ziel war. Ich befand mich mehr als 1500 Kilometer von der deutschen Botschaft entfernt. Die Flughäfen waren geschlossen, Fliegen war also keine Option, falls sich die Lage verschlimmern sollte. Wenn wir evakuiert werden mussten, dann auf dem Landweg Richtung Süden, über die Grenze nach Sambia. Mittlerweile leicht panisch, drehte ich mich zu meinen Kollegen um und fragte: »Was sollen wir tun?« Die Antwort: »Nichts.« Ja, sie hatten die

Schüsse auch gehört, aber sie hatten schon früher Schüsse gehört, und nie war dem etwas wirklich Schlimmes gefolgt, warum also sollte das jetzt anders sein?

Und das war's. Für mich als Gast aus Europa und hinter Betonmauern existierte eine Isolierschicht zwischen der Gefahr und mir. Draußen, in der Stadt, hatten andere nicht so viel Glück.

Ich drehte mich also wieder um und arbeitete weiter.

Der Putschversuch in Kinshasa war von einem religiösen Führer initiiert – Paul-Joseph Mukungubila Mutombo – und das Militär attackierte nun seine Kirche in Lubumbashi.[29] Als dem selbst ernannten Propheten Mukungubila klar wurde, dass er keinen Erfolg haben würde, floh er mit fünf seiner achtzehn Frauen und zwölf seiner neunzehn Kinder aus dem Land.[30] Joseph Kabila, der das Land seit der Ermordung seines Vaters regiert hatte, blieb an der Macht.

Ich erinnere mich, dass mir die gelassenen Reaktionen der Menschen merkwürdig vorkamen. Sollte man nicht *irgendetwas* unternehmen? Andererseits, was kann man schon tun, wenn es um einen Kampf wie den von Mukungubila gegen Kabila geht? Nichts. Man kann nur abwarten, ob der Tyrann stürzt und damit den Weg frei macht für einen anderen Tyrannen.

Ein paar Monate später kehrte ich nach Europa zurück, aber dieser Tag ging mir nicht mehr aus dem Kopf. Wie ist es möglich, dass einige Länder mit solcher Regelmäßigkeit schwere Instabilität erleben, dass sich das Volk derart daran gewöhnt hat? Warum hielt sich Kabila weitere fünf Jahre an der Macht? Wann verlieren Herrscher wie er die Macht? Und wenn, was passiert dann als Nächstes?

Ich beschloss zu erforschen, wie Diktatoren stürzen. In meiner Dissertation konzentrierte ich mich auf irreguläre Regierungswechsel wie den, den Mukungubila in der Demokratischen Republik Kongo versuchte. Seitdem habe ich mich nicht nur in der Forschung, sondern auch in multinationalen Unternehmen, Stiftungen und internationalen Organisationen wie der NATO und der OECD mit diesen Themen befasst. Dabei hat mich die Frage, wie Diktatoren stürzen, nicht losgelassen.

Im Oktober 1938, als Nazideutschland bereits Österreich annektiert und das Sudetenland besetzt hatte, hielt Winston Churchill eine Rede an die Bevölkerung der USA. Es war ein Ruf zu den Waffen:

> Man sieht diese Diktatoren auf ihren Sockeln, umgeben von den Bajonetten ihrer Soldaten und den Knüppeln ihrer Polizei. Von allen Seiten werden sie von Massen bewaffneter Männer, Kanonen, Flugzeugen, Festungsanlagen und dergleichen bewacht – sie prahlen und rühmen sich vor der Welt, doch in ihren Herzen herrscht unausgesprochene Angst.[31]

Die meisten Menschen stellen sich im Zusammenhang mit dem Begriff Diktator einen Mann vor (und es ist auch fast immer ein Mann), der absolute Macht ausübt. Das ist ein Mythos. Kein politischer Führer hat jemals die absolute Macht besessen. Selbst die mächtigsten Diktatoren brauchen andere, um an der Macht zu bleiben. Um auf ihrem Sockel zu bleiben, müssen sie die Menschen kontrollieren, die ihnen am nächsten stehen. Tun sie das nicht, sind sie in unmittelbarer Gefahr.

Die zentrale Problematik, mit der sich Tyrannen konfrontiert sehen, besteht darin, dass die Beseitigung der vielen direkten Bedrohungen ihrer Position kostspielig sein kann und einen nicht enden wollenden Kreislauf neuer Probleme schafft. Irgendwann fällt der Diktator möglicherweise doch von seinem Sockel. Und wenn das passiert, ist nicht nur er in Gefahr, ganze Nationen können mit in den Abgrund gerissen werden.

Bevor wir das näher betrachten, ein Wort der Warnung: Keine Diktatur ist wie die andere. Nordkorea ist nicht Turkmenistan und Kuba nicht Russland. Genauso unterscheiden sich Tyrannen voneinander. Heutzutage werden Herrscher so bezeichnet, wenn sie auf grausame und unterdrückerische Weise handeln. Das führt zu einer sehr breiten Palette von Herrschern. Da die meisten Männer sind, bezeichne ich sie hier allgemein in der maskulinen Form: er/ihm. Der Tyrann kann ein König, ein personalistischer Diktator oder ein Anführer einer Militärjunta sein. Vielleicht ist er auch Generalsekretär der Partei eines Einparteienstaats oder steht an der Spitze einer Theokratie, die ihre Legitimität aus dem unterstellten Willen Gottes ableitet. Das Land, das er regiert, kann reich sein oder arm, bergig oder flach.

Vielfalt herrscht auch unter den Tyrannen selbst. Manche, wie Saddam Hussein, hatten eine schreckliche Kindheit, in der sie regelmäßig geschlagen und misshandelt wurden.[32] Andere, wie Mao, wurden in ihrer Jugend verhätschelt.[33] Adolf Hitler war ein solcher Choleriker, dass er sich kaum zurückhalten konnte loszuschreien, sobald er sich aufregte. Pol Pot zeigte kaum Emotionen. Auch die Art und Weise, wie diese Tyrannen an die Macht kommen, ist äußerst unterschiedlich. Einige erreichten ihr Ziel, indem sie ihre Konkurrenten gut organisiert ausmanövrierten. Andere, wie zum Beispiel Idi Amin, waren einfach brutaler als alle anderen. Die »erfolgreichsten« Diktatoren, beispielsweise Stalin, beherrschten beide Methoden gut.

Diese Vielfalt bedeutet auch, dass jede pauschale Aussage ihre Ausnahme hat. Doch es gibt Muster und gemeinsame Merkmale. Hier gilt es, gerade *wegen* der vielen Bäume den Wald noch zu sehen. Leider können wir Diktatoren nicht immer aus der Nähe betrachten. Im Gegensatz zu Demokratien, die sich vergleichsweise transparent und offen zeigen, sind Diktaturen wie tiefe Höhlen voller Geheimnisse. Menschen, die etwas Unerwünschtes sagen, verschwinden möglicherweise sofort. Staatliche Verlautbarungen sind mit Lügen gespickt. Journalisten, die die Wahrheit berichten, leben eventuell nicht lange.

Es ist nicht leicht, das Wesen einer Diktatur zu verstehen. Es kann sein, dass der stellvertretende Ministerpräsident nur eine Marionette ist, vielleicht ist er aber wirklich die zweitwichtigste politische Figur des Landes. Eventuell spielen die staatlichen Institutionen keine große Rolle, weil sie von einer revolutionären politischen Partei kontrolliert werden. Vielleicht spielen weder Staat noch Partei eine Rolle, weil die Macht dermaßen auf eine einzelne Person ausgerichtet ist. Durchaus möglich, dass der Leibwächter des Tyrannen mächtiger ist als Kabinettsmitglieder oder die Parteiführung, weil er das Ohr des Diktators hat und Nähe wichtiger ist als formale Macht. Das ist schwer zu beurteilen. Diktaturen leben vom Geflüster, von geheimen Absprachen und Vertuschungen.

Bei der Erforschung, wie es zum Sturz von Diktatoren kommt, besteht eine weitere Schwierigkeit darin, dass unabhängig von der politischen Instabilität und Häufigkeit der Aufstände nicht jeden Tag ein Diktator stürzt.[34] In einer funktionierenden Demokratie mit Wahlen, deren Ergebnisse respektiert werden, kann man bei vielen Gelegenheiten beobachten, wie führende Politiker ihr Amt verlieren. Diktatoren hingegen mögen viele Jahrzehnte im Amt bleiben. Treten sie ab, können sie im Nu zu Fall kommen, durch einen einzigen Schuss oder aufgrund eines Putsches innerhalb von Stunden. Und dann ist es oft schwierig, festzustellen, wie genau sie gestürzt wurden – zum einen, weil es so selten vorkommt, zum anderen, weil der Sturz von Diktatoren oft mit einem Wendepunkt verbunden ist, an dem sie bereits derart instabil sind, dass die Anhänger sich in Massen von ihnen abwenden, um später so zu tun, als wären sie die gesamte Zeit gegen den Herrscher gewesen.[35]

Darüber hinaus kann man Diktaturen nicht verstehen, wenn man bloß die Person an sich betrachtet. Diktatoren agieren innerhalb eines Systems – und sie brauchen dieses System, um an der Macht zu bleiben. Wir werden daher ergründen, wie autoritäre Regime funktionieren. Eine Möglichkeit, ein Regime im Vergleich zu seinem Führer zu betrachten, besteht darin, sich die Grundsätze näher anzusehen, nach denen neue Anführer ausgesucht werden.[36] Wenn also die Generäle einer Militärdiktatur den obersten General durch einen neuen General ersetzen, handelt es sich um einen anderen Anführer, aber immer noch um dasselbe Regime. Wenn aber Demonstranten die gesamte Militärjunta kippen und an ihrer Stelle eine

Demokratie oder eine kommunistische Diktatur errichten, ist das ein neues Regime. Nicht nur die Person, sondern auch das System selbst ist dann ein anderes.

Für dieses Buch habe ich mit Diplomaten, Journalisten, Dissidenten, Menschenrechtsaktivisten und (ehemaligen) Spionen gesprochen. Da das Thema so weitreichend ist, habe ich außerdem Experten für Wirtschaftssanktionen, Atomwaffen, Militärgeschichte, quantitative Prognosen und viele weitere Themen konsultiert. Ich kann nicht alle dieser Personen zitieren, aber jede Unterhaltung war spannend.

Es gab auch ein paar eher ungewöhnliche Begegnungen. Gleich zu Beginn sprach ich mit einem Professor für römische Geschichte, der so freundlich war, sich mit mir ausführlich über die Herrschaft von Kaiser Caligula zu unterhalten. Danach traf ich einen US-Bürger mit gambischen Wurzeln, der nach dem Versuch, sein Heimatland von einem Diktator zu befreien, der dort eine Milliarde Jahre lang regieren wollte, im Gefängnis gesessen hatte. Irgendwann führte ich einen WhatsApp-Call mit einem zentralafrikanischen Politiker, der wegen Kriegsverbrechen angeklagt war, und ich fragte mich, ob ich das »Nett, Sie kennenzulernen« wirklich ernst meinte.

Dieses Buch ermöglichte mir auch, mehr über mein Heimatland zu erfahren. Für mich, der ich kurz nach dem Ende des Kalten Krieges in Westdeutschland auf die Welt kam, war die Deutsche Demokratische Republik (DDR) immer weit weg. Die DDR existierte weder vor langer Zeit noch in weiter Ferne, aber sie hätte genauso gut in einem anderen Universum existieren können, weil es fast unmöglich war, sie sich in solcher Nähe vorzustellen. Dieses Buch zu schreiben, hat das geändert. Ich fuhr nach Leipzig, um mit Siegbert Schefke zu sprechen, der maßgeblich am Sturz des Regimes jenseits der Mauer beteiligt war. Als ich hörte, wie er vom 9. Oktober 1989 erzählte – dem Tag, an dem »die Angst die Seiten wechselte« –, wurde all das, was bislang abstrakt erschien, real und unerlässlich für mich und für uns alle zu verstehen.[37]

In diesem Buch geht es um Zielkonflikte und Abwägungen, mit denen sich Diktatoren und die Menschen in ihrem direkten Umfeld konfrontiert sehen. Sie alle wollen mehrerlei gleichzeitig und können nicht alles haben, also müssen sie harte Entscheidungen treffen. Im ersten Kapitel, »Die Tretmühle des Diktators«, werde ich darlegen, warum Diktatoren in der Regel versuchen, an der Macht zu bleiben, sobald sie sie einmal erlangt haben. Diktator zu sein, kann sich als reizvoll erweisen. Aber was noch wichtiger ist: Ein freiwilliger Rücktritt ist äußerst gefährlich. Die meisten sind nicht bereit, dieses Risiko einzugehen, also versuchen sie, sich an der Macht zu halten. Um überhaupt eine Chance zu haben, an der Macht zu bleiben, müssen sie sich auf Palasteliten und Soldaten konzentrieren. Doch wie ich in den Kapiteln »Der Feind im eigenen Haus« und »Das Militär schwächen« aufzeige, ist das schwierig. Außerdem führt der Fokus von Zeit und Geld auf die Neutralisierung der Bedrohung seitens bewaffneter Männer und mächtiger Eliten irgendwann zu einer Vielzahl von weiteren Problemen. Werden der Bevölkerung Ressourcen entzogen, um sie einer kleinen Gruppe nahe der Spitze zukommen zu lassen, könnte sich das Volk gegen das Regime erheben. Werden Angehörige der Elite aus der Hauptstadt vertrieben, können sie als Rebellenführer aus dem Hinterland zurückkehren. Und wenn das Militär gelähmt wird, haben es die Soldaten schwerer, gegen Aufständische oder ausländische Eindringlinge vorzugehen. Und zu guter Letzt entziehen sich manche Dinge auch einfach der Kontrolle des Tyrannen. Ein Diktator kann alles unternehmen, um seine Chancen zu maximieren, an der Macht zu bleiben, und wird vielleicht trotzdem ermordet. Das Risiko kann sogar höher sein, weil er alles »richtig« macht. Am Ende stürzt jeder Diktator, sei es durch gewaltsame Beseitigung oder natürlichen Tod. Aber was geschieht dann? Der Niedergang von Tyrannen führt oft zu Chaos und Konflikten. In dem Kapitel »Vorsicht bei dem, was man sich wünscht« gehe ich der Frage nach, unter welchen Umständen das zu verhindern ist. Sobald wir wissen, wie Diktatoren stürzen und was passiert, wenn der Fall eintritt, rücken andere Fragen in den Mittelpunkt. Können Außenstehende den Sturz beschleunigen? Wenn ja, wie? Und sollen sie das tun?

Diktatoren dürfen nicht ignoriert werden. Wir müssen ihnen Aufmerksamkeit geben – und sie besser verstehen. Der Verlust von Macht kann nicht nur den Verlust von Privilegien bedeuten, sondern auch den Verlust von Freiheit oder sogar des Lebens. Und diese Gefahr erklärt zu einem großen Teil, warum Tyrannen so handeln, wie sie handeln, solange sie an der Macht sind. Wir alle haben schon skurrile Geschichten über Diktatoren gelesen, die sich anscheinend völlig irre aufführten. Der turkmenische Diktator Saparmyrat Nyýazow errichtete in Ashgabat ein Monument mit einer zwölf Meter hohen, goldenen Statue von sich selbst, die sich mit der Sonne drehte.[38] Der Führer Nordkoreas Kim Jong-un ließ einen Mitarbeiter des Bildungsministeriums mit einem Flugabwehrgeschütz hinrichten – angeblich, weil der

Beamte in einer Sitzung eingeschlafen war.[39] Ein Teil von Idi Amins selbst gewähltem offiziellem Titel lautete sinngemäß: Herr aller Tiere der Erde und der Fische der Meere und Eroberer des britischen Empire in Afrika im Allgemeinen und Uganda im Besonderen.[40]

Auf den ersten Blick scheinen diese Machthaber verrückt zu sein. Ganz offensichtlich sind es keine normalen Menschen. Oft sind sie Narzissten. Manchmal psychopathisch. Fast immer skrupellos. Aber die überraschende Wahrheit lautet, die meisten sind auch *rational*. Sie haben nicht den Verstand verloren. Sondern angesichts des Systems, in dem sie agieren, und der Informationen, über die sie verfügen, sind Strategien, die darauf abzielen, zu foltern, zu töten und die Bevölkerung hungern zu lassen, während sie im Präsidentenpalast Reichtümer anhäufen, rational. Eben eine Möglichkeit, zu überleben.

Und so geht das seit Tausenden von Jahren. Demokratie, und was wir heute darunter verstehen, ist jung – Tyrannei ist alt. Seitdem Geschichtsschreibung existiert, haben die meisten Menschen die Herrschaft von Tyrannen erduldet. Im Jahr 1800 lebte niemand auf der Erde in einer wahren Demokratie. Grausame und unterdrückerische Obrigkeiten waren nicht die Ausnahme, sondern die Regel. Egal ob es sich bei dem Tyrannen um einen Häuptling, Herzog, König, Kaiser, Bischof, Sultan oder Kolonialgouverneur handelte: So waren Gesellschaften organisiert. Die Menschen waren Untertanen und Tyrannei schien unvermeidlich. Politischer Wandel bestimmte weitgehend, wer der Tyrann war, und nicht, ob es einen Tyrannen gab.

Selbst in der vergleichsweise jüngeren Geschichte herrschten Tyrannen. Am Ende des Zweiten Weltkriegs waren mehr als 90 Prozent der Länder der Erde keine Demokratien.[41] Es war eine Zeit, in der sich große Teile der Weltbevölkerung überhaupt nicht selbst regierten. Stattdessen lebten sie in Kolonien, die aus der Ferne regiert wurden. In der Folgezeit, während des Kalten Krieges, unterstützten beide Großmächte Tyrannen, wenn sie der Ansicht waren, dass dies ihrem Interesse nutzte. Die britische Regierung in London trug dazu bei, dass im Iran ein demokratisch gewählter Anführer zugunsten von Schah Pahlavi gestürzt wurde. Peking hielt das Regime von Pol Pot in Kambodscha am Leben, während weiter gemordet wurde. Aus Sorge vor einem Dominoeffekt führten die USA Kriege zur Unterstützung von verbrecherischen Diktaturen in Korea und Vietnam. Die französische Regierung bezahlte die Krönung von Jean-Bédel Bokassa, jenem zentralafrikanischen Diktator, der sich selbst zum Kaiser krönte, während sein Volk hungerte. Bokassa mochte ein Despot sein, aber er war Frankreichs Despot. Das war im Jahr 1977.

Der Kalte Krieg war auch eine Zeit der nationalen Befreiung – viele Völker, die einst kolonisiert worden waren, eroberten die Kontrolle zurück. Ursprünglich hatte die UNO nur 51 Mitglieder. Mitte der 1970er-Jahre waren es bereits 144. Heute sind es 193.[42] Leider hat das nicht immer zu Freiheit oder Demokratie geführt. Tatsächlich zeigen Studien, dass die Zahl der Diktaturen zwischen 1946 und den 1970er-Jahren zunahm.[43] Denn für viele bedeutete die Unabhängigkeit, eine ausländische Macht gegen einen lokalen Tyrannen einzutauschen. Und diese ausländischen Mächte waren geneigt, einen loyalen Despoten vor Ort zu unterstützen, um ihren Einfluss zu erhalten.

Ein freundlich gesinnter Diktator, so die verbreitete Meinung, war nützlicher als ein gewählter Widersacher.

Nach dem Ende des Kalten Krieges blühte die Demokratie. Im Jahr 2012 waren weniger als 12 Prozent der Länder noch geschlossene Autokratien – Systeme, in denen die Bürger überhaupt keine Wahl haben.[44] Eine Zeit lang sah es sogar so aus, als ob das Modell der liberalen Demokratien weltweit gesiegt hätte und zur neuen Normalität geworden wäre. Die westlichen Gesellschaften warteten auf das, was Francis Fukuyama das »Ende der Geschichte« nannte, den endgültigen Triumph der Demokratie.[45]

Aber natürlich war das Tyrannentum nie wirklich verschwunden – nur einfacher zu ignorieren. Im 21. Jahrhundert ist das unmöglich geworden. Die Welt kann Kim Jong-un nicht ignorieren, einen Mann, der Zugang zu einem Atomwaffenarsenal hat, das in der Lage ist, mit einem einzigen Angriff ganze Städte auszulöschen, und der über Japan Raketen abfeuert. Wladimir Putin destabilisiert einen ganzen Kontinent und begeht dabei ununterbrochen Kriegsverbrechen. Saudische Tyrannen schickten ein Todeskommando, um einen Journalisten zu zerstückeln, der für *The Washington Post* arbeitete. Das Regime in Ruanda hat wiederholt Jagd auf Oppositionelle gemacht, um sie zu ermorden.[46] Nachdem er seine lebenslange Stellung an der Spitze der Kommunistischen Partei Chinas vermeintlich gesichert hatte, sagte Xi Jinping zu seinen Generälen, sie sollten »den Kampf wagen«.[47]

Und das sind nur die Autokratien, die bereits existieren. In Europa, zum Beispiel, sind mehrere Demokratien in unmittelbarer Gefahr. 2014 erklärte Viktor Orbán, er werde Ungarn zu einer »illiberalen Demokratie« machen –

in Wirklichkeit eine Form des Autoritarismus. In der Türkei haben Recep Tayyip Erdoğan und seine Mitstreiter den politischen Spielraum so weit eingeschränkt, dass es für die Opposition immer schwieriger geworden ist, Wahlen zu gewinnen.

Und auch wenn totalitäre Oberhäupter seltener geworden sind, verfolgen die verbliebenen Diktatoren der Welt weiterhin ihr Volk und ihre Gegner. Ob durch Eroberungskriege oder die versuchte Zerstörung ganzer Kulturen – die Bedrohung durch Diktatoren bleibt akut. Wenn wir nicht begreifen, wie ein Tyrann agiert, können wir ihn weder in dem jeweiligen Land einschränken noch seine Bedrohung im Ausland begrenzen.

In den vergangenen zehn Jahren gab es unzählige Zeitungsartikel, Tweets und Bücher über die Verteidigung der liberalen Demokratien. Das wird nicht reichen. Ob plötzlich aufgrund eines Staatsstreichs oder allmählich durch die Demontage zentraler Institutionen: Einige Demokratien werden sterben. Wenn das geschieht, sollten wir alle wissen, was als Nächstes kommt und wie das Ganze rückgängig gemacht werden kann.

Das primäre Ziel dieses Buches ist, einen Überblick über die Grenzen von Despoten, die Schwächen ihrer Regime und die Möglichkeiten des Zusammenbruchs zu bieten. Aber Tyrannentum zu verstehen, ist nicht genug. In diesem Buch geht es auch darum, wie man Tyrannen zu Fall bringen kann.

Das mag idealistisch erscheinen. Schließlich wirkt Tyrannentum oft bemerkenswert stabil. Einige der berühmtesten Diktatoren der Welt bestätigen dies: Muammar al-Gaddafi zum Beispiel regierte Libyen über vier Jahrzehnte, mehr als doppelt so lang, wie Angela Merkel Bundeskanzlerin von Deutschland war. Darüber hinaus belegen die Daten, dass autokratische Regime sogar noch langlebiger sein können als deren individuelle Herrscher.[48] Nur ein Beispiel: Nordkorea wird seit mehr als einem halben Jahrhundert von drei Männern regiert – Vater, Sohn und Enkel.

Bei näherer Betrachtung wird jedoch schnell klar: Autoritäre Stabilität ist häufig eine Illusion. Die meisten Nicht-Demokratien sind nicht wie Gaddafis Libyen. Eher ähneln sie Kabilas Demokratischer Republik Kongo: mangelnde Kontrolle der Zentralregierung und ständige Konflikte, bisweilen Bürgerkriege. Und selbst Gaddafis Tyrannentum wirkte nur, als wäre es stabil – war es aber nicht. Im Gegensatz zu Demokratien sind diese politischen Systeme darauf ausgelegt, sich um eine einzelne Person oder eine kleine elitäre Gruppe herum zu entwickeln. Das mag eine Zeit lang funktionieren, aber diese Art von System ist nicht belastbar. Kommt es zu einer Erschütterung und das System wird infrage gestellt, können die Folgen verheerend sein und zu Konflikten, Hungersnöten oder Krieg führen. Im Falle von Libyen folgte auf den Krieg gegen Gaddafi einer zwischen den Milizen, die ihn ersetzen wollten. Mehr als ein Jahrzehnt nachdem ihn seine goldene Pistole nicht hatte retten können, haben die Kämpfe immer noch nicht aufgehört.

Der dilettantische Putschversuch, der sich während meines Aufenthalts in der Demokratischen Republik Kongo ereignete, war nichts Besonderes. Die meisten Versuche, einen Tyrannen zu Fall zu bringen, scheitern, weil Tyrannen vorbereitet sind. Dennoch werden sie unweigerlich stürzen. Die Frage ist nur, wie.

1 Die Tretmühle des Diktators

Ich werde niemals bekannt sein als
der ehemalige Präsident von Zaire.[1]

Mobutu Sese Seko, Präsident von Zaire

Diktator zu sein, ist, wie in einer Tretmühle zu stecken, aus der man nicht wieder herauskommt.[2] Tyrannen laufen und laufen immer weiter, aber das Beste, das ihnen je gelingen wird, ist, nicht zu stürzen. Sind sie auch nur einen Augenblick abgelenkt, kann es ihnen die Füße wegreißen und sie verletzen sich. Viele Diktatoren, die stürzen, kommen nie wieder auf die Beine. Und sie können genauso wenig aussteigen. In der Welt der Diktatoren kann der Versuch, an der Macht zu bleiben, übel enden, aber die Macht freiwillig aufzugeben, kann sich als noch gefährlicher erweisen.

Doch wenn es so schwierig ist, aus der Tretmühle zu steigen, warum sollte man sich überhaupt dort hineinbegeben?

Die Tretmühle ist nicht unbedingt schlecht, zumindest für eine Weile. Politiker sind fast überall vergleichsweise wohlhabend. So lag im Jahr 2018 das durchschnittliche Vermögen eines Mitglieds im US-Senat bei 1,76 Millionen Dollar.[3] In Demokratien können manche ehemalige Spitzenpolitiker mit Vorträgen und Buchverträgen Millionen verdienen. Boris Johnson (Alexander Boris de Pfeffel Johnson, um genau zu sein) erhielt nach dem Auszug aus der Downing Street beispielsweise rund 250.000 Pfund für eine einzige Rede in Singapur.[4]

Aber in Demokratien gibt es Regeln, die verhindern, dass Politiker in die Staatskasse greifen. Sosehr es sich politische Führungskräfte dort auch wünschen mögen, die Wahrscheinlichkeit, dass der Betrug aufgedeckt wird, ist groß, denn sie sehen sich mit investigativen Journalisten, unabhängigen Polizisten und einer dynamischen Zivilgesellschaft konfrontiert. Sollten sie auffliegen, hat das vermutlich schwerwiegende Folgen, denn Richter lassen sich nur selten dazu bewegen (oder dafür bezahlen), wegzuschauen. Sobald ein Verstoß ans Licht kommt, versuchen Oppositionspolitiker alles, den Verantwortlichen das Leben so schwer wie möglich zu machen und die nächste Wahl zu gewinnen. Das System ist nicht perfekt, aber es verhindert im Normalfall die schlimmsten Missbräuche.

Tyrannen hingegen agieren in einem Umfeld, das dem Wilden Westen ähnelt. Es mag Gesetze geben, aber sie werden nicht oder nur selektiv durchgesetzt. Autokratien sind Bereicherungsmaschinerien. Unbelastet von Einschränkungen, die Politiker in Demokratien zurückhalten, sind die Möglichkeiten zum Diebstahl fast endlos groß.

Die Hauptstadt braucht einen neuen Flughafen? Diktatoren können den Auftrag an ihre Schwiegertochter vergeben, um dafür zu sorgen, dass alles in der Familie bleibt. Ein ausländisches Unternehmen will keinen Ärger mehr mit den Steuerbehörden? Man bringt die Firma dazu, eine »Gebühr« zu zahlen, damit der Fall vom Tisch ist. Ist es wirklich wichtig, dass die gesamte bestellte Munition bei der Armee ankommt? Vielleicht geht manches auf dem Transportweg verloren, nachdem der Wert als Guthaben auf einem gewissen Auslandsbankkonto verzeichnet wird. Ein Staatsbetrieb soll privatisiert werden? Warum ihn nicht an einen Getreuen für zehn Prozent des tatsächlichen Werts verkaufen? Eine Hand wäscht die andere und der Geldfluss hört niemals auf.

Wenn das erfolgreich praktiziert wird, verdienen alle an der Spitze mit. Und der Diktator selbst? Er kann unvorstellbar reich werden.

Turkmenistan ist weltweit eine der geheimnistuerischsten Gesellschaften. Als eines der am wenigsten besuchten Länder der Erde war die Bevölkerung stets unglaublich arm. Im Jahr 1998 lebten mehr als vier von zehn Menschen dort in extremer Armut – sie hatten weniger als 2,15 Dollar am Tag.[5] Das heißt allerdings nicht, dass Turkmenistan, also das Land an sich, arm ist. Weit gefehlt. Der Weltbank zufolge verfügt »Turkmenistan geschätzt über die viertgrößten Erdgasreserven der Welt, was etwa zehn Prozent aller weltweiten Reserven entspricht«. »Neben Baumwolle und Erdgas«, so die Analysten, »ist das Land reich an Erdöl, Schwefel, Jod, Salz, Bentonit, Kalkstein, Gips und Zement – potenzielle Rohstoffe der Chemie- und Bauindustrie.«[6]

Das Problem Turkmenistans war also nicht so sehr, dass kein Geld vorhanden war, sondern dass das Geld nicht an die Menschen verteilt wurde, die es brauchten. Doch zumindest ein Turkmene ist immer reich: der Mann an der Spitze. Zur Jahrtausendwende war das Saparmyrat Nyýazow, ein Diktator, der vor allem für seinen absurden Personenkult bekannt ist, den er nach seiner Machtübernahme 1985 einführte. Unter anderem verbot Nyýazow das Rauchen in der Öffentlichkeit, weil er aufgrund einer Herzoperation auf Zigaretten verzichten musste, er gab sich selbst den Titel »Turkmenbaschi« (Vater aller Turkmenen), verbot Männern, im Auto Radio zu hören, und benannte einige Monate des Jahres nach sich und seiner Mutter um.[7]

Nyýazow schrieb ein »heiliges Buch« mit dem Titel *Ruhnama*. Eine Mischung aus Biografie, Poesie und Selbsthilfe und diese Schrift wurde im Grunde wie ein religiöser Text behandelt. Jeder Schüler, jede Schülerin in Turkmenistan musste das Buch lesen. Staatsbeamte waren zu wöchentlichen Lerngruppen verpflichtet, um ihr Wissen zu vertiefen (das Außenministerium zum Beispiel traf sich dazu mittwochs um 17.30 Uhr). Die Verherrlichung war so extrem, dass Nyýazow selbst einmal trocken bemerkte: »Einige Leute meinen, das sei Personenkult.«[8] Das war es auch.

War Nyýazow nicht damit beschäftigt, sich willkürliche Gesetze für das turkmenische Volk auszudenken, hat er es bestohlen. Im Jahr 2001 unterzeichneten Turkmenistan und die Ukraine einen Gasdeal. Später fand das Nachrichtenmagazin *Der Spiegel* heraus, dass das Geschäft allein im darauffolgenden Jahr rund 1,7 Milliarden Dollar einbrachte. Da Turkmenistan jedoch eine Diktatur war (und immer noch ist), floss ein Großteil des Geldes nicht in den Staatshaushalt, sondern auf ausländische, von Saparmyrat Nyýazow persönlich kontrollierte Bankkonten. Einzelheiten sind nicht bekannt, aber selbst wenn die Berichte etwas ungenau sind und Nyýazow »nur« zehn Prozent abgeschöpft hat, sind das 170 Millionen Dollar bei einem einzigen Deal in einem einzigen Jahr. Und das war natürlich nicht der einzige Fall von Staatsbetrug. Als eine in London ansässige Nichtregierungsorganisation die Finanzen des Diktators untersuchte, kam sie zu dem Schluss: »Ein erheblicher Teil der staatlichen Einnahmen findet nicht den Weg in die Staatskasse.« »Entsetzliche 75 % der Staatsausgaben«, so die NGO weiter, »scheinen fern des Budgets [der Regierung] zu erfolgen.«[9] Angesichts solcher Möglichkeiten wundert es nicht, dass Diktatoren häufig die reichsten Männer ihres Landes sind.

Das ist ein ziemlich großer Anreiz, in die Tretmühle zu steigen. Aber die Tretmühle ist unerbittlich.

Am 5. Januar 2022 stand die siebenundfünfzigjährige Asel auf dem zentralen Platz der kasachischen Stadt Almaty. Das herrschende Regime in Kasachstan – Turkmenistans größter Nachbar – hatte die Subventionen für Flüssiggas gekürzt. Schnell kam es zu Protesten im Westen des Landes, wo das Gas für die Menschen besonders wichtig war. Als Asel den Platz der Republik vor der ehemaligen Präsidentenresidenz betrat, gab es bereits überall im Land Demonstrationen.

An diesem Tag allerdings geriet die Situation in Kasachstans größter Stadt außer Kontrolle. Während Asel friedlich protestierte, tauchte eine Gruppe junger Männer auf. Die Gesichter maskiert, schlugen sie Fensterscheiben ein und zerstörten Autos auf dem Weg zum Regierungsgebäude ganz in der Nähe. Auf einmal flogen Geschosskugeln durch die Luft und die Menschen gerieten in Panik. Asel verlor das Bewusstsein. Als sie wieder zu sich kam, blutete ihr Bein stark. Sie war getroffen worden und ohne medizinische Versorgung war ihr Leben in Gefahr. Weitere Kugeln zischten durch die Luft und verfehlten sie nur knapp.

Von zwei Männern wurde sie zu einem Truck geschleppt, um ins Krankenhaus gefahren zu werden. Die Schmerzen waren inzwischen so stark, dass sie vor Qual stöhnte. Einigen anderen auf dem Fahrzeug voller Menschen ging es noch schlechter. »Mehrere Leute lagen auf meinem verletzten Bein. Einige atmeten nicht mehr«, berichtete Asel später der BBC. Im Krankenhaus war der Albtraum für Asel nicht zu Ende. Bewaffnete Männer gingen von Station zu Station und suchten nach Menschen, die es gewagt hatten, gegen das Regime zu demonstrieren. »Solltet ihr noch mal auf die Straße gehen, um zu protestieren, werden wir euch töten«, rief einer. Asel wurde an jenem Tag nur deshalb nicht von den Männern abgeführt, weil die Kugel in ihrem Bein es ihr unmöglich machte, zu gehen.[10]

Von außen betrachtet wirkte das wie die typische Geschichte eines tyrannischen Regimes, das gegen sein eigenes Volk kämpft: Das Volk erhob sich, das Regime tat alles, um es wieder zurückzudrängen. Doch im Inneren waren die kasachischen Unruhen viel mehr als das. Es war der Kampf eines Tyrannen, der offiziell zurückgetreten war, gegen einen anderen, der versuchte, aus dem Schatten seines Chefs herauszutreten.

Nursultan Nasarbajew bestieg 1984 im Alter von dreiundvierzig Jahren die Tretmühle, als er Erster Sekretär der Kommunistischen Partei Kasachstans wurde. Damals gehörte das Land noch zur Sowjetunion. Nach Auflösung der Sowjetunion wurde er der Diktator von Kasachstan. Dann, im Jahr 2019, versuchte er abzutreten.

Nasarbajew war es gelungen, sich im Laufe der Jahre eine schier unglaubliche persönliche Machtfülle anzueignen. Am Tag seines Rücktritts vom Präsidentenamt sagte er: »Ich habe eine Entscheidung getroffen, die mir nicht leichtgefallen ist, ich werde als Präsident zurücktreten … Ich bleibe bei Ihnen. Die Sorge um das Land und seine Menschen wird auch weiterhin mein Anliegen sein.«[11]

Zunächst schien es für den ehemaligen Präsidenten gut zu laufen. Astana, die Hauptstadt des Landes, wurde ihm zu Ehren in »Nur-Sultan« umbenannt. Reiste man aus dem Ausland an, landete man auf dem Flughafen Nur-Sultan International Airport, der ebenfalls nach Nasarbajew benannt war. In der Stadt selbst traf man darüber hinaus auf die Nasarbajew-Universität und die Nasarbajew-Allee.[12] Der Mann war zwar nicht mehr Präsident, aber er behielt den Titel »Elbasy« – was so viel wie »Vater der Nation« heißt. Dieser Titel, der ihm 2010 verliehen wurde, stand dafür, dass er weiterhin besondere Privilegien genoss – etwa Immunität vor Strafverfolgung. Nasarbajew war unantastbar. Zumindest schien es so. Doch dann stieß er auf ein Problem, mit dem sich schon etliche vor ihm konfrontiert sahen: Es ist schwierig, sich selbst zu schützen, wenn man nicht mehr an den Schalthebeln der Regierung sitzt. Denn es ist unmöglich, Diktator zu sein, ohne Gesetze zu brechen und sich Feinde zu machen. Diktatoren haben eventuell gestohlen, gefoltert und getötet. Wollen sie abtreten, müssen sie sicherstellen, dass sie nichts davon einholen kann. Dazu benötigen sie jemanden an der Spitze, der auf sie aufpasst. Denjenigen zu finden, ist eine gigantische Herausforderung.

Nasarbajews handverlesener Nachfolger, der Karrierediplomat Kassym-Shomart Tokajew, galt als derart zahnlos, dass er einmal als Nasarbajews »Möbelstück« bezeichnet wurde.[13] Tatsächlich blieb Nasarbajews Kontrolle zunächst so engmaschig, dass der neue Präsident für die Auswahl der meisten neuen Minister die förmliche Zustimmung des alten Präsidenten einholen musste. Ohne Nasarbajews Einverständnis durfte Präsident Tokajew nicht einmal den Chef seiner eigenen Leibgarde auswählen.[14] Tokajews Befugnisse dermaßen eingrenzen zu können, gehörte zu den Gründen, weshalb Nasarbajews Wahl überhaupt auf ihn gefallen war. Weil Tokajew einen Gutteil seines Arbeitslebens im Ausland verbracht hatte – er vertrat Kasachstan in Ländern wie Singapur und China –, ging Nasarbajew davon aus, dass Tokajew zu Hause nicht über die Netzwerke und Allianzen verfügte, um ihm Schwierigkeiten zu bereiten.[15] Der Plan war einfach: Nasarbajew würde offiziell zurücktreten, aber seine Macht dank Tokajew und anderer weiterhin ausüben, um zu gewährleisten, dass er sich in Sicherheit befand.

Das ist nicht ungewöhnlich. Diktatoren steigen in die Tretmühle, weil sie glauben, dass sie damit reich werden beziehungsweise sich an der Macht, die eine solche Position mit sich bringt, erfreuen können. Und eine Zeit lang klappt das auch. Doch irgendwann, aus Gründen des Alters oder der Erschöpfung, wollen sie zurücktreten. Also fassen sie einen Plan: ein bisschen hier, ein bisschen da, und aus der Maschinerie aussteigen.

In Wirklichkeit funktioniert es nicht, nur einen Millimeter abzugeben: ein winziges bisschen weggeben bedeutet, alles aufs Spiel zu setzen – kleiner Finger, ganzer Arm. Das wurde auch Nasarbajew bald klar. Als die Proteste größer wurden, begann sein Glück zu schwinden. »*Shal, ket*« (»Geh, alter Mann!«), riefen die Demonstranten.[16] Da sich die Wut größtenteils gegen das System richtete, das der alte Mann geschaffen hatte, nutzte Tokajew die Gelegenheit, seine Macht auszuweiten.

Am 5. Januar 2020, dem Tag, an dem Asel in Almaty angeschossen wurde, verlor Nasarbajew seinen Vorsitz im Sicherheitsrat des Landes. Tokajew übernahm auch die Führung von Nur Otan, der Partei des Präsidenten, die mittlerweile in Amanat umbenannt war.[17] Der Feiertag zu Ehren des ehemaligen Präsidenten? Abgeschafft.[18] Die Hauptstadt Nur-Sultan? Wieder in Astana umbenannt.[19] Möglicherweise war es noch beunruhigender für den ehemaligen Präsidenten, dass der handverlesene Nachfolger auch damit begann, einige von Nasarbajews Männern aus den Machtstrukturen des Regimes zu entfernen. Der Leiter des KNB, des mächtigen Inlandsgeheimdienstes, wurde nicht nur in seiner Funktion ersetzt, sondern auch wegen Hochverrats verhaftet.[20] Am Morgen des 6. Januar kam dann der endgültige Abpfiff für Nasarbajew, als dreitausend russische Fallschirmjäger auf Ersuchen von Tokajew in Kasachstan landeten, um das Regime zu schützen. Mit der Macht des russischen Militärs auf seiner Seite war Tokajew nun unstrittig der stärkste Mann des Landes.

Keines der Gesetze, keiner der schicken Titel oder Führungsposten bedeutet noch etwas, wenn Diktatoren die Macht abgegeben. Das Einzige, was zählt, ist, ob jene, die auf den Tyrannen folgen, mächtig genug sind, die Macht des Vorgängers so zu beschneiden, dass die eigene größer wird. Sollte das der Fall sein, werden sie genau so verfahren – und das ist in Nur-Sultan Astana geschehen. Die Ereignisse lagen außerhalb von Nasarbajews Einfluss. Sein Vermögen, seine Freiheit und sogar sein Leben standen auf dem Spiel. Auch seine Familie war in Gefahr.

Es gibt hier eine ganz zentrale Abwägung, die nicht aufzulösen ist. Einerseits müssen Diktatoren, die abtreten möchten, jemanden finden, der mächtig und kompetent genug ist, um sie zu schützen, sobald sie nicht mehr an der Macht sind. Andererseits kann jemand, der kompetent und mächtig genug ist, sie zu beschützen, sie auch vernichten. Und oft vernichten die Nachfolger den scheidenden Diktator, denn ein Diktator, der etwas auf sich hält, will kaum nur die zweite Geige spielen.

Diktatoren, die versuchen, die Fackel weiterzureichen, verbrennen sich häufig die Finger. Funktioniert das also nicht, welche Alternativen gibt es dann, wenn der Diktator in der Tretmühle steckt? Eine Möglichkeit wäre, das Land in eine Demokratie zu überführen, anstatt die Macht an den nächsten Diktator weiterzugeben. Das klingt verlockend, nicht zuletzt, weil harte Strafen für ehemalige Machthaber in Demokratien weniger wahrscheinlich sind als in Autokratien. Die Politikwissenschaftlerinnen und -wissenschaftler Barbara Geddes, Joseph Wright und Erica Frantz haben herausgefunden, dass Demokratisierung die Wahrscheinlichkeit »guter« Folgen für das Leben der Herrscher nach dem Ausscheiden aus dem Amt mehr als verdoppelt.[21]

Es gibt viele unterschiedliche Modelle von Demokratie. Die Demokratie in Deutschland umfasst ein parlamentarisches System, in dem sich mehrere Parteien zu Koalitionen zusammenschließen. Im Vereinigten Königreich Großbritannien und Nordirland gibt es ein anderes Wahlsystem, in dem Koalitionen eher ungewöhnlich sind – aber nicht mehr gänzlich unbekannt. In den USA ist der Präsident oder die Präsidentin auch Oberbefehlshaber oder Oberbefehlshaberin der Streitkräfte und kann im Bedarfsfall militärische Maßnahmen anordnen. Die Schweizer haben ihre Demokratie sehr viel direkter organisiert. Von Zeit zu Zeit, wenn ausreichend Unterschriften gesammelt wurden, können alle Beteiligten nicht nur für Politiker stimmen, die sie vertreten sollen, sondern auch für oder gegen einzelne politische Entscheidungen. Im September 2022 konnte die Schweizer Wählerschaft beispielsweise über die »Abschaffung der Massentierhaltung« abstimmen – man entschied sich jedoch dagegen.[22]

Die meisten Diktatoren würden eine Demokratie eher verhindern als fördern. Demokratien mögen sich deutlich voneinander unterscheiden, aber gemeinsam haben sie, dass Wählende das Sagen haben. Es mag Mittelsleute geben (in Form von Politikern) und möglicherweise hat nicht jede Stimme das gleiche Gewicht, aber das Volk kann die Regierung ändern, wenn es mit ihr unzufrieden ist.

Ein ganz normaler Präsident oder Premierminister einer Demokratie zu sein, stellt für Diktatoren keine Alternative dar, solange sie den gesamten Staat hinter schützenden Palastmauern befehligen. Urplötzlich sollen sie Investigativjournalismus zulassen? Der glorreiche Vater der Revolution soll sich von Parlamentariern gängeln lassen? Und es ist nicht länger möglich, Konzessionen zum Abbau von Naturschätzen in Millionen zu verwandeln? Nein, danke.

Vielleicht ist noch wichtiger, dass ein Demokratisierungsversuch Diktatoren nicht garantiert, an der Macht zu bleiben. Letztlich könnten sie trotzdem ihr Amt verlieren oder Schlimmeres. Oder von kraft des Gesetzes ermächtigten Parlamentariern oder unabhängigen Richtern zur Rechenschaft gezogen werden. Solche Szenarien sind für personalistische Diktatoren besonders bedrohlich. Laut einer Studie zum Zusammenbruch autokratischer Regime liegt ihre Chance auf für den Tyrannen selbst »gute« Folgen nur bei 36 Prozent, selbst wenn die Demokratisierung gelingt. Andere Formen von Diktaturen bieten einen größeren Anreiz, sich zu demokratisieren. Bei autoritären Führern, die ihre Macht von der Spitzenposition in einer politischen Partei ableiten, kann die Partei als Schutzschild fungieren und den ehemaligen Tyrannen vor der breiten Masse schützen.[23] Doch ein personalistischer Diktator, der Typus mit der meisten persönlichen Macht, besitzt so etwas nicht. Selbst wenn es zu einem demokratischen Übergang kommt, besteht darin eine große Wahrscheinlichkeit, in Schwierigkeiten zu geraten.

Und auch wenn es wünschenswert wäre, die Tretmühle ganz abzuschalten, ist das keine Option, die alle Diktatoren haben. Sie können versuchen, die Maschinerie anzuhalten, aber das bedeutet noch lange nicht, dass sich ihr Land in eine Demokratie verwandelt. Die Bedenken der Eliten im Umfeld des Diktators sind der Hauptgrund dafür.

Denn es handelt sich nicht nur um eine Entscheidung der Herrscher, sondern auch der Höflinge und Strippenzieher des Palasts, die ebenfalls Interesse am Überleben des Regimes haben. Genau wie der Diktator selbst haben viele dieser Leute ihren Anteil am Gesetzesbruch. Eventuell waren sie diejenigen, die die Feinde des Diktators verschwinden ließen. Vielleicht waren sie die Getreuen, die ein frisch privatisiertes Unternehmen zu zehn Prozent seines eigentlichen Werts erstehen konnten.

All diese Faktoren erschweren den Schritt in Richtung Demokratie, aber noch problematischer wird es, wenn das Militär gegen die Demokratisierung ist. Stellen Sie sich folgendes Szenario vor: Ein Autokrat beschließt, dass die Zeit für eine Demokratisierung gekommen ist, weil es für ihn persönlich der noch am wenigsten schlechte Weg in die Zukunft ist.[24] Die Offiziere sind damit nicht einverstanden. Vielleicht sehen sie aktuell viele Möglichkeiten, sich zu bereichern, und sie möchten lieber reich sein und einem Diktator dienen, als arm und einem demokratischen Anführer verpflichtet.

Doch für die Soldaten geht es um mehr als nur ums Geld. Der Albtraum der Offiziere ist der Versuch einer Demokratisierung, die nicht nur zu einem neuen Regierungssystem, sondern auch zu einem neuen Oberhaupt führt. In dem Fall besteht eine doppelte Gefahr: Die Existenz einer Demokratie an sich macht es wahrscheinlicher, dass die Soldaten, die zuvor der Diktatur gedient haben, zur Rechenschaft gezogen werden. Aber nicht nur das: Der neue Staatslenker fühlt sich angespornt, gegen das Militär vorzugehen, weil er befürchten muss, dass sonst das Militär, das um seine früheren Privilegien fürchtet, gegen ihn vorgeht. Die Offiziere wiederum fühlen sich aufgefordert, den ersten Schritt zu tun, denn viele neue demokratische Führer beginnen ihre Amtszeit mit einer Reform des Verteidigungssektors. Aus verständlichen Gründen trauen sie der alten Garde nicht, die den Diktator geschützt hat.

Dieses Szenario ist nicht rein theoretisch, es hat sich wiederholt abgespielt und ist einer der Gründe, warum es für Diktatoren sehr riskant sein kann, die Tretmühle anzuhalten. Sie selbst möchten es vielleicht, aber die Menschen um sie herum lassen das einfach nicht zu. Stattdessen sind sie praktisch gezwungen, weiter in der Tretmühle zu laufen, obwohl sie es satthaben.

Wenn Diktatoren für eine Demokratie Platz machen, geschieht das gewöhnlich nicht aus freien Stücken. Entweder werden sie dazu gezwungen oder sie agieren ungeschickt. Macht wird nicht gegeben, sondern genommen. Wie Daniel Treisman von der University of California im Rahmen einer Untersuchung der Demokratisierungshistorie seit dem Jahr 1800 dargelegt hat, ergibt sich Demokratie häufig aus Versehen.[25]

Im Frühjahr 1982 sah sich in Argentinien die Diktatur von Leopoldo Galtieri Zehntausenden auf den Straßen demonstrierender Menschen gegenüber. »Sofort Wahlen«, forderten sie. Da Galtieri nicht bereit war, nachzugeben, ging er ein großes Risiko ein: Er zog in den Krieg. Wenige Tage später griffen argentinische Streitkräfte die Falklandinseln an, einen autonomen Inselstaat, der zum britischen Empire gehört und etwa 480 Kilometer östlich von Argentinien im südlichen Atlantik liegt. Zunächst ging Galtieris Plan auf: Die Menschen jubelten und Galtieri sonnte sich in seiner neu gewonnenen Popularität.[26] Es gab nur ein Problem: Der ganze Plan fußte auf der Annahme, dass die Briten nicht bereit sein würden, die Inseln gewaltsam zurückzuerobern. Denn genau das glaubte der Diktator. Eine Reaktion wäre »absolut unwahrscheinlich«, sagte er.[27]

Margaret Thatcher, damals britische Premierministerin, wurde von vielen ihrer engsten Berater gedrängt, ein Abkommen mit Buenos Aires zu schließen. Doch nachdem ihr Vorgänger geraten hatte, den Lordkanzler aus dem Kriegskabinett auszuschließen, »damit Geld bei militärischen Entscheidungen keine Rolle spielt«, zog die Eiserne Lady in den Krieg.[28] Innerhalb weniger Tage stach eine britische Flotte aus 127 Kriegsschiffen, U-Booten und umgewidmeten Handelsschiffen in See.[29] Es dauerte nicht lange, da wurde klar, dass Galtieri sich verkalkuliert hatte. Statt eines glorreichen Sieges, der ihm den Verbleib an der Macht ermöglichen würde, wurden seine Soldaten von den Briten besiegt und er hatte keine Trümpfe mehr im Spiel.

Am 14. Juni 1982 füllte sich die Plaza de Mayo in Buenos Aires erneut mit einer wütenden Menschenmenge, denn die Regierung hatte vor den Briten kapituliert. Drei Tage später wurde Galtieri zum Rücktritt gezwungen und Argentinien befand sich auf dem Weg zu einer Demokratie.[30] Argentinien hatte sich nicht zur Demokratisierung entschlossen. Die resultierte aus dem verzweifelten Versuch des Tyrannen, sich aufrecht zu halten und in der Tretmühle zu bleiben.

Für die meisten Diktatoren, Könige und Theokraten ist Rücktritt keine wirkliche Option, und das ist ihnen bewusst. Selbst wenn ein Rücktritt möglich scheint, wäre er gefährlich, denn er gewährleistet nicht, dass der Tyrann nicht doch zur Rechenschaft gezogen wird. Es bleiben also zwei Möglichkeiten: weiterlaufen wie bisher oder sich danach umschauen, was einem andere Länder zu bieten haben. Ist der Ruhestand im eigenen Land unmöglich, dann gelingt er vielleicht anderswo? Das Zauberwort heißt Exil. Aber wie wir gleich erfahren werden, ist auch diese Option mit Schwierigkeiten und Unsicherheiten verbunden.

Ins Exil zu gehen, ist weit verbreitet – oder besser gesagt: war weit verbreitet. Als Abel Escribà-Folch und Daniel Krcmaric 2017 diesbezügliche Daten untersuchten, kamen sie zu dem Schluss, dass etwa jeder fünfte Diktator, der nach Ende des Zweiten Weltkriegs die Macht verlor, ins Ausland floh.[31]

Ugandas Diktator Idi Amin zog von Libyen über den Irak nach Saudi-Arabien, nachdem er den Krieg gegen Tansania verloren hatte. Tunesiens Ben Ali floh nach Saudi-Arabien. Der selbst ernannte »Messias« des Kongo, Mobutu, ließ sich in Marokko nieder, obwohl er behauptet hatte, dass er niemals als ehemaliger Präsident von Zaire bekannt werden würde. Aber nicht bloß zwielichtige Regime bieten grausamen Staatslenkern, die derart viel Leid über ihr Volk gebracht haben, Exil. Viele widerwärtige Gestalten haben auch in liberalen Demokratien Zuflucht gefunden. Frankreich hat während und nach dem Kalten Krieg eine Reihe abgesetzter Diktatoren aus Afrika aufgenommen. Alberto Fujimori, der ehemalige peruanische Tyrann, floh nach seinem Machtverlust nach Japan.[32]

Die Option Exil wird normalerweise nicht gewählt, weil sie so attraktiv ist, sondern weil es keine Alternative gibt – abgesehen natürlich vom Tod oder davon, den Rest des Lebens im Gefängnis zu verbringen. Selten packen Autokraten einfach ihre Sachen und gehen, weil sie kein Interesse mehr an der politischen Macht haben. In den allermeisten Fällen werden Diktatoren vertrieben. Laut der bereits erwähnten Studie aus dem Jahr 2017 gingen rund 84 Prozent der Diktatoren, die sich ins Exil begaben, »inmitten eines Putsches, einer Revolte oder eines Bürgerkriegs ins Ausland, weil sie sich der Gefahr von Vergeltungsmaßnahmen ausgesetzt sahen«.[33]

Mehrere Gründe sprechen gegen das Exil als reizvolle Option. Das erste Argument lautet, selbstverständlich, dass das Exil zu Machtverlust führt. Nachdem sie unermüdlich daran gearbeitet haben, sich in einem Palast zu etablieren und der entscheidende Jemand zu sein, sind Diktatoren im Exil plötzlich bloß noch ein Niemand. Doch wichtiger noch, ist es äußerst schwierig, den richtigen Ort zu finden, um sich zu verkriechen. Und wenn Tyrannen ihre Exilstrategie vermasseln, zögern sie ihren Tod lediglich um einen Tag oder einen Monat hinaus, anstatt Richtung Ruhestand zu schippern.

Da solche Entscheidungen oft in einem Krisenmoment getroffen werden, ist es nicht leicht zu sagen, wie rational Herrscher in dieser Situation handeln, aber es gibt eine ganze Reihe von Punkten, die sie hinsichtlich ihres künftigen Reiseziels für den »Ruhestand« bedenken sollten. Das kann kompliziert sein, denn die Zeit drängt, sobald ein regimebedrohender (oder zumindest den Herrscher bedrohender) Augenblick eintritt, denn unter solchen Umständen fällt es schwer, klar zu denken.[34]

Am 21. Dezember 1989, nach mehr als vierundzwanzig Jahren in der Position des Generalsekretärs der Kommunistischen Partei Rumäniens, stand Nicolae Ceausescu auf dem Balkon des Zentralkomiteegebäudes der Kommunistischen Partei. In einem schwarzen Mantel und mit passender Mütze trotzte er dem osteuropäischen Winter und war im Begriff, die wichtigste Rede seines Lebens zu halten. Zehntausende von Menschen standen vor ihm auf dem damaligen »Palastplatz« in Bukarest. Tage zuvor hatte der Diktator seinen Sicherheitskräften befohlen, auf Demonstranten in der Stadt Timisoara im Westen des Landes zu schießen. Nun herrschte in Rumänien Chaos und die im Fernsehen übertragene Rede des großen Machthabers sollte zur Wiederherstellung der Ordnung beitragen. Das würde zweifellos schwierig werden, aber das selbst ernannte Genie der Karpaten sah sich dieser Aufgabe gewachsen.

Doch während das Genie sprach, veränderte sich nach und nach sein Gesichtsausdruck, denn er spürte, dass er die Menschen verlor. Statt ihm zuzujubeln, wurde er ausgebuht und ausgepfiffen. Ceausescu setzte eine verwirrte Miene auf. Wie konnten sie es nur wagen? Und wie war das möglich? In einem auf der Annahme von Unverwundbarkeit und Stärke aufgebauten politischen System war dies ein für das Regime peinlicher Moment und die Fernsehübertragung wurde schnell unterbrochen.[35]

Der rumänische Generalsekretär hatte schon zuvor Schwierigkeiten, aber diese Krise war anders. Später am Abend begaben sich Nicolae und seine Ehefrau Elena, mit der er seit annähernd dreiundvierzig Jahren verheiratet war, auf das Dach des Gebäudes. Ein Hubschrauber des rumänischen Militärs, der vom Flughafen der Hauptstadt aus gestartet war, holte sie ab. Der Helikopter sollte das Paar in eine nahe gelegene Stadt fliegen, wo andere Hubschrauber stehen sollten. Als klar wurde, dass diese nicht kommen würden, startete der Pilot in Richtung eines Militärflugplatzes.[36]

Nach einer gefühlten Ewigkeit in der Luft meldete sich eine Stimme über Funk. Die Regierung sei gestürzt worden, hieß es. Da das Militär die Diktatur nicht länger unterstützte, befand sich Ceausescu (wie alle anderen im Helikopter) nun in akuter Gefahr. Als der Pilot Ceausescu mitteilte, was er gerade erfahren hatte, war der fassungslos. Sie mussten landen, und zwar schnell.

»Nein. Das sind nur schreckliche Lügen. Sie halten es doch nicht mit denen?«, fragte Ceausescu. Aber nachdem ihm erklärt wurde, dass sie jeden Moment in die Luft gejagt werden könnten, wenn sie nicht landeten, gab er schließlich nach. Beim Verlassen des Hubschraubers fragte Ceausescu den Piloten erneut: »Halten Sie es mit denen?« – »Mit wem soll ich es halten?«, gab der Pilot zurück.

Da das Militär die Seiten gewechselt hatte und der Diktator und seine Frau nicht weiterfliegen konnten, war es für eine Flucht zu spät und die Ceausescus wurden kurz danach aufgespürt. Nach einem Schauprozess, der mehr Schau als Prozess war, wurden beide zum Tode verurteilt. Als sie aus dem Gerichtssaal geführt wurden, sang Ceausescu *Die Internationale*, ein kommunistisches Kampflied, während seine Frau Elena einem Soldaten, der sich über sie lustig machte, »Fick dich« entgegenschrie.[37] Sie wussten, dass ihnen der Tod bevorstand, und hatten nur einen Wunsch: Sie wollten gemeinsam hingerichtet werden. Der Scharfrichter erfüllte ihnen diesen Wunsch. Er stellte sie nebeneinander an die Wand und schoss mit einer Kalaschnikow auf beide.[38] Sie waren auf der Stelle tot.

»Jede Revolution fordert Blut«, sagte der Scharfrichter später dazu. Nur vier Tage bevor er den Abzug betätigte, hatte man ihn noch gezwungen, einen Treueeid auf Ceausescu zu schwören, und er hatte darin beteuert, den Staatsführer zu unterstützen und zu schützen.[39]

Der große Fehler des rumänischen Diktators (abgesehen davon, dass er sich für einen äußerst gefährlichen Beruf entschieden hatte) war, dass er vor dem Tag seines Sturzes keine richtigen Pläne für den Tag vorbereitet hatte, an dem er zu Fall kommen könnte. Ceausescu war viel, viel zu selbstsicher. Als ihm schließlich dämmerte, dass dies wohl sein letzter Tag an der Macht sein würde, war er nicht mehr imstande, zu fliehen.

Aber ist das wirklich überraschend? Wir haben es hier mit Menschen zu tun, die ein unvorstellbares Leben geführt und unvorstellbare Dinge getan haben.[40] Der junge Ceausescu kam im Alter von achtzehn Jahren wegen kommunistischer Aktivitäten ins Gefängnis, danach überstand sein Land den Zweiten Weltkrieg und die Sowjetherrschaft. Nicolae, einst in eine Bauernfamilie geboren, schuf sich ein Leben, in dem er sich einen der größten Paläste bauen konnte, die die Welt je gesehen hatte.

Er ist nicht der Einzige, der ein solch unwirkliches Leben geführt hat, dass man eine Verfilmung für unglaubwürdig halten würde. Ben Ali kämpfte gegen die Kolonialtruppen Frankreichs in der tunesischen Wüste, wurde daraufhin Diktator seines Landes und später aufgrund von Massenprotesten gegen sein Regime gestürzt. Ob Oberst Gaddafi, Idi Amin oder Mobutu: All diese Menschen waren unzählige Male mit dem Tod in Berührung gekommen. Warum sollte das Ereignis, das zu ihrem Ende führte, anders sein? Da sie das Unmögliche bereits geschafft hatten, glaubten sie zweifellos, es wieder schaffen zu können. Gut möglich, dass sie das sogar glauben mussten, um überhaupt so lange an der Macht zu bleiben.

Denn wenn es vorbei ist, spielt Zeit eine sehr wichtige Rolle: Es ist essenziell, an einen nicht allzu weit entfernten Ort fliehen zu können – und sei es nur auf dem Weg zum endgültigen Ziel.[41] Für viele stellt schon das ein unüberwindbares Hindernis dar, denn etliche Diktaturen sind nicht gerade von freundschaftlich gesinnten Nachbarstaaten umgeben. Doch das ist nicht das einzige Problem. Denn selbst wenn ein Nachbar entgegenkommend ist und einem ehemaligen Diktator die Möglichkeit eines vergleichsweise friedlichen Ruhestands bietet, werden die vielen Feinde des Diktators alles in ihrer Macht Stehende tun, um das Oberhaupt dieses Nachbarlandes umzustimmen. Damit sie in relativer Freiheit überleben können, müssen Tyrannen demnach ein Land finden, das dem Druck nicht nachgibt und sie gleich wieder hinauswirft. Das ist viel leichter gesagt als getan, vor allem, wenn es um die grausamsten Tyrannen der Welt geht.

Für Charles Taylor, notorisch brutaler Kriegsverbrecher in Westafrika, entwickelte sich das zu einem sehr konkreten Problem. Als er 2003 in Liberia zurücktrat, tat er dies unter der Bedingung, den Rest seines Lebens im Exil in Nigeria verbringen zu können.[42] Zunächst schien alles gut zu verlaufen – Taylors früheres Leben schien ihn nicht einzuholen. Der damalige nigerianische Präsident versprach ausdrücklich, ihn nicht abzuschieben, damit man Taylor vor Gericht stellen konnte.[43] »Wir werden uns bemühen, gute Gastgeber zu sein, solange er in Nigeria ist«, sagte Präsident Obasanjo bei Taylors Ankunft in der nigerianischen Hauptstadt Abuja. Taylors neue Unterkunft war auch nicht allzu schäbig: drei Hanglagevillen, bewacht von einem Trupp nigerianischer Polizisten. Selbst der damalige US-Präsident meinte, dass es den Nigerianern überlassen sei, wie sie mit Taylor umgingen.[44]

Doch sein komfortables Leben mit Meerblick währte nicht lange. Trotz des massiven Drucks von Menschenrechtsorganisationen und liberalen Demokratien erklärte die nigerianische Regierung zunächst, sie sehe sich »verpflichtet, die Vereinbarung einzuhalten, ihm Zuflucht zu gewähren«.[45] Aber letztlich sind in einem Geschäft, in dem es ausschließlich um Macht und Geld geht, Versprechen nicht viel wert. Nur drei Jahre nachdem Obasanjo gesagt hatte, dass genau das unter seiner Aufsicht nicht passieren würde, stellte der nigerianische Präsident Taylors Schutz ein. Ohne den war Taylor aufgeschmissen. Seit er zu fünfzig Jahren Gefängnis verurteilt wurde, verbringt Charles-»der Schlächter von Monrovia«-Taylor nun den Rest seines Lebens in einer britischen Gefängniszelle in der Grafschaft Durham.[46] Er hatte hoch gepokert, als er ins Ausland ging, und es hatte nicht funktioniert.

Um einem ähnlichen Schicksal zu entkommen, müssen Diktatoren, die ins Exil gezwungen werden, ein Land finden, das sie nicht ausliefert. Aber wie? Die besten Chancen dazu bestehen in nicht demokratischen Gastländern mit einem mächtigen Führer.[47] Demokratien waren in der Vergangenheit durchaus bereit, ehemalige Diktatoren aufzunehmen, aber ihre Regierungen sind inzwischen deutlich anfälliger für öffentlichen Druck. Verständlicherweise sind viele Wählende nicht gerade begeistert, wenn ihre Regierung erklärt, dass sie einem, insbesondere für etliche Kriegsverbrechen bekannten, Diktator die Tore des Landes öffnen. Im Prozess gegen Charles Taylor verdeutlichte der Vorsitzende Richter: »Der Angeklagte ist der Beihilfe und Planung einiger der abscheulichsten und brutalsten Verbrechen in der Menschheitsgeschichte schuldig.«[48] Wer würde so jemanden in seinem Land haben wollen? Ich nicht. Sie vermutlich auch nicht.

Demokratische Politiker können dem Druck der Wählerschaft eine beachtliche Zeitspanne standhalten, wenn sie der Meinung sind, dass dies im nationalen Interesse liegt, aber irgendwann kommt der Moment, in dem sie einknicken. Und selbst wenn es die Regierung schafft, den Druck auszusitzen, der nächsten Regierung gelingt das vielleicht nicht. Unter solchen Bedingungen besteht keine echte Sicherheit für den Diktator. Die Uhr tickt.

Befreundete autokratische Regime sind aus zwei Gründen vorzuziehen: Sie sind besser gegen etwaige Forderungen ihrer Bürger abgeschirmt, und es besteht die beträchtliche Chance, dass das Regime seine Politik über einen längeren Zeitraum nicht dramatisch ändert. Das funktioniert aber nur, wenn das Gastregime stabil ist und selbst ausländischem Druck standhalten kann.[49]

Wenn Tyrannen richtig Pech haben, fliehen sie in eine andere Diktatur, um dann eines Tages zu merken, dass dieses Land eine Demokratie wird. So erging es dem Diktator Hissène Habré aus dem Tschad, der nach Senegal flüchtete.[50] Als sich das politische System dort von einem autoritären in ein demokratisches System wandelte, sanken auch Habrés Chancen auf einen entspannten Ruhestand. 2013, nach der Demokratisierung des Senegal, wurde Habré wegen Verbrechen gegen die Menschlichkeit, Folter und einer ganzen Reihe von Kriegsverbrechen angeklagt.[51]

Natürlich gibt es darüber hinaus einen konkreteren Sicherheitsaspekt: Das Exil könnte die unmittelbare Bedrohung des Diktators verringern, weil seine Feinde nicht mehr mit Mistgabeln vor den Palasttoren stehen. Das bedeutet jedoch nicht, dass sich diese Feinde genau in dem Moment in Luft aufgelöst haben, da der Tyrann den Palast verlassen hat. Die Feinde sind immer noch da, lauern möglicherweise hinter jeder Ecke und warten nur darauf, sich auf ihr Opfer zu stürzen, jetzt, da der Tyrann nicht mehr auf einem Sockel steht, umgeben von Soldaten mit Bajonetten. Die Macht loszulassen, nimmt etwas Druck vom Kessel, bedeutet aber nicht, dass er nicht doch explodiert. Das kann immer passieren. Es genügt nicht, dem Druck standzuhalten, diese Resilienz muss zudem mit Stärke kombiniert sein, eine Kombination, die nur wenige Exil-Wunschorte bieten können.

Aus Diktatorensicht ist ein Land wie Saudi-Arabien genau das richtige Ziel. Seit der Vereinigung durch die Herrscherdynastie Saud im Jahr 1932 wird das Land von ein und derselben Dynastie regiert und seitdem gab es keine Bürgerkriege, es ist also bemerkenswert stabil – insbesondere für ein Land, das von einem absolutistischen Monarchen regiert wird. Saudi-Arabien ist ein gigantischer Ölproduzent mit geschätzten Militärausgaben von über 55 Milliarden Dollar pro Jahr.[52] Im Land herrscht keine Meinungsfreiheit, es gibt keine unabhängigen Medien und keine echte Zivilgesellschaft in Opposition zur Regierung. Das macht Riad zwar nicht unverwundbar, aber es ist schwierig, von außen Druck auf das Regime auszuüben. Das Land hat in der Vergangenheit seine Eignung zum Exil auch dadurch bewiesen, dass es bereits mehrere abgesetzte Diktatoren »erfolgreich« beherbergt hat. Und da die Köpfe an der Spitze der Führung wechseln, das Regime jedoch gleich bleibt, sind drastische Änderungen in der gesamtpolitischen Ausrichtung nicht zu erwarten. Stimmt heute der Vater zu, einen ehemaligen Diktator aufzunehmen, wird sein Sohn ihn wahrscheinlich nicht rauswerfen, sobald er an der Reihe ist, den goldenen Thron zu besteigen.

Bei alldem lautet das zentrale Problem, dass Tyrannen ihre Gastgeber davon überzeugen müssen, aufgenommen zu werden. Aber warum sollte irgendwer dazu bereit sein? Unabhängig vom Typus des Regimes kann es eine Menge Gründe geben, einem gestürzten Tyrannen Exil zu gewähren. Erstens der Vorteil, den eine Regierung daraus ziehen könnte, den Machthaber in ihrem Land zu haben – oder allgemeiner, ihn am Leben zu halten. Vielleicht hat der betreffende Autokrat gute Verbindungen ins Land und die Regierung des Gastlandes glaubt, diesen Einfluss nutzen zu können. Oder es ist möglich, dass der Tyrann rasch ein Comeback feiert und dem Gastland zu Dank verpflichtet ist, sobald er wieder an der Macht ist. Ein Beispiel für Tyrannen, die nach einer Zeit im Exil an die Macht zurückkehrten, sind die Taliban, die in Katar sogar ein Büro (zeitweise mit Flagge) betrieben.[53]

Sollte der Tyrann diese Karte nicht ausspielen können, weil eine Rückkehr an die Macht sehr unwahrscheinlich scheint, muss er eben eine andere nutzen. Institutionen und Menschen verfügen nur über begrenzte Ressourcen und Aufmerksamkeit. Jede Stunde, die sie damit beschäftigt sind, über einen echten oder gedachten Buhmann nachzugrübeln, der an einem Ort ist, den sie nicht kontrollieren können, lenkt sie ab. Das kann für eine andere Regierung von Nutzen sein und für den Tyrannen ist es eine Möglichkeit, seinen Wert zu unterstreichen.

Eine weitere Strategie ist, an die Loyalität zu appellieren. Als die Truppen der westlichen Länder im Sommer 2021 überstürzt Afghanistan verließen, blieben viele afghanische

Bürger, die den Einsatzkräften geholfen hatten – etwa als Übersetzer –, einfach zurück. Ohne den Schutz der US-Amerikaner, Briten, Deutschen und weiterer Länder waren die Menschen nun genau jenen ausgeliefert, die sie von der Macht fernhalten wollten. Im großen Stil und öffentlich wurde damit die Botschaft vermittelt, dass man westlichen Regierungen nicht trauen kann.

In Schwierigkeiten geratenen Herrschern, mit denen man während ihrer Regierungszeit zusammengearbeitet hat, Exil zu gewähren, kann vor allem das Signal sein, diese Führer nicht zu vergessen, auch wenn die Lage schwierig ist. Abgesehen von Loyalität gibt es auch den schlichten Wunsch, Blutvergießen zu vermeiden. Befinden sich Diktatoren in einer Situation, in der sie meinen, keine andere Wahl zu haben, als zu schießen, um an der Macht zu bleiben, können sie an externe Mächte appellieren, ihnen einen »Goldenen Fallschirm« zu gewähren. Auf den Philippinen traf beides zu. Es ging um Loyalität gegenüber einem kollegialen Machthaber, der gerade in Schwierigkeiten steckte, aber auch darum, ein Blutbad zu vermeiden.

Am 30. Juni 2022 betrat Ferdinand »Bongbong« Marcos jr. die Bühne des Nationalen Museums der Schönen Künste in Manila. Frisch als Präsident der Philippinen vereidigt, erklärte er seinem Volk, er sei nicht gekommen, um über die Vergangenheit zu sprechen. »Ich bin hier, um Ihnen von unserer Zukunft zu erzählen«, sagte er.[54] Kein Zufall. Sechsunddreißig Jahre zuvor hatte sein Vater Ferdinand Marcos die vielleicht schwierigste Entscheidung seiner langen Diktatur treffen müssen. Als die philippinische Bevölkerung auf die Straßen ging und Schlüsselfiguren seines Regimes unter dem Druck der Öffentlichkeit überliefen, telefonierte er mit dem US-amerikanischen Senator Paul Laxalt, einem Vertrauten des damaligen Präsidenten Reagan.

Es war mitten in der Nacht und Marcos fürchtete sich. Er konnte nicht schlafen. »Sich trennen und sauber trennen. Die Zeit ist gekommen«, sagte Laxalt zu ihm. Es folgte eine lange Pause. Schließlich wurde die Pause so lang, dass Laxalt Marcos fragte, ob er noch am Apparat sei. Ja, war er. »Ich bin so sehr, sehr enttäuscht«, sagte Marcos, bevor er auflegte.[55]

Um 21.05 Uhr hoben zwei US-Hubschrauber in der Nähe des philippinischen Präsidentenpalastes ab, mit Marcos und seinem Gefolge an Bord.[56] Ziel des Flugs: Clark Air Base, etwa vierundsechzig Kilometer von Manila entfernt. Von dort aus flog der Diktator in einem kalten und lauten C141-Transportflugzeug über Guam nach Hawaii.[57] Ein weiteres Flugzeug war auf derselben Route unterwegs.

An Bord war mehr als nur Marcos' Entourage – eine ganze Menge mehr. Man weiß genau, was er bei sich hatte, weil es für den Zoll aufgezeichnet werden musste. Wenn man bedenkt, dass Marcos offiziell nicht mehr als 13.500 Dollar im Jahr verdiente, ist das dreiundzwanzigseitige Zollprotokoll absurd lang. In den Flugzeugen befanden sich unter anderem 140 juwelenbesetzte Manschettenknöpfe, zwei Dutzend Goldbarren und ein Jesus aus Elfenbein mit einer Diamanthalskette; darüber hinaus 27 Millionen Pesos, die Landeswährung der Philippinen. Doch selbst diese beiden lächerlichen Flugzeuge voller Schmuck und Gold machen nur einen winzigen Bruchteil des Steuergeldes aus, das Marcos seinem Volk gestohlen hat. Der Oberste Gerichtshof der Philippinen kam später zur Schätzung, dass Marcos bis zu zehn Milliarden entwendet hatte.[58] US-Dollar, nicht philippinische Pesos.

Für Demokratien wie die der USA ist der Goldene Fallschirm – also das Gewähren von Exil für Diktatoren – eine schwierige Angelegenheit. Einerseits kann der Umstand, Exil für Tyrannen wie Marcos zu gewähren, das Risiko eines Blutvergießens erheblich verringern und damit das Leben vieler Menschen retten. Andererseits halfen die USA Marcos damit praktisch, seinem Land noch mehr Geld zu stehlen, nachdem sie bereits dazu beigetragen hatten, ihn jahrelang an der Macht zu halten. Und hatte Marcos das wirklich verdient? Bestimmt nicht. Nach all den Jahren an der Macht, in denen er sein Volk betrogen und schlecht behandelt hatte, hätte der Diktator vor einem Richter sitzen sollen, nicht in einer Villa auf Hawaii. Aber wie immer gilt es auch hier, abzuwägen: Wenn Außenstehende in solch einer Situation nicht helfen, sieht ein müder, verängstigter und gefährlicher Diktator wohl keinen anderen Ausweg, als den Tod völlig unschuldiger Zivilisten in Kauf zu nehmen. Wahrscheinlich wären noch deutlich mehr Philippiner gestorben, wenn die Hubschrauber nicht Marcos den Älteren in Sicherheit gebracht hätten.

Im Laufe der vergangenen Jahrzehnte ist es für Tyrannen noch schwieriger geworden, ein sicheres Exil zu finden. Der Grund dafür liegt beim Internationalen Strafgerichtshof (IStGH) und den damit verbundenen Fortschritten internationaler Justiz. Die Idee hinter dem in Den Haag angesiedelten IStGH, der 2002 die Arbeit aufnahm, ist zweifelsohne gut. In Fällen, in denen üble Politakteure von ihren nationalen Gerichten nicht für Verbrechen zur

Rechenschaft gezogen werden können, springt mitunter der Internationale Gerichtshof ein und wahrt einen gewissen Anschein von Gerechtigkeit. Das Modell hat bereits einige Erfolge vorzuweisen. So verurteilte der Gerichtshof 2012 einen kongolesischen Kriegsherrn namens Lubanga zu vierzehn Jahren Gefängnis, weil er Kinder entführt und sie zum Kampf in kriegerischen Auseinandersetzungen gezwungen hatte. Den Prozess kommentierte eine bekannte Menschenrechts-NGO damals so: »Lubangas Verurteilung ist nicht nur wichtig für die Opfer, die Gerechtigkeit wollen, sondern auch eine Warnung an all jene, die weltweit Kindersoldaten einsetzen.«[59] Ja, eine Warnung, und nur wenige würden bestreiten, dass das gut ist. Wenn aufgrund des Internationalen Strafgerichtshofs auch nur ein einziger Rebellenkommandeur oder Armeegeneral davon überzeugt werden kann, einen Zwölfjährigen nicht dazu zu zwingen, eine Kalaschnikow in die Hand zu nehmen, ist das schon ein Sieg.

Aber diesen Sieg gibt es nicht gratis. Für Leute, die Kindersoldaten eingesetzt oder Kriegsverbrechen begangen haben, liefert die bloße Existenz dieses Gerichtshofs und die Androhung strafrechtlicher Verfolgung einen weiteren Grund, so lange wie möglich an der Macht zu bleiben – mit allen damit verbundenen blutigen Konsequenzen. Denn selbst wenn es Tyrannen gelingt, nicht zu »verschwinden« oder von ihrem Nachfolger umgebracht zu werden, können sie in den Niederlanden (oder wie Charles Taylor in der Grafschaft Durham) landen, wo sie den Rest ihres Lebens hinter Gittern verbringen.

Laut einer 2018 veröffentlichten Studie hat sich das gesamte Thema Exil drastisch verändert. Früher gingen

Herrscher, die Gräueltaten verübt hatten, und Herrscher, die so etwas nicht getan hatten, etwa gleich häufig ins Exil. Heutzutage, mit all den Fortschritten in der internationalen Justiz und dem Widerwillen von Staaten, den Schlimmsten der Schlimmsten einen Goldenen Fallschirm zu bieten, ist die Wahrscheinlichkeit, dass Letztgenannte die Exiloption wählen, etwa sechsmal geringer.[60]

Dieses Ergebnis wurde in einer akademischen Zeitschrift der Midwest Political Science Association veröffentlicht, sodass es vielleicht nicht bis in die präsidialen Paläste der Welt vorgedrungen ist, dennoch haben die Diktatoren die Entwicklung zweifellos zur Kenntnis genommen. Als der libysche Oberst Muammar al-Gaddafi erfuhr, dass die nigerianische Regierung beschlossen hatte, Taylor auszuliefern, sagte er: »Das bedeutet, dass jedem Staatschef ein ähnliches Schicksal widerfahren könnte. Das ist ein ernst zu nehmender Präzedenzfall.«[61] Robert Mugabe, ehemaliger Diktator von Simbabwe, war mit Taylor befreundet. Nachdem Mugabe mitbekommen hatte, was Taylor zugestoßen war, sagte er, es gäbe nur eine Möglichkeit, wie er Simbabwe verlassen würde: in einem Sarg.[62]

Ein gutes Reiseziel fürs Exil zu finden, war noch nie einfach, weil ständig die Gefahr bestand, getötet oder ausgeliefert zu werden. Aber heute, da die Welt kleiner geworden und die Chancen, aus dem Zielland wieder hinausgeschmissen zu werden, größer geworden sind, ist es noch schwieriger. Die einzig rationale Entscheidung, die manche Diktatoren treffen können, ist darum, so lange an der Macht zu bleiben, bis es absolut nicht mehr geht. Wenn dazu nötig ist, noch mehr zu morden oder zu stehlen, werden sie genau das tun.

Der Ausstieg aus der Tretmühle ist also theoretisch möglich, aber man setzt eine Menge aufs Spiel und nur wenige sind bereit, das Risiko einzugehen. Vor die Wahl gestellt, entweder weiter in der Tretmühle zu laufen, den Stecker zu ziehen oder zu versuchen abzuspringen, entscheiden sich die meisten Tyrannen dafür, weiterzulaufen. Doch die sich immer weiter drehende Mühle ist nicht das Einzige, worüber sie sich Sorgen machen müssen. Während sie laufen, müssen sie ständig aufpassen, was in ihrem Rücken geschieht, denn die Leute in ihrer unmittelbaren Nähe stellen für gewöhnlich die größte Gefahr dar.

2 Der Feind im eigenen Haus

Man sollte sich bewusst sein, dass die Feinde hier sind. Sie befinden sich nicht im Ausland. Sie sind ganz in unserer Nähe und sogar innerhalb unserer eigenen Reihen.[1]

Hissène Habré, Präsident des Tschad

In der Nacht des 28. Juni 1762 schlief Katharina in Monplaisir, einem Sommerpalast innerhalb von Schloss Peterhof. Monplaisir lag nur wenige Meter oberhalb des Finnischen Meerbusens und war ein friedlicher Rückzugsort fern des Trubels im kaiserlichen St. Petersburg.[2]

Plötzlich stürmte ein Mann in Katharinas Schlafgemach. »Es ist so weit! Ihr müsst aufstehen und mitkommen!«, sagte der Soldat. Katharina, noch nicht ganz wach, reagierte verwirrt: »Was meinen Sie?«

»Passek ist verhaftet«, antwortete der Soldat.[3]

Katharina musste sich nun beeilen. Hauptmann Passek war in ihr Komplott zum Sturz ihres Mannes, Zar Peter III. von Russland, verwickelt. Sollte Passek gefoltert werden, würde ihre Beteiligung nicht mehr lange geheim bleiben. Und wenn sie aufflog, würde ihr rasch der Gang zum Schafott bevorstehen.[4]

Die zurückliegenden Jahre waren für Katharina schwierig gewesen. Der Zar hatte sich schon länger von seiner

Ehefrau entfremdet und schließlich kam Katharina zu der Überzeugung, dass der Zar sie loswerden und seine Mätresse Elizaveta heiraten wollte. Peter beschimpfte und demütigte seine Frau in aller Öffentlichkeit.[5] War er betrunken, drohte er ihr. Er log, täuschte und intrigierte. Katharinas Leben war in akuter Gefahr.

Bereits wenige Monate nach Beginn seiner Herrschaft hatte sich Peter mit fast allen wichtigen Interessengruppen bei Hofe angelegt. Etliche Soldaten waren verärgert, weil Peter sonderbarerweise preußenfreundlich war. Seine Besessenheit von Friedrich dem Großen ging so weit, dass er seine Soldaten zwang, sich wie die preußische Armee zu kleiden.[6] Während sein Vorgänger noch mit Österreich Krieg gegen Preußen geführt hatte, war eine der ersten Amtshandlungen von Peter, den Feind Russlands vor der sicheren Niederlage zu bewahren. Er hätte nach Berlin marschieren können, tat es aber nicht. Als ihm Friedrich Ländereien anbot, um den Krieg zu beenden, lehnte der Zar ab. Als dann seine Truppen erschöpft von einem Krieg waren, in dem sie nichts zu gewinnen schienen, weil Peter nicht bereit war, Russlands Vorteil zu nutzen, beschloss er, sich auf einen Krieg mit Dänemark vorzubereiten, weil Dänemark Schleswig kontrollierte. Das hatte eigentlich nichts mit Russland zu tun, war aber wieder eine von Peters seltsamen Obsessionen.[7] Aus all diesen Ereignissen folgte, dass viele Soldaten vor Wut schäumten.

Anders als Peter verstand es Katharina außerordentlich gut, Allianzen mit den Mächtigen bei Hofe zu schmieden. Vom ersten Tag in Russland an hatte sich die deutsche Prinzessin die höfische Kultur zu eigen gemacht. Sie lernte Russisch und gab sich Mühe, die russisch-orthodoxe

Religion ernsthaft zu pflegen. Sie benahm sich so, »damit die Russen mich lieben«.[8] Und es war klar, dass viele bei Hofe genau das taten oder sie zumindest Peter III. vorzogen. Eine der Hofdamen kommentierte das so: »Die Sympathie für die Kaiserin wuchs im gleichen Maße wie die Verachtung für ihren Ehemann.«[9]

Ganz in Schwarz gekleidet, machte sich Katharina auf den Weg zur Kaserne der Ismailowski-Leibgarde, die für den Schutz der Zarenfamilie vorgesehen war. In der Kaserne angekommen, küssten die Soldaten Katharinas Hände, Füße und den Saum ihres Kleides.[10] Nach ihrer Ankunft im Winterpalast machten Geistliche, Senatoren und Palastwachen deutlich, dass sie im Kampf um die Macht eher Katharina unterstützen würden als ihren Mann.[11] Doch selbst mit all der Unterstützung blieb das Problem, was mit ihrem Mann geschehen sollte. Peter war zwar nicht in der Hauptstadt, aber ihm standen Tausende Soldaten zur Verfügung.

Als sich schließlich der Verrat seiner Frau abzeichnete, reagierte Peter verstört und verwirrt. Sollte er versuchen zu verhandeln? Einer seiner Generäle riet ihm, nach St. Petersburg zu marschieren.[12] Mit der ihm zur Verfügung stehenden militärischen Stärke könnte er seine Frau und ihre Mitverschwörer vernichten und den ihm rechtmäßig zustehenden Thron zurückerobern. Doch im Gegensatz zu seiner Ehefrau Katharina fehlten Peter die dazu nötigen Eigenschaften. Statt entschlossen zu handeln, wie es ihm der General geraten hatte, zauderte er.

In St. Petersburg machte Katharina den denkbar kühnsten nächsten Schachzug. Nachdem sie die grüne Uniform der Kaiserlichen Garde angezogen hatte, stieg sie auf einen weißen Hengst und führte selbst ihre Armee an, um Peter zu beseitigen.[13] Letztlich war sie nur noch dazu bereit, seine bedingungslose Abdankung zu akzeptieren – und zwar schriftlich. Die größtmögliche Demütigung ihres Ehemanns.

Keine sechs Monate nach seiner Krönung zum Zaren von Russland wurde Peter III. in Ropsha gefangen gehalten, einem Schloss etwa dreißig Kilometer südwestlich von St. Petersburg. Weniger als eine Woche nach seinem Herrschaftsverlust starb er.

Macht ist an Beziehungen gebunden. Ohne Gefolgsleute kann man kein Herrscher sein. Doch bei Tyrannen ist die Anzahl der Menschen, die sie bei Laune halten müssen, gering. Gleichzeitig sind das aber auch genau die Personen, die den Tyrannen am ehesten zu Fall bringen können. Daten belegen dies: Zwischen 1950 und 2012 verloren 473 autoritäre Herrscher ihre Macht. Einer Analyse zufolge wurden 65 Prozent von Regime-Insidern beseitigt.[14] Die wahre Gefahr sind häufig nicht diejenigen, die sich offen gegen den Herrscher stellen, sondern eher jene, die ihm regelmäßig begegnen und lächeln, während sie ihren nächsten Schachzug planen.

Um nachzuvollziehen, wie Tyrannen überleben (und zu Fall kommen), eignen sich die drei Gruppen, die Bruce Bueno de Mesquita und Alastair Smith in ihrem *Dictator's Handbook* beschrieben.[15]

Erstens Menschen, die theoretisch wichtig sind – die Gruppe, die die Herrscher für sich gewinnen sollten, um Kontrolle zu erlangen. Zweitens die, die tatsächlich wichtig sind – die Gruppe, die Diktatoren wirklich brauchen, um die Kontrolle zu erlangen. Und drittens der innere Zirkel, die kleinste Gruppe, ohne die Tyrannen nicht regieren können.

Die Menschen, auf die es theoretisch ankommt (von Bueno de Mesquita und Smith als »nominal selectorate« bezeichnet), haben ein gewisses Mitspracherecht, wenn es darum geht, ob ein bestimmter Herrscher, ob Tyrann oder nicht, an der Macht bleiben darf. In einer liberalen Demokratie wie den USA können das mehrere zehn Millionen Menschen sein, da die meisten über achtzehn Jahren bei Präsidentschaftswahlen wählen dürfen.

Die zweite Gruppe ist das »real selectorate«. Sie besteht aus denen, die *tatsächlich* bestimmen, wer an der Macht bleibt. In den USA sind das die 538 Wahlmänner und Wahlfrauen des Electoral College. Nachdem das Volk gewählt hat, wählen dessen Vertreter den Präsidenten. Die Praxis heutzutage zeigt, dass sie ihr Mandat aus der Gesamtwahl ableiten und entsprechend abstimmen. Zumindest ist es so gedacht.

Das führt dazu, dass die Gruppe des »real selectorate« mit de facto einer weitaus größeren Anzahl von Wählenden in wenigen »Swing States« (Staaten, in denen die Entscheidung in beide Richtungen möglich ist) regelmäßig über den Ausgang von Präsidentschaftswahlen entscheiden. Hinzu kommen Lobbyisten, Parteispender und andere politische Akteure, die Ressourcen zur Verfügung stellen können, um Wahlberechtigte in den »Swing States« zu überzeugen. Ein konkretes Beispiel: Ein Wähler in Kansas, der zum »nominal selectorate« gehört, ist viel weniger wichtig als ein Wähler in Wisconsin, weil Kansas immer rot ist (das heißt mehrheitlich die Republikanische Partei wählt), Wisconsin aber nicht. Stimmen in

Wisconsin können entscheidend sein, während Stimmen in Kansas das nur theoretisch sind. John aus Kansas gehört zur Gruppe des »nominal selectorate«, Joanna aus Wisconsin zum »real selectorate«.

Dann gibt es da noch die »winning coalition«. Die siegreiche Koalition besteht aus der kleinsten Anzahl von Menschen des »real selectorate«, die man zusammenbringen muss, um die Macht zu übernehmen oder zu behalten. Im Falle der USA wäre dies die kleinste Anzahl von Wählenden in den »Swing States«, die benötigt wird, um die meisten Stimmen im Electoral College zu gewinnen.

Die Größe dieser Gruppen ist je nach Regierungssystem sehr unterschiedlich. Die meisten Diktatoren brauchen sich nicht um Wahlmänner zu sorgen, einige nicht mal um Wählende. Je autoritärer das Regime, desto kleiner sind diese drei Gruppen. Am Hofe von Peter III. im Russland des 18. Jahrhunderts war das »real selectorate« winzig und die siegreiche Koalition ebenso. Katharina brauchte nur eine kleine Zahl von Mitgliedern der Kaiserlichen Garde, um ihren Mann zu stürzen und ins Gefängnis zu bringen. Im Jahr 1762 hatte das Russische Reich eine geschätzte Bevölkerung von mehr als siebzehn Millionen Menschen.[16] Dennoch war der Verlust der Unterstützung seiner Frau und einiger wichtiger Militärs entscheidend für Thron oder Tod in einem schmutzigen Kerker.

Es mag den Anschein haben, dass die Geschichte von Peter und Katharina nicht viel mit der Dynamik der heutigen Politik zu tun hat. Damals gab es die USA noch nicht, die Industrialisierung hatte noch nicht stattgefunden und es gab alles in allem nicht eine einzige liberale Demokratie auf der Welt, aber das bedeutet nicht, dass der generelle

Mechanismus zur Funktionsweise eines Tyrannen nicht mehr gilt. In hochautoritären Ländern kann die siegreiche Koalition trotzdem aus ein paar Hundert Personen bestehen. In diesen Ländern entscheidet die Unterstützung einer Elite des inneren Zirkels über alles: Kann der Diktator die Unterstützung der siegreichen Koalition aufrechterhalten, bleibt er an der Macht und am Leben. Verliert er die siegreiche Koalition, verliert er die Macht – und vielleicht sogar mehr. Und für alle anderen unter diesen brutalen Regimen bedeutet ein besseres Leben, dass man vom machtlosen Bauern tatsächlich zu einem wichtigen Mitglied der realen Wählerschaft aufsteigt.

Falls sich das nach Jahrzehnten totalitärer Herrschaft noch nicht herumgesprochen haben sollte, brachte das Regime Nordkoreas genau das seinem Volk in den 1990ern bei.[17]

Nordkorea ist ein gebirgiges Land, die Winter sind hart, die Landwirtschaft ist prekär. Seit den späten 1950er-Jahren, als ein Großteil Nordkoreas nach dem Krieg gegen Südkorea und dessen Verbündete in Trümmern lag, wurden die Bauern gezwungen, sich zu Kollektiven zusammenzuschließen. Das hieß, man betrieb Landwirtschaft nicht mehr hauptsächlich für sich selbst, sondern hauptsächlich für den Staat. Das hatte zur Folge, dass Millionen von Menschen völlig abhängig von der Regierung wurden, da sie nicht mehr imstande waren, Lebensmittel zu kaufen oder in nennenswerten Mengen für sich selbst anzubauen beziehungsweise zu produzieren. Stattdessen entschied die Regierung, wer was bekam. Dieses System »funktionierte« nur darum, weil während des Kalten Krieges Nordkorea sowohl von der Sowjetunion als auch von

China in erheblichem Umfang unterstützt wurde. Nach Zusammenbruch der Sowjetunion reduzierte auch China die Hilfe – zum Teil, weil eigene Ernten nicht wie geplant ausfielen. Das war ein enormer von außen herbeigeführter Schock für Nordkorea. Die Kim-Familie hätte darauf mit einer Ausweitung des Außenhandels oder einer Liberalisierung des kollektiven Systems im eigenen Land reagieren können – sie tat beides nicht. Als Nordkorea 1995 von Überschwemmungen heimgesucht wurde, herrschte in dem Land bereits eine Hungersnot. Das System hatte schon vor den Wassermassen nicht funktioniert, doch jetzt war es vollkommen zerstört.

Für viele einfache Nordkoreaner war die Situation so verzweifelt, dass sie begannen, Bäume zu essen. Ji Hyunah, damals siebzehn Jahre alt, beschreibt die Lage.[18] Zunächst musste man den richtigen Baum finden. Es musste eine Kiefer sein, und um sie zu finden, musste man entweder auf Berge oder in Täler steigen. Hatte er den richtigen Baum gefunden, musste Ji ihn fällen, was für jemanden, der vom Hunger geschwächt war, keine leichte Aufgabe darstellte.

Nachdem Bäume gefällt worden waren, mussten Kinder (oder ihre Eltern) die äußere Rinde mit einem Messer oder einer Sense abziehen. Unter der äußeren Rinde lag das, was sie *songgi* nannten, eine dünne innere Schicht, die die Rinde vom Holz des Baumes trennt. Wenn man genug *songgi* hatte (was harte Arbeit war), musste man diese Schicht in Lauge kochen, ausbreiten und über Nacht einweichen. Danach musste es mit einem Knüppel geschlagen und mit etwas Maismehl zu einer Art Kuchenteig verarbeitet werden. Ji drückte es so aus: »Das war kaum genießbar und es war schrecklich, sich mit dieser Form von Nahrung begnügen zu müssen.«[19] Für manche nordkoreanischen Kinder war die Situation sogar noch schlimmer, denn nicht einmal Kuchen aus Kiefernrinde war erhältlich. Bekamen sie die ausnahmsweise einmal zu essen, war das wie Weihnachten.[20] Und doch, so erinnert sich Ji, »kam uns nie in den Sinn, die diktatorische Regierung Nordkoreas für unsere Notlage verantwortlich zu machen«.[21]

Aber je weiter sich die Katastrophe ausbreitete und je mehr Menschen in Nordkorea unterernährt waren und schließlich starben, desto größer wurde das Risiko, dass sich der politische Zusammenhang doch zeigte. Für Kim Jong-il (Vater von Kim Jong-un und Sohn von Nordkoreas erstem Führer Kim Il-sung) stellte die Situation nicht nur ein humanitäres Problem dar, sondern sie wurde schnell zur Frage, ob das Regime überleben würde. Anstatt die wenigen Lebensmittel, die es noch gab, gemäß dem Grad des Bedarfs zu verteilen, geschah das, zumindest teilweise, gemäß dem Maß der Loyalität des betreffenden Untertanen gegenüber dem Regime beziehungsweise der Bedeutung, die die Person für den Machterhalt der Kims besaß. In Pjöngjang, wo die Menschen für die Diktatur relativ wichtig waren, fielen die Essensrationen vergleichsweise groß aus. Fern der Hauptstadt, in den weniger wichtigen Gegenden auf dem Land, verhungerten zahllose Menschen. Kein Zufall. Während der Hungersnot waren die Rationen pro Person in Pjöngjang zeitweise fast doppelt so groß wie in manchen anderen Provinzen.[22] Die Politologen Daniel Byman und Jennifer Lind kamen zu dem Schluss: Kim Jong-il schützte seine Unterstützer und sorgte für eine Konzentration der verheerenden Hungersnot auf die Menschen, die als am wenigsten loyal galten.[23] Und für diese Bevölkerungsgruppe waren die Auswirkungen wahrhaft vernichtend. Glaubwürdigen Schätzungen zufolge starben etwa 3 bis 5 Prozent von Nordkoreas Bevölkerung an der Hungersnot.[24]

Die Palasteliten, hochrangige Parteifunktionäre, Generäle oder Oligarchen, können die Bestrebungen des Tyrannen unterstützen oder behindern. Im günstigsten Fall ist die Mehrheit dieser Eliten der Meinung, dass die weitere Herrschaft des Diktators ihrem eigenen Interesse dient. Sollte das der Fall sein, werden sie die Herrschaft nicht nur dulden, sondern bei einem möglichen Aufstand als Rückhalt dienen. Das wahrscheinlichere Szenario, und zwar das, das alle Tyrannen fürchten müssen, ist jedoch, dass ein erheblicher Teil des »real selectorate« den Sturz des Diktators wünscht – entweder, weil sie selbst an der Macht interessiert sind oder weil sie glauben, dass ihren Interessen unter einer anderen Führung besser gedient wäre.

Für den Despoten ist es schwierig, die Unterstützenden des »real selectorate« und das Land als Ganzes zu kontrollieren, weil diese Regime nicht nur für Außenstehende, sondern auch für den Diktator selbst häufig undurchschaubar sind. Das Phänomen ist als »dictator's dilemma«, Dilemma des Diktators, bekannt.[25] Um an der Macht zu bleiben, schafft er ein Klima ständiger Angst. Diese Angst bringt Kritiker zum Schweigen, weil sie sich nicht trauen, ihre Meinung zu äußern. Da aber die meisten schweigen, weiß der Diktator nie, was die Leute – und sogar seine engsten Berater – tatsächlich denken. Ist eine bestimmte

Person wirklich loyal oder tut sie nur so? Unterstützt er oder sie wirklich die Ideologie der Regierung oder ist das alles nur Theater, um Zeit zu gewinnen, bis man dem Tyrannen in den Rücken fallen kann? Der Tyrann kann das unmöglich wissen. Er mag die mächtigste Person im Land sein, aber er kann nicht darauf vertrauen, dass seine Untergebenen ihm die Wahrheit sagen. Jede Entscheidung, die ein Diktator trifft, wird also auf der Grundlage von Informationen getroffen, die von einem Nebel der Angst gefiltert werden.

Diese Dynamik ist den meisten von uns fremd, weil wir unsere Meinung äußern können, ohne befürchten zu müssen, dass sie zu unserem frühen Tod oder Folter von Familienmitgliedern führt. Ein Büroangestellter, der seinem Chef eine unangenehme Wahrheit mitteilt, schmälert eventuell seine Chancen auf eine Beförderung. Er könnte sogar gefeuert werden. Doch wer würde einen Diktator nicht anlügen, wenn die Wahrheit Gefängnis oder Tod nach sich zöge? In Diktaturen kann die Wahrheit tödlich sein.

Die meisten Diktatoren sind nicht dumm und es ist ihnen bewusst, dass sie kein vollständiges Bild erhalten. Unter solchen Umständen ist es vernünftig, wenn sie von den Menschen in ihrem Umfeld das Schlimmste annehmen.

Aber nicht alle Tyrannen haben die gleichen Schwierigkeiten, mit dem Feind im eigenen Haus zurechtzukommen, denn die Koalitionen, auf die sich solche Machthaber stützen, können sehr unterschiedlich aussehen. Die Politikwissenschaftler Bueno de Mesquita und Alastair Smith formulierten:

Wenn ein kleiner Block von Unterstützern benötigt wird und aus einem großen Pool potenzieller Anhänger rekrutiert werden kann (zum Beispiel bei den kleinen Koalitionen in Ländern wie Simbabwe, Nordkorea oder Afghanistan), muss der Amtsinhaber keinen großen Anteil der Einnahmen des Regimes investieren, um die Loyalität der Koalition zu kaufen.[26]

Unter solchen Bedingungen ist der Preis für die »Loyalität« der Elite gegenüber dem Amtsinhaber niedrig, denn es herrscht ein breites Angebot. Fordert der Innenminister einen größeren Anteil des Geldes, das das Regime dem Volk stiehlt, bekommt er nicht mehr – stattdessen wird er durch einen der vielen anderen ersetzt, die »qualifiziert« und bereit sind, seinen Job zu machen. Doch was de Mesquita und Smith für Simbabwe, Nordkorea und Afghanistan beschrieben, gilt nicht für alle autokratischen Regime. Manche Herrscher müssen viel härter arbeiten, als man denkt, um die Geldmaschine am Laufen zu halten, weil der Pool, aus dem sie rekrutieren können, deutlich kleiner ist.

Stellen wir uns den neuen Anführer einer Militärjunta vor. Vor einem Jahr war er noch ein Oberst, der sich um seine militärische Position sorgte, aber jetzt ist er an der Macht und sorgt sich um seine neue Rolle als Diktator. Um Autorität zu demonstrieren und die Nerven der internationalen Staatengemeinschaft zu beruhigen, hat er eine erste Fernsehansprache gehalten und jetzt muss er sich an seine neue Aufgabe machen. Das bedeutet vor allem, dass er seine Kameraden bei Laune halten muss, denn die sind notwendig, damit er im Amt bleibt. Haben die Colonels den Eindruck, ihr Los mit jemand anderem an der Spitze verbessern zu können, werden sie dafür sorgen, dass dieser andere die Verantwortung übernimmt. Und ist diese Person erst einmal eingesetzt, befindet sich der Vorgänger in unmittelbarer Gefahr.

Aus Sicht des Putschisten besteht das Problem in dieser Situation darin, dass es schwierig ist, Leute zu ersetzen. Es gibt viele Soldaten, aber nicht viele vom Rang eines Obersts – und er muss sich mit hochrangigen Offizieren umgeben, weil einfache Soldaten weder die Erfahrung noch das Ansehen haben, ihm bei der Leitung der neuen Regierung zu helfen.

In Demokratien sind die Wähler austauschbar. Wenn man den einen verliert, kann man einen anderen gewinnen. Aber in autoritären Regimen ist der Vorrat an Eliten, die das »real selectorate« bilden, nicht unendlich. In Monarchien beispielsweise gibt es nur eine bestimmte Anzahl von Prinzen. Verprellt man einen, gibt es möglicherweise keinen weiteren, der den Platz einnehmen kann. Das Gleiche gilt für viele Diktaturen. Es gibt nur eine bestimmte Anzahl von Generälen und Geheimdienstchefs, und Tyrannen können nicht stets ersetzen, wer auch immer sich gegen sie stellt. Die Folge dieser begrenzten Anzahl von Ersatzleuten in Militärregimen oder Monarchien ist, dass die Herrscher mehr dafür tun müssen, die Eliten auf ihrer Seite zu halten. Ihr Preis, wenn man so will, steigt. Und so ärgerlich das aus Sicht des Tyrannen auch sein mag, nicht zu zahlen, ist keine Option.

Um überhaupt zahlen zu können, benötigen Despoten Geld – viel Geld, und zwar ganz abgesehen vom Bedarf an eigenem Privatvermögen, versteht sich. Im Idealfall wollen Tyrannen Zugang zu einer Quelle des Reichtums, die nicht von qualifizierten Arbeitskräften abhängt. Denn wenn dies der Fall ist, ist der Tyrann auf das Wohlwollen einer großen Menschengruppe angewiesen, und das möchte er im Allgemeinen vermeiden, weil es ihn verwundbar macht. Außerdem bedeutet die Abhängigkeit der Geldmaschine von Fachkräften, dass finanzielle Mittel für die Ausbildung dieser Menschen ausgegeben werden müssen, was Geldverschwendung bedeutet, wenn dieses Geld auch für Dinge ausgegeben werden könnte, die einem Despoten wirklich wichtig sind – wie den Kauf von Gegnern oder das Aufstellen von sich in der Sonne drehenden goldenen Statuen der eigenen Person.

Nicht zufällig besitzen viele der grausamsten Regime der Welt Zugang zu Öl, Gas oder Diamanten. Die Gewinnung dieser natürlichen Ressourcen ist nicht nur unglaublich lukrativ, sondern kann auch dann noch stattfinden, wenn so ziemlich jeder im Umfeld des Staatslenkers inkompetent ist. Die Förderung von Öl ist ein mühsamer, schwieriger Prozess. Um ihn zu bewerkstelligen, braucht es hoch entwickelte Technologie sowie eine Menge Fachwissen. Aber – und hier liegt der Vorteil für Tyrannen – eine große Anzahl von Menschen ist für diesen Prozess nicht erforderlich und die Betreffenden sind bereits gut ausgebildet. Der Grund dafür ist, dass Öl ein solch lukrativer Rohstoff ist, dass Machthaber schlicht ein Ölfeld an einen ausländischen Großkonzern verkaufen können, der dann alles für sie erledigt. Die Bohrungen? Schon erledigt. Die Raffinierung? Kein Problem. Die Verschiffung? Keine Sorge. Weil sie wissen, dass sie Millionen beziehungsweise Milliarden verdienen werden, kümmern sie sich mit Vergnügen um alles. Der CEO, der den Scheck ausstellt, ist unter Umständen sogar froh, dass er Geschäfte mit einem Diktator macht und nicht den ganzen Ärger mit Gesetzgebern, Umweltaktivisten oder Investigativjournalisten, die überall herumschnüffeln, am Hals hat. Für Tyrannen ist das die perfekte Konstellation. Öl und Diktatur gehen Hand in Hand.

Ist die Inkompetenz zu weit fortgeschritten oder gibt es kein Öl, um die Eliten zu bestechen, verfügt der Tyrann über ein weiteres Mittel, um die Unterstützer zu kontrollieren: Repression. Der Umgang des Tyrannen mit den Selektoraten ist ein Balanceakt am Rand einer Giftschlangengrube – jede falsche Bewegung könnte die letzte sein. Diese Ungeheuer müssen entweder gefüttert oder am Boden gehalten werden.

Die richtige Balance zu finden, ist eine Kunst und Wissenschaft in einem. Ein schwieriger Weg. Tyrannen möchten entschlossen vorgehen und ihren Feinden den Garaus machen, anstatt sie nur ein wenig zu schwächen und in einer Position zu belassen, in der sie eine Gefahr bleiben und sich radikalisieren. Niccolò Machiavelli, der italienische Diplomat, der zu Beginn des 16. Jahrhunderts *Der Fürst* schrieb, formulierte das folgendermaßen:

> Es gilt also festzuhalten, dass man die Menschen entweder verwöhnen oder vernichten muss; denn für leichte Demütigungen nehmen sie Rache, für schwere können sie dies nicht tun; also muss der Schaden, den man anderen zufügt, so groß sein, dass man keine Rache zu fürchten braucht.[27]

Warum also die Eliten überhaupt bezahlen, warum nicht einfach jeden eliminieren, der eine kleine Bedrohung darstellt, und die Leute lieber in die Unterwerfung prügeln, statt zu versuchen, sie bei Laune zu halten?

Nicht jeder Despot kann direkt zum Töten übergehen, denn die Eliten reduzieren unter Umständen seine Optionen. Eine Säuberung stellt, einer Definition zufolge, die Entfernung eines Mitglieds aus der Regierungskoalition dar.[28] Das kann alles Mögliche bedeuten. Eine Degradierung, eine Inhaftierung, ein erzwungenes Exil oder eine Hinrichtung. Natürlich liegt nichts von alldem im Interesse der Opfer, doch können solche Ergebnisse durchaus im Interesse der verbleibenden Eliten sein.[29] Wie viel Geld eine Diktatur durch Diebstahl und Erpressung auch immer generieren mag, die Ressourcen sind endlich. Wenn einige Mitglieder der Elite verbannt oder getötet werden, kann derselbe Kuchen anders verteilt werden, was dazu führt, dass andere ein größeres Stück bekommen – oder das zumindest erwarten. Die Folge davon ist, dass die Eliten Säuberungen nicht nur akzeptieren, sondern aktiv vorantreiben, weil sie so ihre Position ausbauen und gleichzeitig Konkurrenten ausschalten können. Gleicher Kuchen, weniger Leute.

Aber es gibt einen Kipppunkt, den ich den »Ikarus-Effekt« nenne. Der griechischen Mythologie zufolge entkam Ikarus seiner misslichen Lage, indem er sich Flügel baute. Er wurde gewarnt, nicht zu nah ans Meer oder die Sonne zu fliegen, aber seine Hybris lenkte ihn auf Abwege. Schließlich kam er der Sonne zu nah und seine Flügel begannen zu schmelzen, sodass er abstürzte und starb. Die Situation der Palasteliten ist ähnlich. Am Anfang mag die

Freude über ein größeres Stück vom Kuchen gewaltig sein. Aber irgendwann wird die Hoffnung auf ein größeres Kuchenstück von der Angst überlagert, dass auch sie selbst beseitigt werden könnten. Es ist eine Sache, wenn ein paar hochrangige Funktionäre verschwinden, nachdem sie in einen Attentatsversuch verwickelt waren. Eine ganz andere Sache ist es, wenn eine Person nach der anderen ohne erkennbaren Grund erschossen wird. Wenn sich die Reihen im Kabinett lichten oder neue Gesichter auftauchen, nimmt allmählich die Panik zu. Verschwitzte Minister, die sich vor dem Tod fürchten, werden von Befürwortern der einstigen Säuberung zu Feinden des Tyrannen. Je mehr Personen dämmert, dass sie die nächsten Opfer werden könnten, desto eher erkennen die Eliten, dass sie der Sonne zu nah kommen.

Infolgedessen können sie versuchen, gegen den Tyrannen vorzugehen, bevor es zu spät ist. Sollte die Möglichkeit bestehen, sich untereinander abzustimmen, läuft der Herrscher Gefahr, durch Maßnahmen, die er zur Stärkung seiner Herrschaft ergriffen hat, einen Angriff auszulösen. Aber selbst wenn Despoten die richtige Balance zwischen Zuckerbrot und Peitsche finden, verschwindet das Dilemma des Diktators nie ganz. Mit letzter Sicherheit kann er schlicht nie wissen, wo seine Untergebenen wirklich stehen.

Es gibt eine Ausnahme: Krisenzeiten. Wird der Führer angegriffen, zum Beispiel bei einem Putschversuch, kann er für einen kurzen Moment klar durch den Nebel sehen. Er sieht nicht nur, wer wirklich loyal ist, sondern auch, wer nur so tut. Außerdem weiß er nun, wie mächtig er im Vergleich zu seinen Feinden ist. Überlebt er, ist er stärker als sie. Wenn nicht, ist es zu spät, um noch etwas daran zu ändern, aber zumindest hat er dann Gewissheit.[30] Dieses kurze Zeitfenster der Transparenz ist für die Staatsführer so attraktiv, dass einige Herrscher absichtlich Komplotte gegen ihr Regime zugelassen haben. Die Legende besagt, dass Ranavalona I., Merina-Königin von Madagaskar, genau das getan hat. Sofern sich Europäer überhaupt für Madagaskar interessierten, wurde Ranavalona zeitweise als Wilde dargestellt, die Christen misshandelte und die »aufgeklärte« Politik ihres Vorgängers umkehrte.[31]

Dass diese Geschichte in die Welt gesetzt wurde, war Absicht. Die Hauptziele der Merina-Königin waren der Erhalt ihrer Macht und die Wahrung der Unabhängigkeit Madagaskars. Politische Beobachter aus London oder Paris wollten genau das Gegenteil. Die Nachbarländer der Insel standen bereits unter der Kontrolle von Kolonialmächten, und aus der strategischen Lage Madagaskars konnte Gewinn ziehen, wer auch immer das Land kontrollierte.

Es war jedoch nicht zu leugnen, dass Ranavalona I. eine äußerst unbarmherzige Tyrannin war – und zwar nicht nur im Umgang mit Ausländern, sondern auch ihrer eigenen Bevölkerung gegenüber. Am berüchtigtsten war, dass sie zahlreichen Menschen ein »Gottesurteil« aufzwang, bei dem die giftigen Früchte des Tangena-Baums gegessen werden mussten. Es stand den Menschen frei, sich gegenseitig zu beschuldigen, etwas verbrochen zu haben – was die Königin ebenfalls oft tat. Um ihre »Unschuld« zu beweisen, mussten die Beschuldigten die Früchte des Tangena-Baumes essen und am Leben zu bleiben. Diejenigen, die starben, waren per Definition schuldig. Die »Sea Mangos«, wie die Früchte auch genannt werden, enthalten

Cerberin, eine Art Herzglykosid. Verschreibt ein Arzt einem Patienten mit Herzschwäche ein Herzglykosid, schlägt sein Herz langsamer, aber stärker. Der Verzehr der Nüsse des Tangena-Baums bewirkt zunächst das Gleiche. Doch irgendwann überfordert das Gift das Herz, sodass es unregelmäßig und viel zu schnell schlägt. Wird nichts unternommen, hört das Herz auf, Blut zu pumpen. Königin Ranavalona hat das Gottesurteil nicht erfunden, aber unter ihrer Herrschaft erreichte es den Höhepunkt. Hunderttausende von Madagassen sind während ihrer Regierungszeit möglicherweise auf diese Weise ums Leben gekommen.[32]

1855 war die Königin auf dem Thron von Madagaskar in Gefahr, weil der Franzose Joseph-François Lambert mit Prinz Rakoto, dem Sohn und Erben von Königin Ranavalona, ein Geschäft aushandelte. Mit der Thronbesteigung Rakotos würde Lambert das Recht erhalten, Madagaskars große unerschlossene Bodenschätze zu heben.[33] Für den Franzosen natürlich ein fantastischer Deal, aber für Madagaskar und vor allem für die regierende Herrscherin schrecklich, da das Geschäft nur im Falle der Absetzung von Königin Ranavalona zustande kommen würde. Zunächst hoffte Lambert, dass die französische Regierung das Problem für ihn lösen und für die Absetzung der Königin sorgen würde.[34] Da dies nicht der Fall war, plante Lambert einen Staatsstreich.

Was dann geschah, ist nicht ganz geklärt. Einer Version zufolge scheiterte der Staatsstreich letztlich daran, dass der mit dem Schutz des Palastes beauftragte Kommandeur nicht sicherstellte, dass die Palastwache in der Nacht, in der das Ganze stattfinden sollte, seiner Aufgabe (un)treu war.[35] Nach einer anderen Version war das Ganze eine Meisterleistung der Täuschung, an der nicht nur Königin Ranavalona, sondern auch Rakoto beteiligt waren.[36] Demzufolge erfuhr die Königin, dass ihre Macht und die Unabhängigkeit des Landes gefährdet waren, doch anstatt bei der ersten Gelegenheit zuzuschlagen, ließ sie das Komplott so lange wie möglich zu, um mehr Informationen über all jene zu erhalten, die sie verraten hatten.

Es versteht sich von selbst, dass die meisten Herrscher solch eine risikoreiche Strategie nicht wagen würden. Darum tappen sie im Dunkeln und wissen nicht, wer bei Hofe auf ihrer Seite steht und wer nur darauf wartet, sie anzugreifen. Sie müssen sich entscheiden: Ist Kompetenz wichtiger oder Loyalität? Ist es in Anbetracht der Risiken vernünftig, sich mit Kriechern zu umgeben – selbst wenn die dumm und inkompetent sind? Loyalität ist in Diktaturen das Allerwichtigste. Schließlich kann sich Kompetenz auch als gefährlich erweisen. Wenn Berater und Beamte ihren Job zu gut machen, könnten sie es leid sein, sich sagen zu lassen, was sie zu tun haben, und anfangen, selbst die Führung übernehmen zu wollen. Deswegen wählen die meisten Diktatoren Loyalisten aus, die keine andere Option haben. Die Abhängigkeit vom Tyrannen führt zu Loyalität und die Loyalität führt zu Vertrauen.

Aber wie bei allen Entscheidungen, die das Überleben des Regimes betreffen, gibt es auch hier Zielkonflikte. Da Diktatoren inkompetente Beamte befördern, weil sie loyal erscheinen, werden die obersten Ränge der Regierung mit Leuten besetzt, die sich eigentlich gar nicht in der Nähe von Macht befinden sollten. Mit der Zeit wird dies zu einem ernsten Problem, denn selbst die Herrscher von stark zentralisierten Regierungssystemen müssen für ausreichend viele Menschen positive Ergebnisse erzielen, um ihre Macht zu erhalten. Haben Sie schon mal den Spruch gehört, man solle nie versuchen, der Klügste im Raum zu sein, denn so könne man etwas lernen? Das hier ist das Gegenteil davon: Umgibt sich ein Tyrann mit inkompetenten Speichelleckern, weil die eine geringere Gefahr darstellen, führt das dazu, dass er selbst gewählt die klügste Person in jedem Raum ist.

Solche Speichellecker sagen dem Diktator vermutlich, was er hören will, denn mit der Zeit entfernen Diktatoren die Menschen, die ihnen unangenehme Wahrheiten sagen, während sie diejenigen belohnen, die sie anlügen, um zu gefallen. Das Ergebnis ist eine Falle, die sich Tyrannen selbst stellen: Je mehr das Bild von der Realität durch eigene Entscheidungen verzerrt ist, desto wahrscheinlicher wird es, dass man katastrophale Fehler macht, weil die Entschlüsse auf einer Version der Ereignisse beruhen, die zu keiner Zeit real war.[37]

Hinzu kommen kann ein strukturelles Element. Lautet die oberste Priorität Sicherheit (des Regimes, nicht der Bevölkerung), wird der Tyrann einen Großteil des Tages damit verbringen, von Menschen umgeben zu sein, die in genau dieser Welt leben: Geheimdienstmitarbeiter, Militärs, Polizisten. Sie wiederum werden dafür ausgebildet und bezahlt, den ganzen Tag über Bedrohungen nachzudenken. Betrachtet man beispielsweise den russischen Präsidenten Wladimir Putin, kann man eine klare Entwicklung erkennen. Zunächst umgab er sich mit Technokraten, die ein ernsthaftes Interesse am Wohlergehen der Volkswirtschaft verfolgten. Bevor sie Berater des Präsidenten wurden, waren sie möglicherweise Banker oder Finanzmanager.

Mit der Zeit nahm der Einfluss dieser Gruppierung ab, während der Einfluss der *Silowiki* zunahm.[38] Die *Silowiki* sind mächtige Männer. Leute wie Sergej Naryschkin, Chef des Auslandsgeheimdienstes,[39] oder Alexander Bortnikow, der einen der Nachfolgedienste des berüchtigten sowjetischen KGB leitet. Naryschkin und Bortnikow haben eine beruflich geprägte Sicht auf die Welt. Da sie Jahrzehnte im Schattenreich verbracht haben, in dem alles und jeder eine potenzielle Gefahr darstellt, besitzen sie eine bestimmte Denkweise, die auf alle abfärbt, die ihnen auch nur zuhören.

Als beispielsweise Präsident Viktor Janukowitsch 2014 aus der Ukraine fliehen wollte, stand Putin vor einer Entscheidung. Sollte er helfen? Oder sollte er dafür sorgen, dass Janukowitsch in der Ukraine vor Gericht kam, um sich der Verantwortung seiner Regierung am Tod zahlreicher Demonstranten zu stellen? Für welchen Weg sich die russische Regierung auch entschied, es würde massive Konsequenzen für die russische Außenpolitik haben. Also ein politisches, wirtschaftliches und militärisches Problem. Um sich zu entscheiden, berief Präsident Putin eine nächtliche Sitzung ein, die bis 7 Uhr des nächsten Morgens dauerte. Doch anstatt das Problem aus unterschiedlichen Blickwinkeln zu betrachten, hörte er ausschließlich auf Militärs und Agenten – *Silowiki*. Gegen Ende der Sitzung erklärte Putin: »Wir müssen damit anfangen, die Krim zu Russland zurückzuholen.«[40]

Das Ergebnis dieser übermäßigen Abhängigkeit von den *Silowiki* ist eine Feedbackschleife, die von den Politologen Seva Gunitsky und Adam Casey wie folgt beschrieben wurde:

> Die Berater des Präsidenten sehen im Westen einhellig eine ernste Sicherheitsbedrohung für Russland, was Putin zu einer zunehmend feindseligen Haltung ermutigt. Dies wiederum provoziert die USA und Europa zu einer Konfrontation mit Russland, was den Einfluss von Putins Falken nur noch verstärkt, weil es ihre pessimistische und häufig auch paranoide Sichtweise rechtfertigt. Dies hat zum Teil dazu geführt, dass die russische Außenpolitik im Laufe der Zeit immer kriegerischer geworden ist.[41]

Zerrüttete Menschen werden zu Tyrannen und ihr Tyrannentum kann sie noch weiter ruinieren. Viele Diktatoren bringen ins Amt Erfahrungen mit, die ihre Sicht auf die Dinge zutiefst verzerren. Zum Beispiel Kim Jong-un. Seine Kindheit ähnelte der *Truman Show*, in der seine ganze Welt für ihn konstruiert war.

Das Anwesen des obersten Staatsführers war so groß, dass die Kinder mit einem Golfcart herumgefahren wurden.[42] Es gab Privatköche, Gärtner und Hauslehrer, die sich um alle Bedürfnisse kümmerten. Dem jungen Kim gefiel es sehr, mit Modellflugzeugen und -schiffen zu spielen.[43] Er verbrachte Stunden damit. Und hatte er mit den Booten ein Problem, rief er, egal zu welcher Tages- oder Nachtzeit, einen Schiffsingenieur zu sich, der ihm helfen sollte. Und diesem Ingenieur blieb keine andere Wahl.[44]

Als Kim gerade mal acht Jahre alt war, »trug der Erbe die Uniform eines Sternegenerals, und die echten Generäle mit echten Sternen verbeugten sich vor ihm und zollten dem Jungen ihren Respekt«. Wenn man dem damaligen Koch der Familie Glauben schenken darf, trug Kim von seinem elften Lebensjahr an einen Revolver Kaliber .45 bei sich.[45] In einer Zeitschriftenreportage über Kim hieß es, dass die meisten Kinder zunächst im Mittelpunkt des Universums stehen, aber das ändert sich, wenn sie älter werden. Bei Kim war das nicht der Fall. Alles in seiner Umgebung drehte sich weiterhin ausschließlich um ihn.[46]

Man muss kein Psychologe sein, um zu erkennen, dass Diktaturen einem gesunden Verstand nicht gerade förderlich sind. Das gilt für den Diktator – aber auch für den Durchschnittsbürger auf der Straße.

In einem tyrannischen Regime zu leben, ist grundsätzlich stressig. Normale Menschen müssen aufpassen, was sie sagen, denn wenn sie etwas Falsches äußern, kann das schwerwiegende Folgen haben. Auch wenn sie nicht unmittelbar unterdrückt werden, gilt das vielleicht für Menschen in ihrem Umfeld. Und sollte sich das Ganze dermaßen übel entwickeln, dass medizinische Behandlung erforderlich wird, können jene, die unglücklicherweise in nicht demokratischen Regierungssystemen leben, nicht einmal Ärzten vertrauen. Im vergangenen Jahrhundert haben etliche Systeme die psychiatrische Versorgung genutzt, um mit ihren Feinden fertigzuwerden.

Im Gegensatz zu den meisten (wenn auch nicht allen) anderen Formen der medizinischen Behandlung kann in liberalen Demokratien eine psychiatrische Behandlung auch gegen den Willen des Patienten, der Patientin angeordnet werden. In Demokratien werden Zwangsmaßnahmen wie die Einweisung in eine psychiatrische Klinik allerdings unter genau definierten Bedingungen durchgeführt – in der Regel, wenn der Patient eine Gefahr für sich selbst oder andere darstellt. In der Sowjetunion hingegen wiesen Psychiater – die selbst Angst vor dem Regime hatten oder Teil davon waren – regelmäßig gesunde Menschen in psychiatrische Kliniken ein.

An der Staatsspitze, wo Eliten und der Tyrann um Macht und Bereicherungsmöglichkeiten herumtänzeln, herrscht keine Ruhe. Das Dilemma des Diktators bedeutet: Jeder in seinem Umfeld stellt eine potenzielle Gefahrenquelle dar.

Psychologisch betrachtet kann das immens anstrengend sein und deshalb wurde schon oft versucht, den allgemeinen Geisteszustand von Diktatoren diagnostisch zu analysieren. Das ist schwierig, denn nur wenige Diktatoren sind bereit, mit Experten zu sprechen – doch das hat Psychologen nicht davon abgehalten, es immer wieder zu versuchen. Angesichts der Größenordnung, in der manche Diktatoren das Weltgeschehen geprägt haben, überrascht das nicht. Wie kann man zum Beispiel verstehen, was in Gaddafis Libyen passiert ist, ohne zu ergründen, was in Gaddafis Kopf vorging? Unmöglich. Außerdem hilft das Verständnis vom geistigen Zustands eines Tyrannen, sein Verhalten vorherzusagen. Wie reagiert er unter Druck? Wenn er in die Enge getrieben wird, schlägt er dann eher um sich oder macht er Zugeständnisse? Leidet er an einer psychischen Erkrankung, die seine Art zu regieren beeinflusst?

Angesichts der Regimestrukturen ist »leiden« vielleicht nicht das richtige Wort. Ein abnormaler Geist kann bei der Führung einer Diktatur von Nutzen sein. Diktatoren sind mit einem anormalen Umfeld konfrontiert, in dem sie mit einer gewissen Häufigkeit anormale Entscheidungen treffen müssen. Würde ein gesunder Mensch aus einem normalen Umfeld als Diktator aufwachen, würde er das wahrscheinlich nicht lange überleben. Um in einer solch feindseligen Umgebung über Jahre oder sogar Jahrzehnte an der Macht zu bleiben, bedarf es einer gewissen Portion von Paranoia. Und wie schläft ein »normaler« Mensch, nachdem er den Tod einer Person angeordnet hat, mit der er ein oder zwei Tage zuvor noch ein ganz gewöhnliches Gespräch geführt hat?

Jerrold Post, geboren 1934 in Connecticut, war ein bekannter Psychologe und er hat die Psyche von Diktatoren analysiert. Er verbrachte die meiste Zeit seines Berufslebens damit, die Central Intelligence Agency (CIA) und andere Stellen der US-Regierung zu beraten, und ein Herrscher, den er besonders genau studierte, war der irakische Diktator Saddam Hussein. In seinem 1991 erstellten Profil von Hussein schrieb er:

> Saddams Streben nach Macht für sich und den Irak ist grenzenlos. Tatsächlich sind in seinem Kopf das eigene Schicksal und das des Irak eins und untrennbar miteinander verbunden. Bei der Verfolgung seiner messianischen Träume gibt es keine Anzeichen dafür, dass er von seinem Gewissen zurückgehalten wird; seine einzige Loyalität gilt Saddam Hussein. Wenn es ein Hindernis auf seinem revolutionären Weg gibt, vernichtet es Saddam, egal ob es sich um einen ehemals loyalen Untergebenen oder ein zuvor unterstützendes Land handelt.[47]

Post hielt Saddam Hussein für einen »malignen Narzissten«. Eine schwere Form der narzisstischen Persönlichkeitsstörung kann man wie folgt beschreiben:

> Wie klassische Narzissten sind auch maligne Narzissten großspurig, egozentrisch, überempfindlich gegenüber Kritik und unfähig, Empathie für andere zu empfinden. Sie verbergen tiefe Unsicherheiten hinter einem aufgeblasenen Selbstbild. Maligne Narzissten neigen jedoch auch zu Paranoia und Aggression und weisen einige Merkmale der antisozialen Persönlichkeitsstruktur auf, darunter das Fehlen eines moralischen oder ethischen Urteilsvermögens.[48]

In einem normalen Beruf würde all das ein großes Hindernis darstellen. Aber um als Diktator »erfolgreich« zu sein, können diese Eigenschaften hilfreich sein.

Aber: Es gibt eine Grenze. Ein gewisses Maß an Geistesgestörtheit kann helfen, aber sie wird gefährlich für die Herrschaft, wenn sie sich als so extrem erweist, dass der Diktator jeden Bezug zur Realität verliert. Bei Saddam Hussein war das nicht der Fall. Wie Dr. Post vor dem House Armed Services Committee, einem Ausschuss des US-Repräsentantenhauses, erklärte:

> Saddam möchte nicht als Märtyrer enden, erste Priorität hat sein Überleben. Als selbst ernannter revolutionärer Pragmatiker möchte er keinen Konflikt, in dem der Irak schweren Schaden nimmt und sein Ansehen als Führer zerstört wird ... Saddam wird nicht bis zum letzten brennenden Geschützbunker kämpfen, wenn es

einen anderen Ausweg gibt, aber er kann extrem gefährlich sein und wird vor nichts zurückschrecken, sobald er in die Ecke gedrängt wird.[49]

Saddam war nicht psychotisch, und sein oberstes Ziel, zu überleben, hat sich zu keiner Zeit verändert. Sollte sich eine dieser Grundbedingungen für einen Tyrannen ändern, ist ein schneller Sturz sehr viel wahrscheinlicher.

Das wird deutlich, wenn man den Fall von Francisco Macías Nguema betrachtet. Nach seiner Machtübernahme 1968 im damals erst seit kurzer Zeit unabhängigen Äquatorialguinea machte sich Nguema gleich an die Arbeit. Die erste Person, die seine Macht zu spüren bekam, war Ondu Edo.[50] Edo, der ins Exil geflohen war, als er die Präsidentschaftswahlen gegen Nguema verloren hatte, zögerte zurückzukehren, weil er befürchtete, im Land nicht mehr sicher zu sein. Nguema versprach, dass ihm nichts zustoßen würde. Edo beging den Fehler, ihm zu glauben.[51]

Während Nguema die Kontrolle über das kleine Land festigte, begann das Leid der Bevölkerung. Im Gegensatz zu manchen Nachbarländern verfügte Äquatorialguinea damals über eine funktionierende Stromversorgung, doch die Versorgungsunternehmen stellten sie ein.[52] Da Wanderarbeiter aus dem benachbarten Nigeria immer häufiger misshandelt wurden, verließen sie das Land – was Nguema dazu veranlasste, Zwangsarbeit einzuführen.[53] Wegen seiner mangelnden Bildung unsicher, ging Nguema sogar so weit, das Wort »intellektuell« zu verbieten.[54] Die Lage wurde derart schlimm, dass schätzungsweise zwei Drittel der Bevölkerung Äquatorialguineas aus ihrer Heimat flohen.

Niemand wurde schlechter behandelt als Nguemas politische Feinde. In den berüchtigten Gefängnissen des Landes waren sie als »Kategorie A« eingestuft, das kam einem Todesurteil gleich.

Einer dieser Gefangenen war Pedro Ekong Andeme, der 1968 im Alter von gerade einmal 27 Jahren Äquatorialguineas Gesundheitsminister geworden war. Normalerweise ein Grund zum Feiern. Minister! Und das so jung. Doch im Falle von Ekong entwickelte sich das Ganze zu einem Albtraum. 1971 kam er ins Gefängnis von Malabo. Eingesperrt in einer winzigen Zelle, durfte er nicht einmal Kleidung tragen. Er war nackt und gezwungen, auf dem kahlen Betonboden zu schlafen. Dann folgte Folter. »Jeden Samstagmorgen erhielt jeder politische Gefangene, auch ich, 150 Schläge mit einer Metallstange«, erinnerte er sich.[55]

Wenn er nicht selbst das Opfer war, konnte er hören, wie die anderen Gefangenen geschlagen wurden. Das quälte ihn, aber am schlimmsten war es, wenn die Schmerzenslaute in Stille übergingen. »Die Schreie hörten auf, sobald das Rückgrat gebrochen war.« Immer, wenn das passierte und ein Mitgefangener starb, ritzte Ekong einen Strich in die Betonwand seiner Zelle. Als er, gebrochen, aber am Leben, schließlich entlassen wurde, waren an der Wand 157 Striche zu sehen.[56]

Nguema begriff instinktiv, dass jene, die ihm am nächsten standen, die größte Bedrohung darstellten, und das machte es extrem gefährlich, in seiner Nähe zu sein. Die meisten der sechsundvierzig Personen, die an den Unabhängigkeitsverhandlungen mit Spanien teilgenommen hatten, wurden getötet. Von Nguemas erstem Kabinett, das aus zwölf Ministern bestand, überlebten nur zwei. »In der Politik«, soll der Diktator häufiger gesagt haben, »gewinnt der Sieger und der Verlierer stirbt.«[57]

Diese Rücksichtslosigkeit ermöglichte es Nguema eine Zeit lang, an der Macht zu bleiben und sie sogar weiter zu festigen. Aber Nguemas Schwäche war seine mentale Gesundheit.

Auch wenn Nguema behauptete »Der einzige Wahnsinn, den ich gezeigt habe, war der Wahnsinn, nach Freiheit zu streben«, war er in Wirklichkeit ein kranker Mann. Da er auf einer Auslandsreise einmal einen Psychiater aufsuchte, war ihm das vermutlich auch selbst bewusst.[58] Leider konnte er die Erkrankung in seiner Heimat nicht behandeln lassen, da es dort keine geeigneten Ärzte dafür gab: Die waren entweder getötet worden oder ins Ausland geflohen.[59]

Gesundheitliche Probleme sind immer schwer zu bewältigen, und für Tyrannen, die das Image der Unbesiegbarkeit pflegen müssen, um an der Macht zu bleiben, gilt das ganz besonders. Wirken sie körperlich schwach, ändern sowohl Gegner als auch Anhänger des Regimes ihr Kalkül. Die Feinde sehen eine Chance, sich zu profilieren.

Die Anhänger schauen sich das aus der Distanz an und fragen sich, ob ihre »Loyalität« noch Sinn hat. Wenn es den Amtsinhaber in ein paar Jahren nicht mehr gibt, weil die medizinischen Prognosen nicht vielversprechend sind, sollte man dann vielleicht schon jetzt lieber auf ein anderes Pferd setzen? Oder sogar selbst einen Anspruch erheben?

Wie Bruce Bueno de Mesquita und Alastair Smith es formulierten, »kann kein Herrscher zusagen, seine

Anhänger aus dem Jenseits zu belohnen«.[60] Die Diagnose einer ernsten Erkrankung etwa des Herzens kann die Lage des Diktators erheblich erschweren, weil es die Eliten darauf aufmerksam macht, dass die Uhr des Tyrannen abläuft – eine Uhr, die vielleicht jede Stunde schneller tickt. Es besteht sogar die reelle Chance, dass er schneller seine Macht verliert, als sein Herz aufhört zu schlagen.

Nguemas psychische Probleme waren nicht von dieser Art, da sie ihn nicht umbringen würden – zumindest nicht direkt. Seine starke Paranoia wurde zum wesentlichen Bestandteil der Überlebensfrage (sowohl für das Regime als auch für ihn selbst), weil sie zur Folge hatte, dass er sich von der Realität abkoppelte.

In der Hauptstadt Äquatorialguineas wurde zum Schutz des Präsidentenpalastes eine etwa vier Meter hohe Mauer um die Altstadt errichtet. Wohnhäuser innerhalb dieses Bereichs wurden einfach abgerissen.[61] Doch trotz all dieser Bemühungen schien Nguema die Stadt Malabo nicht sicher genug. Er schlief nicht mehr im Palast, und zwar ganze vier Jahre lang nicht. Bei Tag besuchte er die Hauptstadt nur noch selten.[62] Stattdessen verbrachte er die meiste Zeit auf einem eigens für ihn errichteten Anwesen in seinem Heimatdorf, wo ein Großteil des Staatsvermögens Äquatorialguineas – in bar – in einer Holzhütte aufbewahrt wurde.[63]

Theoretisch hätte sich Nguema dort sicherer fühlen sollen, aber sein Zustand verbesserte sich nicht. Er lief auf seinem Anwesen umher und rief die Namen der Menschen, die er getötet hatte.[64] Während einer besonders beunruhigenden Episode bat Nguema seine Dienerschaft, den Tisch für acht Gäste zu decken.[65]

Aber niemand kam. Nguema, der offensichtlich dringend medizinischer Behandlung bedurfte, sprach mit seinen »Gästen«, als wären sie anwesend – aber er war ganz allein.[66] Nguema sah nicht nur Bedrohungen, wo keine waren, er sah Menschen, die es nicht gab. Er war psychotisch und hatte jeden Bezug zur Realität verloren. In solcher Verfassung rastete er häufig aus und tötete wahllos. Da die Morde von nun an nicht mehr davon abhingen, ob die Untertanen ihm gegenüber loyal waren oder nicht, fehlte den Eliten der Anreiz, ihm zur Seite zu stehen. Es war praktisch ebenfalls der Ikarus-Effekt, nicht weil Nguema sich verschätzt hatte, sondern weil er nicht mehr in der Lage war, überhaupt noch Einschätzungen anzustellen.

Der Tropfen, der das Fass letztlich zum Überlaufen brachte, war, als ihn eine Gruppe von Milizführern auf seinem Anwesen besuchte. Ihre Bitte war harmlos: Sie wollten nur etwas Geld, um ihre Mitstreiter zu bezahlen. Da Nguema jedoch nicht mehr zwischen Freund und Feind unterscheiden konnte, ließ er die gesamte Gruppe töten. Zu Nguemas Pech war einer der Männer mit Teodoro Obiang, Nguemas Neffen und stellvertretendem Verteidigungsminister, verwandt.[67] Nachdem Obiangs Bruder also getötet worden war, beschloss er, dass es reichte. Ohne jeden Grund waren bereits so viele Menschen getötet worden. Welche Garantie hatte er, nicht der Nächste zu sein? Keine.

Obiang beschloss zu handeln, und sein erster Schritt bestand darin, in einigen der berüchtigsten Gefängnisse des Landes Männer zu befreien, die lange unter Nguemas Herrschaft gelitten hatten. Dann kämpften diese auf Rache sinnenden Männer gegen Nguema-Loyalisten – und sie siegten. Nguema selbst konnte für eine Weile in den Dschungel fliehen, wurde aber schließlich aufgespürt. Nach einem kurzen, in einem ehemaligen Kino abgehaltenen Prozess wurde er erschossen.

Der Feind im eigenen Haus ist die unmittelbarste Bedrohung eines jeden Tyrannen. Um an der Macht zu bleiben, muss er gut für diese Leute sorgen. Das bedeutet, dass er den Reichen und Mächtigen Geld zukommen lassen muss, um sie bei Laune zu halten. Wenn das nicht reicht, kann der Tyrann versuchen, die höfischen Eliten mit Gewalt auf seiner Seite zu halten. Das ist ein gefährliches Spiel, und die richtige Balance aus Zuckerbrot und Peitsche zu finden, ist äußerst schwierig. Alle Eliten sind von Bedeutung, weil sie Einfluss darauf haben, die Macht des Herrschers zu erhalten. Dennoch sticht eine Gruppe besonders hervor: die Männer mit Waffen. Im nächsten Kapitel geht es darum, warum sie so wichtig und warum sie noch schwerer zu kontrollieren sind als alle anderen Eliten.

3 Das Militär schwächen

Mit einem einzigen Streich hat die Revolution die lange dunkle Nacht dieses reaktionären und dekadenten Regimes erhellt, das nichts anderes war als eine Brutstätte von Erpressung, Parteilichkeit, Heimtücke und Hochverrat.[1]

Muammar al-Gaddafi

Papa Faal hatte es geschafft. Also, nicht ganz – aber immerhin war er in Sicherheit. Am frühen Morgen des Vortags hatte er sich in einer bewaldeten Gegend von Banjul aufgehalten, eine Kampfuniform angezogen und sich bereit gemacht, einen Staatsstreich gegen den gambischen Diktator Yahya Jammeh zu verüben.[2] Jetzt befand er sich in der Botschaft der USA im benachbarten Senegal, aß Pizza und erklärte einem FBI-Beamten, was gerade passiert war. »Sie wissen, dass das strafbar ist, oder?«, fragte der Beamte. Papa Faal und seine Mitverschwörer waren die unwahrscheinlichsten Anstifter eines Staatsstreichs in der jüngeren Geschichte.[3]

Gambia ist ein winziges Land in Westafrika. Geografisch betrachtet scheint es kaum mehr zu sein als ein Fluss mit schmalen Ufern an beiden Seiten. Senegal umgibt es im Norden, Osten und Süden. Im Westen liegt der Atlantik. Als sich der versuchte Staatsstreich an Silvester 2014 ereignete, herrschte seit zwei Jahrzehnten der Diktator Yahya Jammeh von der Hauptstadt Banjul aus. Während dieser Zeit hatte er gelobt, für eine Milliarde Jahre zu regieren, und behauptet, Aids mit seinen bloßen Händen heilen zu können. Darüber hinaus verwandelte er Gambia in einen Schreckensstaat. Gambier, egal ob sie sich auffällig benommen hatten oder nicht, mussten die National Intelligence Agency, die Gambian Police Force und Jammehs »Jungulers« fürchten. Hauptsächlich aus der Leibgarde des Präsidenten rekrutiert, war die Einheit verantwortlich für viele der schlimmsten Verbrechen des Regimes. Manche Gambier mussten vorgetäuschte Exekutionen erdulden oder wurden mit Metallrohren geschlagen. »Manchmal«, berichtete ein früherer Junguler der Organisation Human Rights Watch, »verbrennen sie Plastiktüten und tropfen das geschmolzene Plastik auf die Körper.«[4] Jammeh war ein brutaler Größenwahnsinniger und hatte sich, wie alle brutalen Größenwahnsinnigen, Feinde im eigenen Land gemacht.

Der Plan zu seiner Entmachtung wurde geschmiedet, als Banka Manneh, ein US-amerikanisch-gambischer Aktivist, in Dakar Colonel Lamin Sanneh kennenlernte. »Ich habe da etwas im Sinn«, sagte Sanneh zu Manneh, bevor sie Telefonnummern tauschten. Sanneh war ein hochrangiger Soldat in Jammehs Garde gewesen, bevor das Regime ihn verstoßen hatte, weil er sich geweigert hatte, Untergebene grundlos zu feuern. Die beiden verbrachten regelmäßig Zeit miteinander und scherzten gelegentlich bei grünem Tee.[5] Nachdem er nun aus dem Land verbannt war, erklärte Sanneh Manneh, er sei entschlossen, Jammeh zu stürzen – wenn nötig mit Gewalt.

Staatsstreiche stellen eine ernste Bedrohung für viele Diktatoren dar, weil die bewaffneten Männer im Vorteil sind, wenn es zu Gewalt kommt. Palasteliten mögen Meister der Intrige sein, aber Soldaten besitzen Fähigkeiten, um Diktatoren im Handumdrehen zu stürzen. Wenn es darum geht, dies zu verhindern, stehen Tyrannen vor einem Dilemma. Um das Regime vor ausländischen Bedrohungen und Rebellen zu schützen, benötigen sie ein starkes Militär. Doch wenn sie das Militär stärken, werden Generäle und Soldaten vielleicht mächtig genug, um den Diktator zu stürzen. Ein schwaches Militär kann Bedrohungen von außen erzeugen, ein starkes Militär Bedrohungen von innen. Einige kleine Länder kommen aus dieser Zwickmühle, indem sie ihr Militär ganz abschaffen, doch für die meisten Länder ist das keine Option. Und gewiss war es das für Yahya Jammeh nicht.

Banka stand an einem Scheideweg. Er war ein friedlicher Menschenrechtsaktivist gewesen, der Demonstrationen organisierte und für die Opposition in Gambia Geld sammelte. Seine Vorstellung war immer gewesen, dass die Diktatur sich auf friedlichem Weg beenden ließe. Hielt er das immer noch für möglich? Wenn nicht, wie würde er sich dann weiter verhalten? Wäre er bereit, seine grundsätzlichen Werte zu kompromittieren und Gewalt zu unterstützen? Das war eine große Entscheidung. Sanneh versuchte, ihn davon zu überzeugen, dass ein Coup der richtige Schritt wäre. »Das ist kein Scherz. Du weißt, dass dabei Menschen ums Leben kommen werden, oder?«, fragte Manneh. »Ja«, erwiderte Sanneh. »Einige Menschen werden sterben.«[6]

Als ich mit Banka Manneh sprach, erzählte er mir, er habe seine Meinung geändert, als sich die Dinge in Gambia weiter verschlimmerten. »Täglich bekam man berichtet, dass jemand gefoltert oder ermordet wurde«, sagte er.[7]

Tatsächlich war die Lage im Land furchtbar. Regimegegner wurden willkürlich verhaftet und Widerspruch auf allen Ebenen unterdrückt. In einer besonders beunruhigenden Phase im Jahr 2012 ließ das Regime neun zum Tode verurteilte Häftlinge kurz nach Ende des Ramadans exekutieren.[8] Als ein Imam das kritisierte, wurde er gefoltert. Und er war nicht der Einzige: Laut der Menschenrechtsorganisation Amnesty International war Folter zur Routine geworden.[9]

Schließlich rechtfertigte Manneh den Staatsstreich vor sich selbst mit einem Zitat von John F. Kennedy, der einmal gesagt hatte, man mache eine gewalttätige Revolution unvermeidlich, wenn man eine friedliche Revolution unmöglich mache.[10] Nach seiner Auffassung bedeutete gewalttätige Revolution einen Staatsstreich. Manneh wusste, dass er daran nicht direkt teilnehmen konnte, weil er in Gambia wegen seines Aktivismus bereits bekannt war, doch nachdem er nun seine Entscheidung getroffen hatte, übernahm er eine wichtige Rolle bei der Organisation.[11]

In gewisser Weise war die Planung detailliert und sorgfältig, in anderer Hinsicht völlig chaotisch. Für die Koordination gab es regelmäßige Telefonkonferenzen, für die die Teilnehmer Ausreden erfinden mussten. Denn natürlich konnten sie ihren Familien nicht sagen, dass sie daran tüftelten, wie sie eine Regierung stürzen konnten.[12] Die Verschwörung war ernst gemeint, doch bei den Verschwörern handelte es sich um Amateure. Viele von ihnen waren in den Streitkräften Gambias oder der USA ausgebildet worden, doch inzwischen handelte es sich hauptsächlich um Männer mittleren Alters, die ein gewöhnliches Leben führten, Familienväter mit normalen Jobs. Banka Manneh beispielsweise plante den Umsturz teilweise, während er bei seinem Job in der Baubranche Arbeitspausen einlegte.[13] Offensichtlich hatten sie alle noch nie eine Regierung gestürzt. Manche hatten sich zusammengetan, nachdem sie sich beim Online-Scrabble »Words with Friends« näher kennengelernt hatten.[14]

Einer der Verschwörer besaß eine Aktenmappe mit der Aufschrift »Top Secret«, in der sich Satellitenaufnahmen des Präsidentensitzes mit Anmerkungen befanden.[15] Damit sie den Überblick über die Kosten (220.798 Dollar) behielten, gab es eine detaillierte Tabelle, in der jedes Detail bis hin zu den Kosten für Mietwagen verzeichnet war. Zu jedem Kostenpunkt gab es erklärende Bemerkungen. Zu zwei Scharfschützengewehren der Marke Barrett Kaliber .50 hieß es »NICHT wirklich notwendig, aber könnten sehr nützlich sein«.[16] Viele der Schusswaffen kaufte Manneh – der friedliche Aktivist, aus dem mittlerweile ein internationaler Waffenschmuggler geworden war. Er schickte Sturmgewehre in Fässern versteckt über den Atlantik.

Die Gruppe war zuversichtlich. Man besaß nicht nur Satellitenaufnahmen und Tabellen, sondern auch Insiderinformationen. Weil zu der Gruppe, die sich nun Gambia Freedom League nannte, jemand gehörte, der den Diktator früher bewacht hatte, wussten sie, wie Jammeh geschützt wurde.[17] Und weil sie sich ihres Erfolgs so sicher waren, hatten sie sogar einen Plan für Gambias Zukunft nach dem Staatsstreich entworfen. Der lautete: »Gambia wiedergeboren: Eine Charta für den Übergang von Diktatur zu Demokratie und Entwicklung«.[18]

Mitten in der Nacht des 30. Dezember 2014 standen Lamin Sanneh, Papa Faal und sechs weitere Männer auf einem Friedhof in der Nähe von Gambias State House, dem Präsidentenpalast des Landes.[19] Der Mond schien, aber es war noch dunkel. Nachdem sie ihre kugelsicheren Westen angezogen hatten und den Plan ein letztes Mal durchgegangen waren, beteten sie gemeinsam. Mit leisen Stimmen, damit keiner sie hörte, flüsterten alle: »Lasst uns unser Land zurückholen.«[20]

Der Plan war einfach. Die Männer teilten sich in zwei Gruppen, Team Alpha und Team Bravo. Team Alpha würde unter der Führung von Sanneh durch den Haupteingang des Anwesens eindringen und die Kontrolle des State House übernehmen, nachdem die Wachen entwaffnet wären. Team Bravo, unter der Führung von Papa Faal, würde den hinteren Teil des Anwesens sichern.[21] Sobald der Angriff begonnen hätte, würden sich im State House Sympathisanten des Staatsstreichs der Verschwörung anschließen.

Sanneh und sein Team stiegen in den Mietwagen und näherten sich mit ausgeschalteten Scheinwerfern der Vorderseite des Anwesens.[22] Kaum hatten sie den ersten Wachposten erreicht, sprangen alle bis auf einen aus dem Wagen. Einer von ihnen richtete seine Waffe auf die zwei verschreckten Wachen. »Wir werden euch nicht töten«, sagte er. »Lasst die Waffen fallen.«[23] Das taten die beiden. Nachdem sie die gute Neuigkeit dem Team Bravo auf der anderen Seite des Geländes mitgeteilt hatten, fuhren sie weiter und durchbrachen mehrere Barrieren. So weit lief alles erfolgreich.

Doch dann wurde Team Alpha von der Wache auf einem Turm entdeckt, während es sich dem Zentrum des

Anwesens näherte. Der Wachmann schoss. Nachdem der Versuch, ihn mit Worten zum Aufgeben zu bringen, scheiterte, schoss der Mann erneut und traf Sanneh, der zu Boden ging. Jemand aus Team Alpha versuchte, ihn aus der Schusslinie zu ziehen, doch Sanneh war zu schwer und der Beschuss hielt an. Um sich selbst zu retten, musste der Mann aufgeben und Sanneh zurücklassen.

Vom Gewehrfeuer alarmiert, nahmen die Wachen auf der anderen Seite des Anwesens Team Bravo ins Visier. Mit einem der Scharfschützengewehre, die sie für »nicht wirklich notwendig, aber nützlich« gehalten hatten, feuerte Papa Faal zurück. Doch in der Dunkelheit und ohne Nachtsichtgerät war er sich nicht so sicher, worauf er zielen sollte. Die Operation scheiterte rasch. Als ein Mitglied von Team Bravo getötet wurde, versuchten die Übrigen, Team Alpha zu verständigen, doch sie erhielten keine Antwort, da war nur statisches Rauschen.[24]

Als die Sonne in Banjul aufging, war allen klar, dass Gambia nicht wiedergeboren würde. Der Staatsstreich war kläglich gescheitert. Trotz der offiziell aussehenden Top-Secret-Mappe und monatelanger Planung hatten es die Verschwörer versäumt, grundlegende Vorarbeit für den Coup zu leisten. Sie waren weniger als ein Dutzend Kämpfer und verfügten über nur unzureichende Ausrüstung, um ein befestigtes Anwesen in der Dunkelheit anzugreifen. Die Insider, von denen sie geglaubt hatten, sie würden sich ihnen anschließen, ließen sich nicht blicken. Doch vor allem hing der gesamte Plan von der Vorstellung ab, dass Jammehs Schutztruppe, die geschworen hatte, ihn mit ihrem Leben zu verteidigen, die Seiten wechseln und sich den Verschwörern anschließen würde.

»Sie hatten keine Chance«, meinte Manneh zu mir. Er erklärte mir, dass Jammehs Verteidiger dem Diktator alles verdankten, weil Jammeh sie »gemacht« hatte.[25] Jeder von ihnen war ein Niemand gewesen und jetzt ein Jemand. Diese Wachen würden ihre bequeme Position nicht aufgeben, nur weil eine bunt zusammengewürfelte Truppe unbekannter Männer mit Waffen auftauchte.

Für die Verschwörer waren die Folgen schlimm. Von den acht Männern, die auf einem Friedhof in Banjul geschworen hatten, sich ihr Land zurückzuholen, wurden drei erschossen. Und das war nur der Anfang: Bei der Repressionswelle, die dann in Gambia folgte, begann Jammehs Regime, Angehörige der Männer zu verhaften, die nichts mit dem Angriff zu tun hatten. Sannehs alte Mutter wurde sogar ohne Anklage ins Gefängnis gesteckt. Schläger des Regimes erschienen in der Schule der Tochter eines Verschwörers. Das Mädchen war sieben Jahre alt.

Banka Manneh hatte »Glück«. Er schlief zusammen mit seiner Frau, zwei Kindern, Mutter und Schwiegermutter in ihrem Haus in Georgia.[26] Gegen vier Uhr morgens stürmten bewaffnete FBI-Beamte das Gebäude, um ihn in Gewahrsam zu nehmen.

Manneh wurde wegen seiner Rolle bei der Beschaffung und Verschickung der Waffen zu sechs Monaten Haft verurteilt. Außerdem hatte er gegen den sogenannten Neutrality Act verstoßen.[27] Dieses 1794 verabschiedete Gesetz war ursprünglich dazu gedacht, zu verhindern, dass US-Amerikaner einen Monarchen, einen Staat oder ein Volk angreifen, »mit dem die Vereinigten Staaten sich im Frieden befanden«. Jetzt wurde es angewandt, um Banka

Manneh dafür zu bestrafen, dass er versucht hatte, einen brutalen Diktator zu stürzen.[28]

Das US-Gefängnis war nicht toll – aber als Strafe für die Planung eines Staatsstreichs gegen einen weiterhin amtierenden Diktator eine vergleichsweise milde Strafe.

Jammeh konnte froh sein, dass der Coup nicht besser organisiert gewesen war. Andernfalls hätte er in ernste Schwierigkeiten geraten können. Andere Diktatoren können sich nicht auf Inkompetenz verlassen, also brauchen sie eine Strategie, um mit der Bedrohung fertigzuwerden. Diese Strategie lautet: Teile und schwäche. Wenn ein Tyrann nicht aktiv vorbaut, kann er leicht in dem Augenblick stürzen, in dem ein General beschließt, dass er jetzt lieber selbst am Zuge wäre. Und dieser Tag wird fast unvermeidlich kommen.

Putsche werden oft definiert als »illegale und offene Versuche des Militärs oder anderer Eliten innerhalb des Staatsapparats, die amtierende Exekutive abzusetzen«.[29] Welche Definition man auch anwendet, ein drohender Coup ist etwas, womit alle Häuptlinge, Könige, Sultane und Herrscher dieser Art sich herumschlagen mussten, seit Menschen sich auf Regeln geeinigt haben, um Anführer zu bestimmen. Sogar in der Bibel ist von einer Art Militärputsch die Rede. Im Alten Testament wird Ela, der vierte König Israels, von Simri, dem Kommandanten der Hälfte seiner eigenen Streitwagen, gestürzt. Simri gab sich nicht damit zufrieden, seinen König zu töten, als der betrunken war, sondern er schlachtete auch noch alle in Elas Haushalt ab. Gemäß dem Ersten Buch der Könige überlebte niemand – »er ließ keinen von ihnen übrig, der männlichen Geschlechts war, weder seine Blutsverwandten noch seine Freunde«.[30] Letztlich wurde Simris Herrschaft die kürzeste, die es jemals auf einem biblischen Thron gegeben hat.[31] Sie endete nämlich sieben Tage nach ihrem Beginn, als Omri, ein anderer von Elas alten Kommandanten, die Stadt belagerte, von der aus Simri geherrscht hatte. Das führte dazu, dass Simri Selbstmord beging, indem er seinen eigenen Palast niederbrannte.[32]

Für ein umfassenderes Bild analysierten die Politikwissenschaftler Jonathan Powell und Clayton Thyne 457 versuchte Staatsstreiche aus sechzig Jahren. Dabei kamen sie zu dem Ergebnis, dass etwa die Hälfte davon erfolgreich war. Die Verteilung der Putschversuche war ungleichmäßig. Im gesamten Untersuchungszeitraum ereigneten sich gerade mal zwölf in Europa, in Afrika dagegen 169, also mehr als vierzehnmal so viele. Hinsichtlich des Zeitpunkts passierten die meisten Coups Mitte der 1960er-Jahre.[33] Und das war kein Zufall. Während des Kalten Kriegs, als beide Seiten sich in einem tödlichen Kampf um die Kontrolle riesiger Regionen der Erde sahen, unterstützten sie oft Herausforderer, um unliebsame Amtsinhaber loszuwerden. Staatsstreiche sind heute verpönt, doch damals war das nicht der Fall – oder zumindest nicht im gleichen Ausmaß. Zudem waren viele erst seit Kurzem unabhängige postkoloniale Regierungen instabil – großteils, weil die Kolonialmächte sie bewusst so konzipiert hatten.

Doch auch wenn es seit Ende des Kalten Kriegs zu weniger Staatsstreichen kam, ist es den schlimmsten Unterdrückern durchaus noch bewusst, dass ihre eigenen Soldaten normalerweise die größte Bedrohung darstellen, wenn es darum geht, ihnen einen »vorzeitigen Ruhestand« zu bescheren. In den frühen 2000er-Jahren begann die

»Erfolgsquote« von Putschen sogar zu steigen, nachdem sie gegen Ende des Kalten Kriegs zunächst gesunken war.[34] Tatsächlich gab es in den frühen 2020er-Jahren Coups in Gabun, Niger, Burkina Faso und Mali. Im Falle von Mali war es der dritte Staatsstreich in weniger als zehn Jahren.

Um zu verstehen, warum es so schwer ist, mit der Bedrohung eines Putsches umzugehen, müssen wir erst einmal verstehen, wie sie funktionieren. Putsche gelingen, indem man den Eindruck von Unvermeidlichkeit erzeugt – genau das haben die gambischen Verschwörer in Banjul versäumt. Als sie am Präsidentenpalast auftauchten, wirkten sie schwach.

Die Mechanismen rund um Coups sind am leichtesten zu verstehen, wenn wir uns vorstellen, dass ein vereinfachter Umsturzversuch drei Gruppen involviert. Die erste Gruppe sind diejenigen, die den Coup ausführen. Diese bewaffneten Männer haben sich zusammengetan, um den Amtsinhaber mit Gewalt zu stürzen. Üblicherweise sind sie Teil des Militärs, es kann sich aber auch um ehemalige Soldaten oder sogar Söldner handeln. Warum sie so handeln, kann ungemein variieren. Die meisten Putschisten wollen ein Regime aus einem von drei Gründen beseitigen: Macht, Beseitigung gefühlten Unrechts oder Geld.

Ein Extremfall dieser Sorte ist Simon Mann, ein in Eton ausgebildeter Brite, der beim elitären Special Air Service (SAS) diente, nachdem er in der Aufstandsbekämpfung in Nordirland Erfahrung gesammelt hatte. Mann fasste den Plan, Waffen und Soldaten aus Simbabwe nach Äquatorialguinea zu bringen. Dort sollten sie zu einem Vorauskommando stoßen, das schon seit einer Weile vor Ort war. Dann würden sie versuchen, den Präsidenten des Landes,

Teodoro Obiang, aus der Reserve zu locken, um ihn zu verhaften oder zu töten. Wäre er aus dem Weg, würde der im Exil lebende Oppositionsführer Severo Moto Präsident.[35] Oberflächlich betrachtet war das ein ziemlich verrückter Plan. Doch wenn dafür jemand infrage kommen sollte, dann Mann. Da er eine private Militärfirma (PMC) gegründet hatte, verfügte er über relevante Erfahrung und die Verbindungen, um den Sturz einer Regierung zu finanzieren, zu planen und auszuführen.

Teodoro Obiang übernahm die Herrschaft in Äquatorialguinea, als er 1979 seinen Onkel Macías Nguema stürzte und in dem Land mit 1,6 Millionen Einwohnern ein höchst repressives Regime installierte. Obiang ist das am längsten amtierende nicht monarchische Staatsoberhaupt der Welt. (Von *dienen* kann man nur insofern reden, als er sich selbst bedient.) Es ist ihm gelungen, so lange an der Macht zu bleiben, indem er seine Gegner verfolgt, einsperrt, foltert und tötet. Es gibt keine unabhängigen Medien, keine freien Wahlen und eine »Oppositionspartei«, die von der Regierung kontrolliert wird. Im Jahr 2002, zwei Jahre vor Manns Umsturzversuch, wurde Präsident Obiang mit über 97 Prozent der Stimmen »wiedergewählt«.[36]

Doch trotz gegenteiliger Behauptungen dürfte das alles Mann nicht besonders interessiert haben. Definitiv von Interesse war die Entdeckung großer Erdölreserven in Äquatorialguinea im Jahr 1996.[37] 1995 betrug die Wirtschaftsleistung des Landes pro Kopf noch 1578 Dollar, 2008 waren es 35.689 Dollar – mehr als in Südkorea und fast doppelt so viel wie in Mexiko.[38] Dank des Öls wurden der Diktator und seine Handlanger märchenhaft reich, und Mann hoffte, in ihre Fußstapfen zu treten. Im Gegenzug für den Umsturz erwarteten Mann und seine internationalen »Investoren« Millionen und Zugang zu höchst lukrativen Ölkonzessionen.

In seiner Autobiografie schrieb Mann später: »Ich wusste, ich würde entweder Milliarden verdienen oder erschossen werden.«[39] Bevor er herausfinden konnte, was von beidem, mussten Mann und seine Mitverschwörer allerdings Männer rekrutieren, die sich dafür eigneten, in einem fremden Land einen Diktator zu stürzen. Etliche von ihnen waren Veteranen des Buffalo Battalion. Das bedeutete, sie verfügten über Erfahrung aufgrund der brutalen Niederschlagung von Aufständen in Angola im Namen des Apartheidregimes in Südafrika.[40]

Als die Männer von Polokwane in Südafrika nach Harare in Simbabwe flogen, lautete die »offizielle« Darstellung, sie seien auf dem Weg, um in der Demokratischen Republik Kongo den Bergbau zu sichern. Doch als Mann und die 67 Söldner gerade in ihrer Boeing 727 voller Militärausrüstung den Harare International Airport verlassen wollten, fiel auf, dass irgendwas nicht stimmte. »Seid ganz ruhig, es ist okay«, sagte Mann, um seine Leute zu besänftigen. Einige glaubten ihm und schliefen ein. Sie wurden bald von einem Lautsprecher außerhalb der Maschine geweckt: »Sie sind umstellt.«[41]

Alle wurden von den simbabwischen Behörden festgenommen.[42] Nach vier Jahren Gefängnis in Harare wurde Mann ausgeliefert (oder wie er es formulierte: entführt) und kam in das berüchtigte Black Beach Prison in Äquatorialguinea.[43] Man verurteilte ihn zu 34 Jahren.[44] Als er vier Jahre nach dem missglückten Putschversuch mit einem britischen Medienvertreter sprach, war er an Hand- und Fußgelenken gefesselt.[45] »Wissen Sie, wenn Sie auf Tigerjagd gehen, erwarten Sie ja irgendwie auch nicht, dass der Tiger gewinnt«, sagte Mann.

Allerdings beachten einen normalerweise nicht die Geheimdienste der Welt, wenn man auf Tigerjagd geht. Anders verhält es sich, wenn man einen Putsch plant, und ganz sicher, wenn die Regierung, auf die man es abgesehen hat, riesige Erdölvorkommen kontrolliert. Und da die ganze Verschwörung Berichten zufolge in Restaurants und Bars in London und Kapstadt diskutiert worden war, wusste mehr als eine interessierte Seite, was geplant war. Das Mugabe-Regime in Simbabwe wusste offensichtlich Bescheid. Aber auch die britische Regierung war schon Monate vorher im Bilde – inklusive Zeitabläufe, Waffenlieferungen und Identität der Beteiligten.[46] Man kann nicht wissen, ob der Angriff erfolgreich gewesen wäre, hätten die Söldner es unentdeckt nach Äquatorialguinea geschafft, doch unter den gegebenen Umständen war der Coup schon zum Scheitern verurteilt, bevor er auch nur begonnen hatte. Egal ob die Motivation die Beseitigung eines unrechtmäßigen Herrschers oder Geldgier ist, diejenigen, die einen Putsch aushecken, müssen an ihren möglichen Erfolg glauben. Wenn nicht, werden sie das Risiko nicht auf sich nehmen, weil ein gescheiterter Versuch zum Sturz eines Tyrannen fast unweigerlich schlimme Folgen nach sich zieht. Jüngst ergab eine US-amerikanische Studie, dass über 60 Prozent solcher Verschwörer exekutiert oder eingesperrt werden.[47] Sie werden gefoltert, sie werden erschossen. Mann wurde letztlich aus dem Gefängnis entlassen, bevor seine Strafe verbüßt war, doch seine Erfahrungen dürften wenig angenehm gewesen sein.

Auf der anderen Seite eines Staatsstreichs stehen der Amtsinhaber und seine engsten Verbündeten. Sie wollen natürlich an der Macht bleiben – nicht nur, weil die Macht in autoritären Regimen alle möglichen Vergünstigungen mit sich bringt, sondern auch, weil ihnen ein tiefer Fall droht, sollten die Verschwörer Erfolg haben.

Diese beiden Gruppen sind tendenziell klein: die erstgenannte, weil die Rekrutierung einer großen Gruppe von Mitverschwörern, die sich an einem Coup beteiligen sollen, riskant ist. Zehn Leute zu finden, die über den Sturz einer Regierung Stillschweigen bewahren, das könnte möglich sein. Aber hundert davon? Viel Glück.

Und Letztere sind wenige, weil autoritäre Regime zur Machtkonzentration an der Spitze neigen. Man kann das mit einer Pyramide vergleichen – nur sehr wenige Leute halten die besten Positionen am Gipfel.

Die größte relevante Gruppe sind die bewaffneten Männer, die mit keiner politischen Gruppe oder Gruppierung verbündet sind. Bei Umstürzen können sie Königsmacher sein, wenn sie sich »richtig« entscheiden. Doch aus ihrer Perspektive können Coups höchst bedrohlich sein. Versetzen Sie sich für einen Moment in die Lage eines Soldaten. Sagen wir, Sie sind John, ein 27-jähriger Infanterieoffizier der Armee. Sie haben gelernt, wie man ein Gewehr reinigt, eine Granate wirft und eine stark blutende Wunde mit einem Tourniquet versorgt. Je nach Land, dem Sie dienen, haben Sie schon Soldaten im Kampf angeführt.

Worauf Sie aber wahrscheinlich nicht vorbereitet sind, ist ein Staatsstreich. Wenn der gerade im Gange ist, stehen

Sie vor einer Einheit aus Männern und Frauen, die Sie befehligen, und versuchen, eine Entscheidung zu treffen. Sie können sich entweder den Verschwörern anschließen und versuchen, die Regierung zu stürzen, oder dem Regime treu bleiben, um den Status quo zu verteidigen. Was werden Sie tun? Sollten Sie sich für die Seite entscheiden, die dann verliert, werden für Sie und die vielleicht hundert Männer und Frauen, die Ihnen unterstehen, die Folgen vermutlich schlimm sein. Dazu kommt noch, dass Ihre verfügbaren Informationen unvollständig sind; Sie sehen nur einen Bruchteil des Gesamtbilds. In derart dynamischen Situationen fällt es schwer, zu sagen, wie stark eine Gruppierung wirklich ist.

Am sichersten ist es oft, gar nichts zu tun. Für Offiziere wie John ist der vernünftige Weg, in dem ganzen Chaos und der Verwirrung so lange wie möglich zu warten, um zu sehen, wer gewinnt. Sobald sich das abzeichnet, können sich John und seine Einheit auf die Seite der Sieger schlagen. Wirken die Verschwörer, als würden sie gewinnen, schließen sich Soldaten wie John dem Putsch an. Wenn es aussieht, als würden sie das nicht tun, werden John und seine Leute mithelfen, den Umsturz abzuwenden. Daher ist vermeintliche Stärke für den Tyrannen so wichtig. Diese Wahrnehmung siegt dann nicht nur über die Realität, sondern sie wird zur Realität.

Kluge Putschisten sind sich dessen bewusst und werden bei einem Putschversuch ihr Bestes tun, mit ihrer begrenzten Kampfkraft Orte von hohem symbolischem Wert einzunehmen, um Kontrolle auszustrahlen. Der Politikwissenschaftler Brian Klaas nennt das den »Mitläufer-Effekt«.[48] Wenn die einfachen Soldaten und die militärische

Führung glauben, der Putsch wird erfolgreich verlaufen, scharen sie sich um die Verschwörer. Diejenigen, die den Putsch ausführen, nutzen das zu ihrem Vorteil: Sie zielen darauf ab, den Tyrannen zu stürzen, indem sie einfache Soldaten an ihren eigenen Sieg glauben machen – wodurch der Sieg umso wahrscheinlicher wird.

Um das konkreter auszuführen, stellen wir uns vor, jemand sei dabei, die Regierung Seiner Majestät im Vereinigten Königreich von Großbritannien zu stürzen. Der erste Perspektivwechsel bestünde darin, alles außerhalb Londons zu ignorieren. Staatsstreiche finden in Hauptstädten statt. Um alles andere kann man sich später kümmern.

Der Schlüssel zu einem erfolgreichen Coup wäre die rasche Übernahme von Schlüsselstellen: Flughäfen, Downing Street, die Houses of Parliament, das Verteidigungsministerium, das Cabinet Office, wichtige Sender wie die BBC und die Hauptquartiere der Geheimdienste des Landes. Während Ihre Truppen jede Person festnehmen, die sich nicht fügt, zwingen Sie die geschockten Mitarbeiter am Hauptsitz der BBC, den verdutzten Bürgern mitzuteilen, dass eine neue Regierung gebildet wurde. Nachdem diese Meldung draußen ist, machen Sie den Leuten den Zugang zu anderen Informationsquellen so schwer wie möglich. Fahren Sie die Mobilfunknetze runter und verhindern Sie den Zugang zu den sozialen Medien. Die Sperrstunde beginnt um Punkt 18 Uhr.

Doch selbst wenn das alles gelingt, was leichter gesagt als getan ist, was haben Sie dann erreicht? Die gesamte Innenstadt Londons umfasst nur 319 Quadratkilometer, doch selbst davon kontrollieren Sie nur einen Bruchteil –

ein paar Straßen, einige Gebäude, wenige Brücken. Sogar, wenn Sie es schaffen würden, mit 1000 Bewaffneten in London zu erscheinen, blieben immer noch rund 151.000 Angehörige der britischen Streitkräfte, die nicht in den Umsturzversuch involviert wären.[49] Außer ihnen und ihren Panzern, ihrer Artillerie und Hubschrauber sind da noch Polizeikräfte zu bewältigen. In Wirklichkeit kontrollieren Sie also nicht besonders viel. Was Sie aber haben, ist ein Eindruck von Unausweichlichkeit. Wenn die Bürger den Fernseher einschalten, sehen sie Ihre Truppen. Wenn sie das Radio anmachen, hören sie die Stimme des Königs, der ihnen erklärt, sie sollten die militärischen Kräfte unterstützen, die die Macht übernommen hätten, um die Ordnung wiederherzustellen. Der ehemalige Premierminister ist nirgends zu sehen, weil er in irgendeinem Keller versteckt gehalten wird. Das neue Regime wirkt stark, weil die vorherige Regierung schwach wirkt.

Das ist der Schlüssel, um Offiziere wie John dazu zu bewegen, sich dem Umsturz anzuschließen oder ihm zumindest nicht im Weg zu stehen. Und genau so kann eine Regierung von einer kleinen Einheit aus Soldaten gestürzt werden, selbst wenn sie gar nicht so viel Unterstützung innerhalb der Eliten oder in der Bevölkerung genießt. Das ist exakt, was das Militär zu einer derart mächtigen Bedrohung jedes Tyrannen macht.

In Großbritannien ist ein Szenario wie dieses natürlich schwer vorstellbar. Das liegt nicht daran, dass Offiziere keinen Groll hegen oder nicht mächtig genug wären, um einen Putschversuch zu starten. Vielmehr liegt es daran, dass das politische System seit Jahrhunderten Normen fördert, gemäß denen das Militär sich aus der Politik herauszuhalten hat. Als England das letzte Mal so etwas wie einen Coup erlebte, übernahm Oliver Cromwell mithilfe von vierzig Musketiers die Kontrolle über das Parlament. Das war im Jahr 1653. Um das in den richtigen Kontext zu bringen: Als 56 US-Gründerväter die Unabhängigkeitserklärung unterzeichneten, hatten englische Herrscher schon seit mehr als 120 Jahren solche Umstürze verhindert. Das funktioniert als mächtige Abschreckung. Wenn der Erste Seelord oder der Verteidigungsminister Seiner Majestät ein Problem mit dem amtierenden Premierminister haben, werden sie einen Staatsstreich nicht einmal in Erwägung ziehen. In Ländern mit einer Geschichte von Coups sind die zivilmilitärischen Beziehungen sehr viel komplizierter. Und wenn ein Land kürzlich einen Staatstreich erlebt hat, sind weitere wahrscheinlicher, weil Staatsstreiche weitere Staatsstreiche legitimieren.[50] Der Einfluss ist so beträchtlich, dass Länder in eine regelrechte »Putschfalle« geraten können – ein Putsch erzeugt den nächsten und so weiter.

Was können Tyrannen tun? Um diese massive Bedrohung muss sich baldmöglichst gekümmert werden. Das ist nicht bloß eine Option, sondern erfordert sofortiges Handeln.

Der erste Impuls eines Herrschers könnte sein, das Problem mit Geld aus der Welt zu schaffen, da dies oft ein guter Weg ist, um Menschen an das Regime zu binden. Das kann eine temporäre Lösung sein, aber den Generälen einfach mehr Geld oder mehr Waffen zu geben, wird nicht funktionieren, da diese mit jedem Geldtransfer mächtiger werden. Ebenso wichtig ist, dass an die Generäle fließendes Geld diese vielleicht glücklich macht, doch Militärputsche können von im Rang deutlich niedriger Stehenden angestoßen werden, die nicht im gleichen Maße von Korruption profitieren. Forschungen am US Naval War College zeigen, dass sehr viele Staatsstreiche von Soldaten am unteren Ende der Hierarchie ausgeführt werden, Leuten wie John (Hauptleute oder niedriger).[51] Sie haben allerdings mit knapp einem Drittel eine geringere Erfolgsquote als Coups, die von mittleren Rängen (48 Prozent) oder der Spitze (68 Prozent) angezettelt wurden. Geld allein löst das Problem des Tyrannen also nicht.

Da immer die Möglichkeit besteht, dass das Militär sich gegen den Diktator erhebt, liegt der Schlüssel darin, eine Strategie zu entwickeln – eine Art Versicherungsplan. Es gibt drei Hauptarten, um ein Regime *coup-proof*, »putschsicher«, zu machen: das Militär aufsplitten, Vertrauen reduzieren und dafür sorgen, dass sich jeder an der richtigen Stelle befindet.

Das Militär in kleinere Einheiten aufzuteilen, die miteinander konkurrieren, nennt man *counter-balancing*. Angenommen, der Diktator herrscht nicht über ein Land, wo das letzte Coup-ähnliche Ereignis mit Musketen ausgeführt wurde, dann wird das Militär – früher oder später – die Machtübernahme in Erwägung ziehen. Für das Militär ist die beste Methode, um die Regierung zu stürzen, gemeinsam zu handeln. Wenn die Soldaten kooperieren, sind sie überwältigend mächtig und müssen sich lediglich um die Öffentlichkeit Gedanken machen (die unterdrückt werden kann) und vielleicht um die Polizei (die allerdings schlechter ausgerüstet sein wird). Für den Tyrann ist das ein albtraumhaftes Szenario.

Durch das Aufsplitten des Militärs in kleinere Einheiten kann der Palast Gegengewichte zu jeder Truppe kreieren. Anstatt nur der regulären Armee gibt es dann ein reguläres Militär, ein paralleles Militär und vielleicht noch eine militarisierte Palastwache. Das Gleiche gilt für Geheimdienste. Anstatt über einen einzigen Dienst für die Überwachung inländischer Bedrohungen zu verfügen, teilt man diesen in drei verschiedene auf – mit jeweils separaten Aufgaben, die sich aber auch überschneiden. Auf diese Weise behalten die Agenten sich gegenseitig im Blick und es wird ihnen schwerer gemacht, im Schatten einen Sturz des Regimes auszuhecken.

Das Ziel all dieser Maßnahmen besteht darin, das Kalkül potenzieller Verschwörer zu beeinflussen. Wenn die Offiziere sich zusammensetzen und überlegen, die Regierung zu stürzen, dann müssen sie glauben, dass sie auf harschen Widerstand stoßen werden. Das wiederum ist glaubwürdiger, wenn die militärischen Kräfte geteilt sind und kein einzelner Teil so dominant, dass er die anderen ausmanövrieren kann.

Der Politikwissenschaftler James Quinlivan hat treffend zusammengefasst, wie das funktioniert:

Das parallele Militär muss nicht so groß sein wie die regulären Streitkräfte und auch nicht in der Lage, die reguläre Armee in einem ausgewachsenen Bürgerkrieg zu bezwingen. Aber es muss groß und loyal genug sein sowie so stationiert, dass es den Kampf mit jeglichen illoyalen Kräften in unmittelbarer Nähe kritischer Punkte des Regimes aufnehmen und diese vielleicht besiegen kann.[52]

So weit die Theorie. Aber wie funktioniert das in der Praxis? Sehen wir uns mal an, wie Iraks Diktator Saddam Hussein mit dem Militär umgegangen ist. Er sagte einmal: »Die irakische Armee war die einzige Kraft, die zu einer Verschwörung gegen mich in der Lage war. Die einzige Macht, die wir fürchten, ist, dass diese Armee die Führung der Partei an sich reißt. Die Armee ist wie ein Tiger als Haustier.« Offensichtlich hielt er den Tiger für eine massive Bedrohung. Einmal an der Macht, setzte er alles daran, »ihm Augen, Zähne und Krallen« auszureißen.[53]

Der Drang von Saddam Husseins Baath-Regime, die Bedrohung durch das Militär zu verkleinern, sorgte für eine Vielzahl von Maßnahmen. Das Militär wurde von verdächtigen Elementen gesäubert, die man durch Parteimitglieder ersetzte, die den Loyalitätstest bestanden. In den Worten der Baathisten lautete die Devise: »Wer nicht unserem Weg folgt, bleibt zu Hause bei seiner Ehefrau.«[54] Man etablierte auch die Volksarmee und die Republikanische Garde. Die Volksarmee war eine »auf der Partei basierende, von der Partei geführte massenhafte Alternative zur regulären Armee«[55] – mit anderen Worten: eine Miliz. Deren Angehörige erhielten weder die beste Ausbildung noch die besten Waffen, aber es gab sehr viele von ihnen. Die Republikanische Garde begann als viel kleinere Organisation, die speziell für den Schutz des Regimes gedacht war. In Anbetracht all dieser strukturellen Veränderungen bei den Sicherheitskräften war Saddam nicht mit einem geeinten Gegner konfrontiert. Stattdessen mussten all die kleineren Einheiten der Sicherheitskräfte die starke Möglichkeit in Betracht ziehen, dass sie auch gegeneinander kämpfen müssten, sollten sie jemals versuchen, Hussein zu stürzen.

Das bringt uns zum zweiten Mittel, das Despoten nutzen können, um ihr Regime putschsicher zu machen: das Vertrauen zwischen Generälen und ihren Soldaten sowie unter den Generälen verringern. Saddam Hussein besetzte die Sicherheitsdienste dauernd neu.[56] Das ist keine Anomalie, sondern für Despoten Standardverhalten.

Zusätzlich zum verringerten Vertrauen bewirkt das Durcheinandermischen der Leute, dass diese es schwerer haben, miteinander zu reden und zu kooperieren. Diktatoren wollen definitiv nicht, dass der Verteidigungsminister, der Innenminister und der Geheimdienstchef viel Zeit zusammen verbringen. Wenn dem so wäre, könnten sie sich gegenseitig abstimmen und beginnen, Pläne zu schmieden. Am besten ist es, wenn sie einander misstrauen und ständig um Aufmerksamkeit aus dem Palast wetteifern. Teile, damit du nicht beherrscht wirst.

Abgesehen davon funktioniert *coup-proofing*, der Schutz vor einem Umsturz, am besten, wenn es (außer dem Tyrannen) keine Einzelperson gibt, die zu viel weiß oder Menschen zusammenbringen kann. Anstatt einen Vorsitzenden der Vereinten Stabschefs zu haben, der sich regelmäßig mit allen trifft, die wiederum verantwortlich für die Leute mit den Waffen sind, lässt man lieber jeden direkt an das Büro des Diktators berichten. Auf diese Weise trauen sie sich untereinander nicht, reden nicht miteinander und agieren nicht hinter dem Rücken des Tyrannen. Yasser Arafat war berüchtigt dafür: Alle Teile des palästinensischen Sicherheitsapparats berichteten direkt an ihn.[57] Arafats Mikromanagement war so extrem, dass er manchmal die Schecks für paramilitärische Einheiten selbst unterzeichnete, auch wenn es nur um so kleine Summen wie 300 Dollar ging.[58]

Nachdem man die Sicherheitskräfte so strukturiert hat, dass Staatsstreiche unwahrscheinlicher sind, geht es jetzt vor allem darum, zu gewährleisten, dass die richtigen Kräfte sich am richtigen Ort befinden. Selbstverständlich wollen Tyrannen ein paar loyale Kräfte in der Hauptstadt nahe beim Präsidentenpalast und den anderen wichtigen Einrichtungen, die geschützt werden müssen. Doch da eine zu große Streitmacht in der Hauptstadt ebenfalls mit Risiken verbunden ist, haben manche Tyrannen das Gegenteil getan und die regulären Truppen weiter weg stationiert. Keine weiteren Manöver irgendwo in der Nähe der Hauptstadt. Stützpunkte des regulären Militärs in unmittelbarer Nähe? Nein. Wenn reguläre Truppen sich nicht mehr nahe der Hauptstadt aufhalten, genügt es, die Paralleltruppen zwischen dem Tyrannen und seiner größten Bedrohung (also seinem eigenen Militär) zu platzieren.

Als Erbmonarchie mit mindestens einem feindlichen Nationalstaat in der Nachbarschaft besitzt Saudi-Arabien ein reguläres Militär (die saudi-arabischen Streitkräfte), eine Truppe als Gegengewicht (die saudi-arabische Nationalgarde) und eine dezidiert zum Schutz des Hauses Saud (das Saudische Königliche Regiment). In den 1970er-Jahren entschied die Königsfamilie, dass die bloße Existenz einer Truppe als Gegengewicht nicht ausreiche. Da das reguläre Militär primär in Militärstädten stationiert war, die die Saudis (mit hohen Kosten) an problematischen Schlüsselstellen und Invasionsrouten an der Peripherie des Landes errichtet hatten, wurde die Nationalgarde tatsächlich zwischen den Streitkräften und dem königlichen Haushalt positioniert.[59] Das Saudische Königliche Regiment fungierte fortan als letzter Garant für den Fall, dass

Putschisten auch nur in die Nähe des königlichen Palasts in Riad gelangen sollten.

Diese strukturellen Maßnahmen sind eine Möglichkeit, die Fähigkeit zur Koordination, Zusammenarbeit und Ausführung eines erfolgreichen Putsches von Verschwörern zu verringern. Es ist auch eine Möglichkeit für Tyrannen, ein Paradoxon für sich zu nutzen: Die zum Töten ausgebildeten Männer an den Waffen wollen nicht unbedingt Gewalt anwenden.

Die öffentliche Wahrnehmung geht im Allgemeinen davon aus, dass Coups immer extrem gewalttätig sind. Einige davon sind das definitiv. Aber wenn bei einem Staatsstreich Soldaten in Kämpfe mit anderen Soldaten geraten oder Soldaten das Feuer auf Zivilisten eröffnen, dann läuft etwas nicht nach Plan. Nachdem sie knapp vierhundert Umsturzversuche analysiert hat, stellte die Politikwissenschaftlerin Erica de Bruin fest, dass es bei weniger als der Hälfte Todesopfer gab. Man schreckt davor zurück, auf Kameraden zu schießen.[60] Teilweise hat das kulturelle Gründe: Soldaten, die dafür ausgebildet sind, Feinde von außen zu bekämpfen, weigern sich oft, Gewalt im eigenen Land anzuwenden, was zu einer Spaltung innerhalb der Armee führen kann. Auf persönlicher Ebene geht es da auch um den Verlust von Legitimität. Das Land gegen Bedrohungen von außen zu verteidigen, kann respektabel sein; in manchen Gesellschaften gilt es als Heldentat. Aber auf die eigenen Landsleute zu schießen – egal ob Armee oder Zivilisten –, vor allem auf Frauen und Kinder, um an die Macht zu kommen? Dafür werden einen wohl nur wenige als Held bezeichnen. Und letztlich hilft das grausamen Regierungen, an der Macht zu bleiben. Wenn

Machthaber glaubwürdig signalisieren können, dass etwas Derartiges nötig sein wird, um sie zu stürzen, dann steigen deren Chancen, an der Macht zu bleiben, beträchtlich.

Aber die Sache hat einen Haken: Diese Abschreckung klappt nur, wenn diejenigen, die den Umsturz des Regimes planen, glauben, dass die parallelen Sicherheitskräfte sich ernsthaft zur Wehr setzen werden, falls es zum Putsch kommt. Das bedeutet, sie müssen loyal zur Diktatur sein und effektiv genug, um den regulären Truppen ernsthaften Schaden zuzufügen. Handelt es sich offensichtlich nur um einen Papiertiger, dann wird der echte sie schlicht in Fetzen reißen.

Diktatoren können Effektivität paralleler Militärkräfte durch Ausbildung, Ausrüstung und Positionierung erreichen. Haben sie all das getan, sind sie die ersten Schritte zum Machterhalt gegangen. Um einen ungeplanten vorzeitigen Ruhestand zu verhindern, braucht es allerdings noch mehr. Hat man das Militär aufgesplittet und geschwächt, ist es an der Zeit, den parallelen Kräften einen Grund für die Unterstützung des Status quo zu liefern. Der direkteste Weg, um Loyalität der parallelen Sicherheitskräfte zu bewirken, besteht darin, sie zu verwöhnen. Man gibt ihnen Geld, Spielzeug und mehr Möglichkeiten zur persönlichen Bereicherung durch Korruption. Es ist kein Zufall, dass parallele Sicherheitskräfte tendenziell besser ausgerüstet sind als ihre regulären Gegenparts.

Eine weitere Option besteht darin, Soldaten nach einer gewissen Identität auszuwählen.

In ihrem ausgezeichneten Buch *When Soldiers Rebel* umreißt Kristen Harkness, wie Regierungen versucht haben, Soldaten an ein Regime zu binden. Sie erklärt, dass europäische Armeen während des Mittelalters »in gegenseitigen feudalen Bindungen verwurzelt waren«.⁶¹ Später sollten Frankreich und Preußen ihre Offizierkorps so umstrukturieren, dass auch Aristokraten ohne signifikanten Grundbesitz Offiziere werden konnten. Tatsächlich gestattete man sogar einigen Nicht-Adeligen, Offiziere zu werden – allerdings nur im Zusammenhang mit technischen Aufgaben und in der Artillerie. In Großbritannien musste man Beförderungen innerhalb des Militärs kaufen. Keines dieser Systeme fußte auf Verdiensten. Doch sie boten den Vorteil, militärische Eliten an den Staat zu binden.

In Europa änderten sich diese Systeme schließlich, als das Militär sich für größere Gruppen der Bevölkerung öffnete. Doch lange nachdem das zu Hause passiert war, behielten Kolonialreiche in ihren Kolonien ein militärisches Rekrutierungssystem bei, das auf Identität beruhte. In Indien hielt sich das britische Empire an eine explizite »kriegerische Rassenlehre«, nach der zwischen Ethnien unterschieden wurde, die man als fähig fürs Kriegshandwerk erachtete, und denen, die man für ungeeignet oder unzuverlässig hielt. In Afrika fürchteten die Kolonisatoren ständig eine Situation, in der die Kolonisierten sich erheben und Widerstand leisten würden. Um dieses Risiko abzuschwächen, stellte das britische Empire sicher, dass keine ethnische Gruppe je Kontrolle über die zwei zentralen Einrichtungen des Kolonialstaats gewann – die zivile Verwaltung und das Militär. Wenn eine Gruppe die Beamtenschaft dominierte, rekrutierte man Soldaten primär aus einer anderen.⁶²

Darüber hinaus waren viele koloniale Einheiten regional und basierten nicht auf dem Territorium der künftigen unabhängigen Staaten. So rekrutierten beispielsweise The King's African Rifles, eine britische Kolonialeinheit, Soldaten aus British East Africa (Kenia), Nyasaland (Malawi) und British Tanganyika (Tansania).[63] Das Ziel dahinter war wieder einmal, die Entstehung einer geeinten Opposition zu verhindern.

Zu guter Letzt zögerten alle Kolonialreiche in Afrika, die lokale Bevölkerung für das Offizierskorps zuzulassen. In einer Armee von 25.000 Männern in Belgisch-Kongo gab es nicht einen einzigen afrikanischen Offizier.[64] Mit anderen Worten war es zwar erwünscht, die Verwaltung der Kolonien durch Einheimische zu verbilligen, doch für irgendwelche Führungspositionen wollte man sie nicht. Sogar im British Empire, das noch vergleichsweise geneigt war, die lokale Bevölkerung zu fördern, waren die Zahlen niedrig. 1960 gab es in der gesamten nigerianischen Armee gerade mal 82 nigerianische Offiziere – und 243 aus dem britischen Militär dorthin versetzte.[65] Wie man sich vorstellen kann, machte diese Praxis es unabhängigen Anführern schwer, ihre Soldaten an das eigene Regime zu binden. Sie konnten ihnen einfach nicht trauen.

Eine Lösung, die viele Anführer nach der Unabhängigkeit dafür fanden, war das *ethnic stacking* der Sicherheitskräfte, ein Einteilen nach Herkunft. Die Idee dahinter ist, dass diese Gruppen je nach ethnischer Identität einen Vorteil vom gegenwärtigen System haben. Würde der Anführer, der ihnen Macht gewährt hat, stürzen, könnten sie ihre Privilegien verlieren. Und wer würde das wollen? Tyrannen spekulieren darauf, dass das nur wenige sind.

In einer Studie über Afrika seit der Unabhängigkeit fand Harkness Belege für das beachtliche Ausmaß, in dem autokratische Herrscher *ethnic stacking* betrieben: Etwa fünfzig Prozent von ihnen wandten solche Methoden an. (Unter demokratischen Anführern waren es ungefähr 24 Prozent.) Noch dazu gereichte ihnen dieses Vorgehen deutlich zum Vorteil. Diejenigen, die nicht auf *ethnic stacking* setzten, hielten sich im Durchschnitt sechs Jahre an der Macht. Die, die »coethnische paramilitärische Einheiten schufen und persönlich kontrollierten«, blieben mehr als doppelt so lange an der Macht.[66]

Ethnic stacking ist eine Methode, um Soldaten den Status quo schmackhaft zu machen. Sie profitieren aufgrund ihrer Identität, was ihnen einen Grund gibt, das Regime zu unterstützen. Doch wenn das Zuckerbrot nicht wirkt, gibt es immer noch die Peitsche – indem man alle anderen Alternativen so schrecklich gestaltet, dass den Männern in Tarnkleidung keine andere Option bleibt, als den Status quo zu unterstützen. Im Irak unter Saddam Hussein begingen die Sicherheitskräfte regelmäßig furchtbare Menschenrechtsverletzungen im Namen des Regimes. Eines ihrer häufigsten Ziele waren die Kurden.

Als ethnische Gruppe leben Kurden primär auf die Türkei, den Iran, Syrien und den Irak verteilt. Jahrzehntelang waren sie Opfer brutaler Gewalt des Regimes. Sie wurden verfolgt, gefoltert und ermordet.

Und die Männer, die diese Verbrechen begingen? Sie wurden gehasst. Als sich Gelegenheit zum Widerstand bot, gab es kein Zögern. So nahmen im März 1991 kurdische Kämpfer das zentrale Sicherheitsgefängnis von Sulaimaniya ein, wo unter Hussein und der Baath-Partei unzählige Insassen Schläge, Folter und Hunger erlitten hatten.[67] In diesem kleinen Winkel des Nordirak hatte das Blatt sich gewendet. Die Sicherheitskräfte, die gefoltert und gemordet hatten, waren schwächer; diejenigen, die sie gequält hatten, besaßen jetzt die Oberhand.

Laut kurdischer Quellen überlebte kein einziger der dreihundert Sicherheitskräfte, die das Gefängnis verteidigten. Nachdem der Komplex befreit und sie alle tot waren, sagte ein 45-jähriger Lehrer, der in einer schalldichten Kammer des Gefängnisses gefoltert worden war, er wünschte, sie würden allesamt wieder lebendig, »damit wir sie noch mal umbringen können«.[68] Unter solchen Umständen muss die Loyalität von Soldaten und Geheimdienstoffizieren zum Regime »bis zum Tod« gehen, weil sie nicht die Seiten wechseln oder die Waffen niederlegen können.[69]

Die Implementierung einer Kombination dieser Maßnahmen kann Tyrannen helfen zu überleben, um an einem anderen Tag zu kämpfen. Wenn sie das Problem nicht angehen, werden sie fast sicher stürzen, weil der Tag kommen wird, an dem die Generäle beschließen, dass sie selbst, anstelle des Despoten, an der Macht sein sollten. Und wenn sie das tun und vereint sind, dann werden sie sehr schwer zu besiegen sein, da Gewalt ihre Spezialität ist.

Sowohl in Saudi-Arabien als auch im Irak »funktionierte« *coup-proofing* insofern, als es keine erfolgreichen Staatsstreiche gab. Saddam Husseins Regime stürzte erst, nachdem die USA, eine überwältigend starke Macht von außen, sich entschloss, ihn zu beseitigen. Zuvor hielt er sich selbst nach einer Reihe höchst peinlicher militärischer Niederlagen. Südlich der Grenze regierte das Haus Saud weiterhin von Riad aus das nach seiner Familie benannte Land.

Doch wenn *coup-proofing* der Schlüssel ist, um Umstürze zu vermeiden, warum organisiert dann nicht jeder, sobald er an die Macht gekommen ist, Militär und Geheimdienste neu? Eine der Herausforderungen leitet sich, wie Erica de Bruin in ihrem Buch *How to Prevent Coups d'État* beweist, von dem Prozess selbst ab.[70] Ein »putschsicheres« Militär zu besitzen, das erhöht die Überlebenschancen eines Regimes, doch sobald ein Tyrann den Prozess angestoßen hat und bevor er abgeschlossen ist, schwebt er in akuter Gefahr.

Kwame Nkrumah zeigt, warum dieser Moment so gefährlich ist. Als Nkrumah in den späten 1940er-Jahren erstmals in die ghanaische Politik ging, war Ghana eine britische Kronkolonie und wurde Gold Coast genannt. Nachdem Ghana seine Unabhängigkeit errungen hatte, wurde Nkrumah das erste Staatsoberhaupt. Rasch sorgte er sich um seine eigene Sicherheit. In der Folge stellte er einige spezialisierte Einheiten von Geheimdienst und Sicherheitskräften unter sein persönliches Kommando. Weil ihm das noch nicht reichte, begann er die Leibgarde des Präsidenten, das President's Own Guard Regiment (POGR), in eine voll qualifizierte Kampftruppe zu verwandeln, die diejenigen abschrecken sollte, die vielleicht versuchen würden, ihn zu stürzen. Die Einheit wuchs rapide und die Bezahlung der Männer war um einiges besser als die der regulären Truppen.[71] Anfangs zögerte Nkrumah, sich auf Ethnizität als Rekrutierungskriterium zu konzentrieren. Tribalismus war für ihn ein »Krebswurm, der, wenn man ihn nicht ausmerzt, die Solidität des Gemeinwesens, die Stabilität der Regierung, die Effizienz der Bürokratie und Justiz sowie die Effektivität von Armee und

Polizei zerstört«.[72] Aber obwohl er kein Freund von *ethnic stacking* war, wurden Offiziere bestimmter Ethnien, inklusive seiner eigenen, häufig befördert, während man andere anscheinend übersah. Entscheidend war, dass Nkrumah es nicht dabei beließ, sondern sich auch die Polizei vornahm.[73]

Abgesehen vom Geheimdienst und den Sicherheitskräften konsolidierte Nkrumah seine politische Macht noch mit anderen Mitteln. 1964 hatte eine Verfassungsänderung Ghana in einen Einparteienstaat mit Nkrumahs Convention People's Party an der Spitze verwandelt.[74] Nkrumah wurde zum Präsidenten auf Lebenszeit ernannt und viele seiner politischen Gegner fanden sich in einer Festungsanlage wieder, in der man früher versklavte Menschen auf dem Weg in die USA eingesperrt hatte. Darüber hinaus wurden Soldaten im Rahmen der inneren Sicherheit eingesetzt, um Streiks niederzuschlagen.[75] An diesem Punkt hätten schon alle Alarmglocken schrillen müssen.

Anfang 1966 brach der Präsident auf Lebenszeit zu einer Reise nach Vietnam und China auf. Da Nkrumah und mit ihm viele entscheidende Figuren der Verteidigung das Land verlassen hatten, war das der perfekte Zeitpunkt, um loszuschlagen. Gegen Mitternacht setzte Oberst Emmanuel Kotoka, der etwa 200 Kilometer nordwestlich der ghanaischen Hauptstadt Accra stationiert war, seine Truppen in Bewegung. Als sie sich dem Flughafen von Accra näherten, stieß noch eine Einheit von Fallschirmjägern zu ihnen, die ein paar Tage lang in der Nähe der Hauptstadt trainiert hatten. Anschließend nahmen die Dinge rasch ihren Lauf. Gegen 2.30 Uhr erreichten die Verschwörer das Präsidentenanwesen Flagstaff House.

Das Verteidigungsministerium, der Radiosender und das Postamt wurden umstellt. Um sechs Uhr morgens hörten die Ghanaer Oberst Kotoka im Radio erklären, dass der »Nationale Befreiungsrat« die Macht übernommen habe. Die President's Own Guard, die im Falle eines Putsches aktiv werden sollte, kämpfte zunächst. Doch gegen Mittag desselben Tages »marschierte der Kommandant der Presidential Guard mit seiner Truppe nach draußen und ergab sich«.[76]

Diejenigen, die den Coup eingefädelt hatten, waren zweifellos unglücklich mit der politischen und wirtschaftlichen Gesamtsituation im Land gewesen, doch was sie wirklich motiviert hatte, Präsident Nkrumah zu stürzen (der den Rest seiner Tage in Guinea zubrachte), waren dessen Bemühungen, ein Gegengewicht zum Militär zu schaffen und die Rolle der Polizei zu schwächen.[77] J. W. K. Harlley, der am Staatsstreich beteiligte Polizeipräsident, rechtfertigte seine Rolle explizit damit, dass Nkrumah sich »als Gegengewicht zu den ghanaischen Streitkräften eine eigene Privatarmee geschaffen hatte, die jährlich mehr als eine halbe Million Pfund kostete und eklatant eine Verfassung verletzte, die er selbst dem Land aufgezwungen hatte«.[78]

Nkrumahs Versuch eines *coup-proofing* scheiterte, weil er damit einen Anreiz für die regulären Sicherheitskräfte geschaffen hatte, loszuschlagen, während die parallelen Kräfte noch zu schwach waren, um Widerstand zu leisten.

Das grundsätzliche Problem besteht darin, dass ausgerechnet die Schritte, die Tyrannen unternehmen, um die Bedrohung des Militärs zu verringern, dazu führen können, dass das Militär gegen sie vorgeht.

In der Theorie gibt es einen Ausweg aus dieser Lage. Wenn der Tyrann einen anderen Staat dazu bringen kann, die Sicherheit des Regimes mit seinem Militär zu garantieren, dann kann sich das Regime auf den Putschschutz konzentrieren, ohne sich Sorgen um militärische Effektivität zu machen. Es kann seine militärische Kraft so weit reduzieren, dass diese handhabbar wird. Während des Kalten Kriegs beispielsweise griff das französische Militär manchmal ein, um Diktatoren vor deren eigenen Soldaten zu schützen. In einigen Fällen, etwa bei einer Operation, um 1964 den Präsidenten von Gabun, Léon M'ba, zurück an die Macht zu bringen, wurden französische Truppen eingeflogen, um einen Staatsstreich rückgängig zu machen.[79]

Ein ausländischer Garant ist eine attraktive Option für Tyrannen, bietet sich aber selten an. Und selbst wenn, ist ein Preis dafür zu bezahlen: Jedes Mal, wenn ein Machthaber so abhängig von einer ausländischen Macht ist, dass er ohne diese nicht überleben kann, wird sein Handlungsspielraum massiv eingeschränkt.

Am schwierigsten ist es, einen anderen Staat zu finden, der bereit ist, diesen Dienst zu erbringen. So ein Staat braucht nicht nur ein Motiv für die Intervention, sondern muss auch dazu in der Lage sein. Die Liste potenzieller Sicherheitsgeber ist kurz. Putsche passieren schnell, und um irgendeine Wirkung zu erzielen, müssen ausländische Truppen bereits in der Nähe sein.[80] Es nützt nichts, wenn sie sich in der Karibik aufhalten oder bei einem Manöver mit Blick auf die Pyrenäen. Sie müssen in der Region oder, noch besser, bereits im Land sein, um den entscheidenden Unterschied zu machen.

Dann müssen Tyrannen noch einen Staat mit Truppen finden, die nicht nur in der Nähe, sondern auch stark genug sind, um abzuschrecken oder zumindest die Putschisten zu überwältigen. In Gabun gelang es nur deshalb, den Staatsstreich rückgängig zu machen, weil die französischen Fallschirmjäger stark und die Gabuner schwach waren. Schätzungen zufolge beliefen sich die gabunischen Sicherheitskräfte, also Militär und Polizei zusammengenommen, damals gerade mal auf sechshundert Mann.[81] Heutzutage ist die Liste von Armeen, die so etwas theoretisch bewerkstelligen könnten, nicht lang. Sollte es einen Putsch in Ägypten geben und würde ein europäischer Staat dann Fallschirmjäger schicken, um diesen rückgängig zu machen, dann würden diese Fallschirmjäger wahrscheinlich in Särgen heimkehren – wenn überhaupt.

Man kann sich denken, dass es eine herausfordernde Aufgabe ist, einen anderen Staat dazu zu bringen, das eigene Regime gegen einen möglichen Staatsstreich zu verteidigen. Man verlangt, die Leben eigener Soldaten zu riskieren, um eine instabile Diktatur zu einem hohen Preis der eigenen Reputation zu verteidigen. Folglich sind die meisten Tyrannen, was den Umgang mit dem Militär angeht, auf sich selbst gestellt.

Das Militär bildet, wie wir jetzt gelernt haben, eine mächtige Bedrohung für jeden Despoten. Im Unterschied zu Palaseliten haben Soldaten die Möglichkeit, rohe Gewalt anzuwenden. Diktatoren verstehen das und arbeiten deshalb daran, zu teilen und zu schwächen. Wenn dann das Militär erfolgreich geteilt wurde, ergibt sich ein neues Problem: Für alle ist offensichtlich, dass so ein Militär sich nicht zum Kampf eignet, und die Situation lockt Herausforderer aus dem Hinterland an. Ehe der Diktator sich's versieht, ist vielleicht schon ein Rebellenkommandant aus der Provinz auf dem Weg Richtung Hauptstadt.

4 Rebellen, Waffen und Geld

In Wirklichkeit genügt allein das Vorhandensein von Entbehrungen für einen Aufstand nicht – andernfalls könnten die Massen jederzeit in Aufstand treten.[1]

Leon Trotzki

Am 23. Dezember 1972 um 1.30 Uhr nachts wurden die Menschen in Managua aus dem Schlaf gerissen, als die Erde unter ihnen bebte.[2] »Zuerst schien die Erde sich auf und ab zu bewegen, dann von einer Seite zur anderen und alles stürzte herab«, erinnerte sich ein Bewohner.[3] Obwohl das Erdbeben mit 6,25 auf der Richterskala relativ schwach ausfiel, waren die Auswirkungen auf die Hauptstadt Nicaraguas verheerend.[4]

Als am nächsten Morgen die Sonne aufging, war der Himmel über Managua von Rauch und rötlichem Staub bedeckt. An den Stellen, wo Tausende von Gebäuden eingestürzt waren, brannte es. Feuerwehrleute mussten angesichts von unter den Trümmern begrabenen Löschfahrzeugen und geborstenen Wasserleitungen vielfach verzweifelt mit ansehen, wie die Flammen noch stehende Gebäude vernichteten.[5] Viele Überlebende flohen aus der Stadt.[6] Und sie hatten, auch wenn ihre Behausungen und Stadtviertel zerstört waren, noch Glück gehabt. Es starben so viele Menschen, dass ein Amtsträger bekannt gab, ein ganzer Bereich der Stadt würde mit Kalk bedeckt, nachdem man ihn eingeebnet hatte, um ein Massengrab zu schaffen.[7] Als der erste ausländische Journalist in Managua eintraf, erklärte er: »Diejenigen von uns, die Managua gekannt haben, werden es nie wiedersehen. Managua ist verschwunden. Es gibt nur noch Verwüstung, Tod und Tragödien.«[8]

Für Nicaragua war das Erdbeben eine Katastrophe.

Als General Anastasio Somoza Debayle, der über Nicaragua herrschte, aus dem Präsidentenpalast auf die Zerstörung blickte, sah er darin eine Chance. In einem ersten Schritt rief die Regierung das Kriegsrecht aus, wodurch die Macht der Somoza unterstehenden Nationalgarde ausgeweitet wurde. Sobald aus Ländern in aller Welt Geld für den Wiederaufbau floss, sorgte Somoza dafür, dass nicht sein Land, sondern er der primäre Nutznießer war. Da vor ihm sein Bruder und sein Vater über Nicaragua geherrscht hatten, verfügte Somoza über ein riesiges Geschäftsimperium, das ihn in einem Land, wo viele gar nichts besaßen, reich machte. Jetzt, da Managua in Trümmern lag, stellte er sicher, dass es »auf Somoza-Grundstücken, von Somoza-Baufirmen und mit internationaler Hilfe, die über Somoza-Banken gelaufen war, wiederaufgebaut wurde«.[9]

Für den Diktator und seine Schergen hätte alles perfekt laufen können, doch er überspannte den Bogen. Nicaraguas Eliten hätten vielleicht akzeptiert, dass der Diktator sich das größte Stück vom Kuchen zuschanzte, doch für sie selbst blieb nicht genug übrig. Viele der reichen Geschäftsleute Managuas, die die Diktatur bislang unterstützt hatten, begannen, sich gegen Somoza zu stellen.[10]

Und außerhalb der Hauptstadt braute sich ein Aufstand zusammen. Die Sandinistische Befreiungsfront (FSLN), eine 1961 aufgrund verbreiteter Unzufriedenheit im Volk gegründete linke Rebellengruppe, ahnte, dass ein Guerillakrieg ihr den Sieg über das Regime bringen würde.[11] Die Rebellen bedienten sich auch eher ungewöhnlicher Taktiken, etwa als sie 1974 bei einer Weihnachtsparty mehrere bekannte Politiker und Geschäftsleute entführten. Das Regime bezahlte Lösegeld, um die Geiseln freizubekommen, doch anschließend antwortete es mit einer Welle von Gewalt gegen die Rebellen – sowie gegen völlig unschuldige Zivilisten. Viele der Repressionen richteten sich gegen die Bevölkerung außerhalb Managuas. Damals berichtete ein Priester, dass Somozas Nationalgarde »eine Schreckensherrschaft errichtet hätte … unter der sie routinemäßig Bauern folterten und töteten, Frauen vergewaltigten, Häuser niederbrannten, Ernten und anderen Besitz stahlen«.[12]

Somoza hockte auf einem Pulverfass.[13] Am 10. Januar 1978 wurde die Lunte gezündet, als drei Männer achtzehnmal auf Pedro Joaquín Chamorro Cardenal schossen, einen beliebten Journalisten, der zum Oppositionsführer geworden war.[14] Nachdem Chamorros Familie und ein Großteil der Öffentlichkeit das Somoza-Regime für den Tod verantwortlich gemacht hatten, war die Flamme der Rebellion endgültig entzündet. In der Hauptstadt wurden Somozas Firmen niedergebrannt. In anderen Städten griffen junge Männer und Frauen Angehörige der Nationalgarde mit allem an, was sich als Waffe benutzen ließ. In Masaya konnte nicht einmal die Infanterie die Unruhen niederschlagen. Stattdessen musste das Regime Panzer und Hubschrauber schicken.[15]

1979 stand Somoza vor drei Problemen. Erstens hatten die verschiedenen Gruppierungen der FSLN es geschafft, ihre Differenzen zu überwinden und eine homogene Gruppe zu bilden.[16] Zweitens entzog die Regierung Carter der nicaraguanischen Diktatur die Unterstützung, nachdem die USA die Somozas jahrzehntelang unterstützt hatten. Drittens waren viele Nachbarn Nicaraguas zu der Überzeugung gelangt, dass Somoza wegmüsse, und handelten dem entsprechend.

Fidel Castro lieferte den Rebellen Gewehre, Granaten und Artillerie.[17] Venezuela gewährte Finanzhilfe und über Costa Rica wurden Waffen ins Land geschmuggelt. Im Mai 1979 brach Mexiko die diplomatischen Beziehungen zu Nicaragua ab. Da Somoza zunehmend isoliert dastand und die Rebellen besser ausgerüstet waren denn je, kündigten die Sandinisten ihre finale Offensive an. Bis Juli hatten die Sandinisten den Großteil Nicaraguas unter ihre Kontrolle gebracht, und Somoza sah ein, dass er verschwinden musste.

Nachdem er gegen die Rebellen verloren hatte und nach Miami geflohen war, fand der ehemalige Diktator Nicaraguas einen freundlich gesonnenen Diktator, der gewillt war, ihn aufzunehmen: Paraguays Alfredo Stroessner. In Paraguay hatte Somoza einen Chauffeur, einen weißen Mercedes und einen Swimmingpool. Obwohl er sich beklagte, etwa achtzig Millionen Dollar verloren zu haben, waren ihm immer noch zwanzig Millionen auf der Bank geblieben. Er war also nicht gerade mittellos. Doch eines Tages holte sein früheres Leben Somoza nur ein paar Blocks von seinem Haus in Paraguays Hauptstadt Asunción entfernt ein, als sein Konvoi auf einen Kugelhagel und eine Bazooka traf.[18]

Tyrannen können nicht jeden glücklich machen. Um die Macht im Griff zu behalten, müssen sie normalerweise das Volk bestehlen und das Diebesgut an Insider des Regimes wie Generäle, Oligarchen und konkurrierende Politiker verteilen. Tun sie das nicht, können sie leicht von Palasteliten oder ihren eigenen Truppen gestürzt werden. Doch selbst wenn sie es tun, besteht die Möglichkeit, dass die vernachlässigten Massen im Hinterland sich erheben. Und wenn das geschieht, können Despoten, die Bedrohungen außerhalb ihrer Hauptstadt nicht genug Aufmerksamkeit schenken, überrumpelt werden.

Der nicaraguanische Diktator Anastasio Somoza Debayle schaffte es, sehr viele Leute gegen sich aufzubringen. Teile der Eliten von Managua waren sauer, weil Somoza das Volk bestahl, ohne ihnen ausreichend Gelegenheit zu geben, sich ebenfalls zu bereichern. Viele Nicaraguaner außerhalb der Hauptstadt waren wütend, weil ihnen kaum genug zum Überleben blieb. Die katholischen Bischöfe des Landes waren entsetzt darüber, wie brutal das Regime Zivilisten unterdrückte. Somoza schaffte es auch, seinen wichtigsten Beschützer, die USA, zu verstimmen, während er seine Feinde in Lateinamerika ermutigte.

Was in Nicaragua passierte, war ungewöhnlich. In der modernen Welt fällt es Rebellen extrem schwer, Tyrannen zu stürzen. Vor etwa fünftausend Jahren gab es noch keine regulären Armeen. Die Leute bekämpften einander, aber de facto waren es Kämpfe unter Guerillas.[19] Große Staaten im antiken Griechenland hatten nur einige Hunderttausend Einwohner. Deutschland war vor wenigen Hundert Jahren noch derart fragmentiert, dass man auf einer Reise von Braunschweig zur französischen Grenze sechs

Herzogtümer, vier Bistümer und eine freie Reichsstadt durchqueren musste. Das mag nach viel klingen, doch das Heilige Römische Reich bestand damals aus 812 mehr oder weniger souveränen politischen Einheiten.[20] Die meisten waren schwache, zersplitterte Staaten, die schon von kleinen Gruppen von Soldaten, die aus einer Laune heraus angriffen, bezwungen werden konnten.

Der moderne Nationalstaat ist da etwas ganz anderes, nämlich extrem effektiv in der Organisation einer großen Gruppe von Menschen im Hinblick auf ein einziges Ziel, etwa einen Krieg zu führen. Wenn Rebellen gegen so einen Staat in den Krieg ziehen, ist dieser sehr viel schwerer zu schlagen als ein antiker griechischer Stadtstaat oder ein deutsches Herzogtum. Zum Teil liegt das an der Größe und Effektivität moderner Staaten, aber es ist auch das Ergebnis technischen Fortschritts.

Dieser Fortschritt hat es zunehmend schwer gemacht, sich zu verstecken. Nachdem Staaten inzwischen Überwachungsdrohnen in Massenproduktion herstellen oder sie einfach von einem der zahlreichen Hersteller kaufen können, ist das Verstecken viel schwieriger geworden. Rebellen können nicht einfach auf einem Bergrücken campieren oder auf einer Waldlichtung ein Feuer machen, wenn sie von der Regierung nicht gesehen werden wollen. Die Welt ist in dieser Hinsicht deutlich kleiner geworden.

Und das ist nur die Auswirkung von Drohnen. Zudem gibt es inzwischen leicht verfügbare Satellitenbilder, biometrisches Tracking und eine Vielzahl anderer Werkzeuge, die Despoten nutzen können, um ihre Feinde aufzuspüren. Der vielleicht größte Unterschied hängt mit der modernen Infrastruktur zusammen. Das Vorhandensein von

Straßen- und Schienennetzen hat das Gleichgewicht der Kräfte zwischen dem Staat und seinen Menschen vollkommen verändert, da es regulären Truppen erlaubt, auf Gebiet zu operieren, das zuvor unzugänglich war.

Selbstverständlich können auch Aufständische von moderner Technologie profitieren: Handys lassen sich zur Koordination nutzen, Google Maps für das Planen von Angriffen, soziale Medien zur Rekrutierung. Aber letztlich ist es bei dem Ausmaß, das nötig wäre, um zu gewinnen und nicht nur weiterzukämpfen, schwer, moderne Nationalstaaten zu übertreffen. Im Vergleich zu allem, was Menschen in der Vergangenheit gesehen haben, sind sie unglaublich mächtig.

Das bedeutet nicht, dass ein Sieg für Rebellen unmöglich ist, aber die Latte liegt heute höher. Um einen so mächtigen Feind zu bezwingen, müssen Rebellionen ausgeklügelter, besser finanziert und besser bewaffnet sein. Eine Rebellion ist nicht leicht zu bewerkstelligen, vor allem, weil sie beträchtlich mehr Zeit und Koordination erfordert als ein »simpler« Militärputsch. Rebellionen sind in gewisser Weise das Gegenteil eines Coups: Um Erfolg zu haben, braucht man eine riesige Anzahl von Menschen; sie neigen dazu, extrem blutig zu verlaufen, und Übermacht auf dem Schlachtfeld zählt mehr als die bloße Wahrnehmung. Wenn es trotz dieser Schwierigkeiten dazu kommt, dann meist, weil irgendwer irgendwo ausgeschlossen wurde.

Der Offizier Idriss Déby verbrachte einen Teil der 1970er-Jahre in Frankreich, wo er zum Piloten ausgebildet wurde. Als er im Februar 1979 in seine Heimat, den Tschad, zurückkehrte, herrschte dort ein Krieg, in dem sich mehrere Warlords bekämpften. Nachdem er seine

Möglichkeiten abgewogen hatte, schloss Déby sich Hissène Habrés bewaffneten Streitkräften des Nordens (FAN) an. Da er während des Aufstands, der ihn an die Macht brachte, erfolgreich an dessen Seite gekämpft hatte, ernannte Präsident Habré Déby zum stellvertretenden Kommandanten seiner Armee.[21]

Doch diese Allianz hielt nicht lange und 1989 standen die ehemals Verbündeten kurz vor einem offenen Konflikt. Habré befürchtete, dass die ethnische Gruppe der Zaghawa seine Herrschaft bedrohte. In der Folge setzte er seine Geheimdienste auf gewöhnliche Zaghawa-Bürger an und ließ Regierungsmitglieder, die Zaghawa waren, ermorden.[22] Da er einer armen Hirtenfamilie entstammte, die zu den Zaghawa gehörten, musste Déby sich fragen, ob er vielleicht als Nächster an die Reihe käme. Am 1. April 1989 hielt Habré eine Rede, in der er Déby und dessen Mitverschwörern Hochverrat nach einem Putschversuch vorwarf. »Sie haben stark von unserem Kampf profitiert, vom Schweiß und Blut unserer Streitkräfte und unseres Volkes, um sich selbst zu bereichern, nur um dem Tschad in den Rücken zu fallen«, sagte er.[23]

Nachdem er durch den Sudan nach Libyen geflohen war, machte Déby sich daran, eine Armee aufzustellen, die in die Hauptstadt des Tschad marschieren konnte. Und genau das tat sie: Sie marschierte (oder eher: Sie fuhr) den ganzen Weg bis nach N'Djamena. Als diese Truppe anrückte, floh Habré nach Kamerun und viele seiner Soldaten warfen einfach ihre Gewehre weg.[24]

Da er die eigene Ausgrenzung fürchtete, stürzte Déby gewaltsam den Mann, den er keine zehn Jahre zuvor mit Gewalt an die Macht gebracht hatte.

Doch als Präsident unternahm Déby viele der gleichen Schritte wie Habré und schon bald war auch er konfrontiert mit einem Aufstand unzufriedener Militärangehöriger jenseits der Grenze im Süden Libyens. Als er genau wie Habré von Rebellen gestürzt zu werden drohte, entschied Déby, der Gefahr ins Auge zu blicken. So zog er im April 2021 seine Truppen gegen die Rebellen zusammen. Kurz danach war im Staatsfernsehen des Tschad ein General zu sehen, der sagte, Déby habe »bei der Verteidigung der souveränen Nation auf dem Schlachtfeld seinen letzten Atemzug« getan.[25]

Beide, Habré und Déby, verloren die Macht, weil sie sich anschickten, Insider auszugrenzen, die in ihren Augen unzuverlässig waren. Diese Insider flohen, nur um dann mit Kämpfern, Kalaschnikows und Granaten zurückzukehren. Das ist nicht ungewöhnlich und passiert oft. Also warum tun so viele Tyrannen es trotzdem? Der Politikwissenschaftler Philip Roessler argumentiert, es gehe dabei darum, den Konflikt innerhalb des Regimes auf die Gesellschaft als Ganzes zu übertragen, »wo der Herrscher und seine Verbündeten kalkulieren, er würde ihre politische Vormachtstellung weniger bedrohen«.[26]

Jeder Tyrann muss der Gefahr eines Bürgerkriegs ins Auge sehen. Aber das Ausmaß der Bedrohung ist nicht für jeden gleich. Einige der schlimmsten Tyrannen der Erde erfreuen sich trotz ihrer Grausamkeit relativ großer Beliebtheit. Beispielsweise kann man Diktatoren, die vom Ölreichtum leben, oft obszöne Korruption und groteske Ungleichheit vorwerfen, aber sie sind gegebenenfalls imstande, den Massen genug Geld zukommen zu lassen, um einen gewaltsamen Aufstand abzuwenden. In einem Land mit riesigen natürlichen Ressourcen und nur ein paar Millionen Einwohnern kann die Bevölkerung in Wohlstand leben, obwohl die königliche Familie Milliarden stiehlt. Am anderen Ende des Spektrums stehen Länder, in denen alle, bis auf den inneren Zirkel um den Diktator, extrem arm sind. Der Kontrast ist derart groß, dass der Großteil der Bevölkerung gute Gründe hat, mit dem Herrscher unzufrieden zu sein.

Wenn die Flammen des Zorns lodern, dann hängt das Risiko des Tyrannen davon ab, ob sich eine Gelegenheit zum Aufstand bietet.

Rebellen kämpfen aus den unterschiedlichsten Gründen. Einige sind durch Ungerechtigkeit motiviert, andere durch Gier. Und, so paradox das klingen mag, manche schließen sich dem Kampf an, weil sie Sicherheit suchen.[27] Wenn Sie dieses Buch lesen, stehen die Chancen gut, dass Sie in Ihrem Leben einige Dinge schon immer für selbstverständlich halten. Erstens, dass es einen Staat gibt, der etwas besitzt, das einem Gewaltmonopol innerhalb seiner Grenzen nahekommt, und der für Recht und Ordnung und Stabilität sorgt. Obwohl der Erwerb von Immobilien für Sie vielleicht schwieriger ist als noch für Ihre Großeltern, gibt es Arbeitsplätze. Für den Notfall existiert die Polizei und bei wirklich ernsthaften Auseinandersetzungen eine funktionierende Justiz. Doch in vielen der ärmsten Länder der Welt findet man all das nicht. Es gibt nur wenig Infrastruktur, keine Arbeit, die Polizei presst gesetzestreuen Bürgern Geld ab und die Justiz arbeitet quälend langsam und mit korrupten Richtern. Wenn unter solchen Umständen eine Situation entsteht, in der sich jemand bedroht fühlt, mag eine Kalaschnikow und die Zugehörigkeit zu einer Rebellenorganisation tatsächlich der beste Weg sein, um für sich selbst und die eigene Familie zu sorgen.

Und falls sich die Reihen der Rebellenorganisation nicht schnell genug mit Freiwilligen füllen, dann kann man die Menschen auch zum Kampf zwingen. Hier nur ein Beispiel aus dem Kalten Krieg: Nach einer Schätzung hatten sich etwa achtzig Prozent der antikommunistischen bewaffneten Truppe National Resistance of Mozambique (RENAMO) nicht aus freien Stücken zum Kampf entschlossen, sondern waren dazu gezwungen worden.[28] Eine besonders grausame Taktik besteht darin, »Rekruten« zu entführen und dann zu zwingen, Gräueltaten in der Nähe ihres Zuhauses zu begehen. Auf diese Weise geraten sie innerhalb des Aufstands in eine Falle und können nie wieder zu ihren Familien zurückkehren.[29] Nicht einmal Kinder sind davor sicher. Während des Bürgerkriegs in Burundi kauften Rebellen Straßenkinder aus Kenia und machten Soldaten aus ihnen.[30]

Unbewaffnete Kämpfer stellen für keinen Diktator eine Bedrohung dar. Und sollte das erklärte Ziel einer Gruppe sein, die Regierung zu bekämpfen, können deren Mitglieder nicht einfach in einen Waffenladen gehen und sich dort die Granatwerfer und schweren Maschinengewehre besorgen, die sie brauchen. Doch wenn die entstehende Rebellenbewegung genügend Geld hat, kann sie sich die nötige Bewaffnung auf dem Schwarzmarkt besorgen oder bei einem willigen Sponsor.

Aufständische brauchen Geld – natürlich für Waffen, aber das ist nur eine Anzahlung. Kämpfer müssen auch essen und über Monate oder wahrscheinlich Jahre ausgestattet werden. Sie brauchen Löhne, um ihr Risiko zu rechtfertigen. Das ist ein Dilemma für Rebellengruppen, da ihre Aktivitäten keine direkten Einnahmen generieren.[31] Es funktioniert nicht wie bei einem Business, das sich durch seine geschäftlichen Operationen selbst trägt. Also wie erwirtschaften Rebellen das Geld, das sie benötigen, um den Tyrannen zu stürzen?

Der eine Vorteil von Aufständischen ist ihre Kapazität, Gewalt auszuüben. Und aus Gewalt lässt sich wiederum Cash generieren. Wenn Sie ins organisierte Verbrechen in London, New York oder Hongkong involviert sind, können Sie Gewalt nutzen, um Leuten Geld abzupressen. Sie sind dann so eine Art Versicherungsvertreter. Bezahlen Leute keine Versicherung bei Ihnen, könnten ihre Schaufenster eingeworfen werden, weil sie nicht Ihren »Schutz« genießen. In vielen armen ländlichen Gegenden, wo Rebellengruppen operieren, ist das keine richtige Option. Denn Menschen, die ohnehin nichts besitzen, kann man nichts wegnehmen.[32] Oder Sie könnten es, weil jeder irgendwas besitzt, aber was auch immer Sie stehlen, reicht vielleicht nicht, um weiterzumachen. Allerdings gibt es noch andere Optionen. Eine davon sind Rohstoffe.

Für jemand, der einen Aufstand finanzieren will, sind Diamanten perfekt. Sie sind oft leicht zu gewinnen, einfach zu schmuggeln und extrem wertvoll, sobald man sie aus der Kampfzone hinausgeschafft hat. Wir alle kennen den Begriff »Blutdiamanten« für Diamanten, die Kriege finanzieren. Darüber wurde in Zeitungen, Büchern und auf der Leinwand in Edward Zwicks Film *Blood Diamond* von 2007 diskutiert. Der Film mit Leonardo DiCaprio in der Hauptrolle spielt während des blutigen Bürgerkriegs in Sierra Leone. In diesem Krieg finanzierten die Rebellen ihren Kampf durch Edelsteine, die direkt aus der Erde gegraben wurden. Die mörderische Arbeit leisteten oft junge Frauen und Männer mit nichts weiter als einer Schaufel und einem Sieb. Nachdem bis zu zwanzig Meter tief gegraben worden war, reichte man den Aushub in Eimern von Hand zu Hand in einer langen Kette weiter. Am Ende der Kette wurde die Erde auf Spuren der wertvollen Steine kontrolliert. Die Diamantengräber waren arm und leicht einzuschüchtern. Gelang es ihnen, einen Stein zu finden, konnten die Rebellen »Abgaben« von ihnen verlangen. Wollten sie eine Pause einlegen, konnten die Rebellen sie schlagen, bis sie an die Arbeit zurückgingen. Und falls sie am Morgen nicht mehr auftauchten, konnte jemand anderer gezwungen werden, für sie einzuspringen. Aus Westafrika gelangten die Diamanten nach London, Paris oder Moskau, wo sie für Tausende Dollar in eleganten Juweliergeschäften verkauft wurden. Das ist ein Riesengeschäft. Schätzungsweise machten Mitte der 1990er-Jahre Diamanten aus afrikanischen Kriegsgebieten bis zu 15 Prozent des weltweiten Angebots aus.[33]

Rebellen, die Diamanten verkaufen, können damit schwindelerregende Summen verdienen. Einer Schätzung zufolge nahm UNITA, eine Rebellengruppe im angolanischen Bürgerkrieg, auf diese Weise über eine Milliarde Dollar ein (manche Schätzungen liegen sogar noch deutlich darüber).[34] Für den Tyrannen kann die Bedrohung durch vom Diamantenhandel finanzierte Rebellen übel sein. Die Rebellen verdienen Geld, indem sie Diamanten schürfen, kaufen davon Waffen und locken Kämpfer an. Und sie werden immer stärker, denn sie erobern größere

Gebiete und beuten dort mehr Diamanten aus. Der Schneeball wird also ständig größer.

Andere Waren als Diamanten (oder Drogen) sind schwerer zu nutzen, da Rebellen üblicherweise keinen Zugang zu Maschinenparks, umfangreicheren Investitionen von außen oder hoch entwickelter Technologie besitzen. Die Ölförderung beispielsweise ist deutlich anspruchsvoller. Doch so schwierig es auch sein mag, Öl zu fördern, gibt es Wege, von denjenigen zu profitieren, die danach bohren oder andere, damit zusammenhängende Aufgaben erfüllen. Am einfachsten funktioniert es, indem man droht, die Angestellten der multinationalen Unternehmen zu entführen, die diese Arbeit oft übernehmen.[35] Diese Firmen haben nicht nur tiefe Taschen, sondern sind bereit, in den armen, ländlichen Gegenden zu arbeiten, wo Rebellen oft am stärksten sind. Sollten ihre Ingenieure oder Manager dann mit vorgehaltener Waffe überfallen und anschließend in einen Dschungel oder eine Höhle verschleppt werden, dann sind viele dieser Unternehmen bereit, hohe Summen zu zahlen, um sie zurückzubekommen.

Manchmal kann sogar schon ein einziger »Wohltäter« in Gestalt eines Unternehmens einen Riesenunterschied bewirken. In den frühen 1980er-Jahren dürften in der Zentrale von Mannesmann die Champagnerkorken geknallt haben. Damals hatte das deutsche Firmenkonglomerat soeben einen 160-Millionen-Dollar-Vertrag geschlossen, um die 278 Kilometer lange Pipeline von den Ölfeldern Kolumbiens an die Karibikküste zu bauen. Es gab nur drei kleine Probleme. Erstens musste die Pipeline durch die Anden gebaut werden. Okay, das war ein Ingenieursproblem, das die Deutschen lösen konnten. Zweitens war die marxistisch-leninistische Nationale Befreiungsarmee (ELN) in der Region aktiv. Schon schwieriger. Und drittens sollte Mannesmann das Projekt innerhalb eines Jahres realisieren.[36] Das war eine ganz schöne Herausforderung.

Dann wurden ein deutscher Ingenieur und zwei seiner kolumbianischen Kollegen entführt, woraufhin die Manager des Unternehmens vor einer Entscheidung standen: Würden sie sich auf einen Deal mit den Rebellen einlassen, um ihre Mitarbeiter zurückzubekommen und eine Chance zu haben, das Projekt fristgerecht zu beenden, oder würden sie nur ihr Bestes versuchen, um ihren Auftrag ohne so ein Arrangement zu erfüllen? Beides war keine gute Option. Ein Deal mit den Rebellen würde bedeuten, viel Geld an Kriminelle zu bezahlen, die gerade Kollegen gekidnappt hatten; nichts zu bezahlen, konnte zum Tod der Kollegen führen und die ganze Pipeline gefährden.

Letztendlich vereinbarte das Unternehmen, Berichten zufolge, einen Deal. Nach Aussage eines ehemaligen Managers, der an dem Projekt beteiligt war, bezahlte man Lösegeld in Millionenhöhe.[37] Laut dem Rebellenführer waren jedoch selbst diese Millionen nur Teil einer Reihe von Zahlungen, die die ELN von Mannesmann erhielt. Das Verhältnis wurde sogar so eng, dass man das Unternehmen mit Aufklebern für dessen Autos und Lastwagen versorgte. Wenn dann ein Mannesmann-Lkw durch eine entlegene Siedlung fuhr, machten die Aufkleber die Bewohner darauf aufmerksam, dass das Fahrzeug unter dem »Schutz« der ELN stand. Davon profitierte auch die ELN insofern, als die Leute durch die Aufkleber erfuhren, dass die ELN Geld in die Region brachte.[38] Mannesmann gelang es, den Auftrag zu erfüllen, doch die ELN wurde, gefördert durch deutsches Geld, immer stärker. Später ließen die Rebellen verlauten, dass die Gruppe sich dadurch um 500 Prozent vergrößern konnte.[39]

Das sind die »üblichen« Methoden, um eine Rebellion zu finanzieren. Es gibt auch unorthodoxe, wie diejenigen, die der Politikwissenschaftler Michael L. Ross »Booty Futures«, also »Beute-Termingeschäfte«, nennt. Wenn es nicht um die Finanzierung von Aufständen geht, sind Futures Abmachungen, in denen ein Partner zusagt, ein Wirtschaftsgut zu einem bestimmten Termin in der Zukunft zu kaufen. Einer der Vorteile solcher Geschäfte ist, dass sie die Auswirkung von Kursschwankungen verringern kann. Stellen wir uns als Beispiel vor, eine Fluglinie macht sich Sorgen wegen schwankender Kerosinpreise. Die Manager des Unternehmens wissen schon, dass sie im Juni nächsten Jahres eine gewisse Menge Kerosin kaufen müssen, weil bereits bekannt ist, wie viele Flüge die Linie üblicherweise durchführt, weil Leute Urlaub machen. Wenn die Manager glauben, dass der Treibstoffpreis bis dahin deutlich gestiegen sein wird, können sie den aktuellen Preis einfrieren und sicher wissen, was sie bezahlen müssen.

Natürlich kann man dieses Instrument nicht nur zum Schutz vor Risiken nutzen, sondern auch damit spekulieren. Hier kommen die Rebellen ins Spiel. Doch anstatt eine legale Abmachung über die Börse von Chicago einzugehen, in der sie sich verpflichten, nächsten Sommer eine bestimmte Menge Kerosin zu verkaufen, können Rebellen versuchen, ein Termingeschäft auf die »Beute« abzuschließen, die sie noch gar nicht gemacht haben. Dadurch wird der Beutezug wahrscheinlicher. Auch wenn das wie etwas aus dem goldenen Zeitalter der Freibeuterei klingt, stammt es aus etwas jüngerer Zeit.

Der Präsident des Kongo, Pascal Lissouba, fürchtete, dass sein Vorgänger, Denis Sassou-Nguesso, wieder zurück an die Macht drängte. Zu Lissoubas Leidwesen verfügte Sassou über eine private Miliz. Als Lissouba Regierungstruppen schickte, die das Privatanwesen von Sassou umstellen sollten, leistete dessen Miliz Widerstand und ein Bürgerkrieg begann.[40] Die Finanzierung von Sassous Miliz erfolgte angeblich zum Teil durch den Verkauf der künftigen Ausbeutung der kongolesischen Ölvorkommen an das französische Unternehmen Elf-Aquitaine. Sassou soll 150 Millionen Dollar erhalten und die Firma ihm beim Kauf von Waffen geholfen haben.[41]

Auch wenn es kaum zu glauben ist, ereignete sich dieser Vorgang im Jahr 1997.

Egal ob es sich um freiwillige Kämpfer oder zwangsweise Rekrutierte, Diamanten oder sogar Beute-Termingeschäfte handelt – die Rebellen haben bislang nur Soldaten, Waffen und genügend Geld, um die Aufständischen weitermarschieren zu lassen. Was sie noch brauchen, um den Diktator zu stürzen, ist ein Versteck. Hier spielt die Geografie eine Rolle. Falls Sie gerade eine Karte zur Hand haben, werfen Sie einen Blick auf den europäischen Kontinent, insbesondere auf die Niederlande. Natürlich sind die Niederlande seit Jahrzehnten eine liberale Demokratie – die Holländer zählen zu den freiesten Völkern der Welt. Doch nehmen wir einmal an, eine beträchtliche Menge von Niederländern beschließt, wegen irgendeines Missstands einen Aufstand anzuzetteln. Wie würde das funktionieren? Überhaupt nicht.

Ein Aufstand in Holland (oder Friesland oder Limburg) wäre gänzlich unmöglich.

Der wichtigste Grund dafür ist, dass man sich nirgends verstecken kann. Die Fahrt von Groningen nach Eindhoven dauert keine drei Stunden und an seiner breitesten Stelle misst das Land maximal zweihundert Kilometer. Es steht zwar ein etwa neunhundert Meter hoher Berg im Königreich der Niederlande, allerdings befindet der sich auf überseeischem Gebiet des Landes in der Karibik. Auf dem Festland gibt es keine Dschungel und keine entlegenen Gebiete außerhalb der Kontrolle der Zentralregierung. Selbstverständlich könnte man versuchen, sich in einem Nachbarland zu verstecken. Aber nach derzeitigem Stand grenzen die Niederlande an Deutschland und Belgien, und sehr wahrscheinlich würden weder Berlin noch Brüssel ihre Unterstützung zusagen, nachdem man ihnen gesagt hätte, dass man einen Marsch auf den Binnenhof plane. Folglich würde ein holländischer Aufstand gegen die niederländischen Streitkräfte keinen Tag dauern.

Es stimmt zwar nicht, dass alle kleinen, flachen und leicht zugänglichen Länder von Demokraten regiert werden. Aber es ist eine Tatsache, dass viele Autokraten in Ländern agieren, die kein bisschen wie die Niederlande aussehen. Als sich die tadschikische Regierung 1992 nach der Implosion der Sowjetunion einem Bürgerkrieg gegenübersah, war eines ihrer großen Probleme, dass die Opposition schwer zu verfolgen war, da große Teile des Landes von verschneiten Bergen bedeckt sind. Der Pik Ismoil Somoni (bis 1962 Pik Stalin, danach bis in die späten 1990er Pik Kommunismus) in Tadschikistan ist mit 7495 Metern mehr als 23-mal so hoch wie der höchste

»Berg« in den europäischen Niederlanden. Und natürlich steht der Pik Ismoil Somoni nicht allein da – Tadschikistan ist voller Berge, die für Auswärtige (oder sogar für die Zentralregierung) schwer zu bezwingen sind. Sie stellten nicht nur das perfekte Versteck für die Kämpfer dar, sondern auch für deren Kalaschnikows und Granatwerfer. Aufstände funktionieren am besten dann, wenn die Rebellen ein Versteckspiel mit der Regierung höchstwahrscheinlich gewinnen.

Manchmal ist nicht nur ein Land abgelegen, sondern es grenzt auch an ihrerseits abgelegene Staaten. Kehren wir noch mal zu den Niederlanden zurück: Belgien ist dicht bevölkert, genau wie zumindest einige Regionen Deutschlands nahe der holländischen Grenze. Für den Fall eines hypothetischen Aufstands in den Niederlanden würde das den Transport von Waffen oder Soldaten extrem erschweren. Aber in einem Land wie der Zentralafrikanischen Republik muss die Regierung mit einer doppelt schwierigen Situation ringen. Der Ostteil des Landes ist unterentwickelt und für die Zentralregierung wegen der Geografie und fehlenden Infrastruktur schwer erreichbar. Noch dazu ist es umgeben von Regionen der Demokratischen Republik Kongo, dem Südsudan, dem Sudan und dem Tschad, die alle ebenfalls schwer zugänglich sind. In Anbetracht der durchlässigen Grenzen und des Ausmaßes von Problemen in der Nachbarschaft ist dieser Teil des Landes von der Hauptstadt Bangui aus kaum zu kontrollieren. Selbst die kleinste bewaffnete Oppositionsgruppe kann sich ein kleines Gebiet aneignen und so ein schmales Stück Land mag sich dann mit der Zeit zum Sprungbrett für eine ernsthafte Herausforderung entwickeln.

Zu großen Teilen sind Bürgerkriege ein Wettbewerb zwischen Rebellen und Regierung, um herauszufinden, wer die meisten Menschen für sich gewinnen kann. Zivilisten sind eine Ressource, die Arbeitskraft bietet, Möglichkeiten zur »Besteuerung« und Spionage für freundliche Truppen – oder den Feind. Weil sie so wichtig sind, versuchen Machthaber wie Aufständische, Zivilisten davon abzuhalten, dass sie zur anderen Seite überlaufen. Diese Sorge ist besonders groß in umkämpften Gebieten, wo die Zivilbevölkerung regelmäßig Kontakt zu beiden Seiten hat.[42] Was dieses Problem angeht, genießen Rebellen oft mehrere Vorteile. Regierungstruppen werden für gewöhnlich im ganzen Land rekrutiert. Wenn ihre Mission erfüllt ist oder die Regierung wechselt, ziehen sie ab. Rebellen können aus der Gegend stammen und verlassen diese vielleicht niemals. Diese Beständigkeit ist von Vorteil, wenn man Zivilisten davon abhalten will, dass sie die Seite wechseln. Ein weiterer Nachteil von Regierungen, demokratischen wie undemokratischen, ist, dass sie in Bezug auf Gewalt tendenziell eingeschränkter sind als Rebellen.[43] Es gibt die Geschichte über einen alten Mann im algerischen Bürgerkrieg, der, nachdem ihn die französische Armee festgenommen hat, weil er ein paar Telegrafenmasten abgesägt hatte, erklärt:

Mein Herr, die Franzosen kommen und sagen mir: Du darfst keine Masten absägen, sonst kommst du ins Gefängnis. Ich sage mir: Ich will nicht ins Gefängnis, also werde ich es nicht tun. Die Franzosen ziehen ab. In der Nacht taucht ein Rebell auf und sagt: Du sägst die Masten von hier bis da ab, sonst schneide ich dir die Kehle durch. Ich überlege: Wenn ich die Masten nicht absäge, wird er mir sicher die Kehle durchschneiden; das hat er schon mit anderen gemacht, im Nachbardorf. Da gehe ich lieber ins Gefängnis. Also, mein Herr, ich hab die Masten abgesägt, Sie haben mich erwischt, stecken Sie mich ins Gefängnis.[44]

Das passierte in einem Krieg, bei dem die französischen Soldaten extrem brutal vorgingen. Sie machten Dörfer dem Erdboden gleich, folterten und mordeten. Doch letztendlich erschien dem alten Mann die Drohung des Rebellen einfach glaubwürdiger, also tat er, was jeder vernünftige Mensch getan hätte: Er sägte die Masten ab.

Doch Gewalt, auch wenn sie äußerst brutal ist, wirkt am effektivsten, wenn sie differenziert.[45] Wenn diejenigen, die Masten absägen, nicht schwerer bestraft werden als diejenigen, die es nicht tun, dann könnten die Einheimischen genauso gut anfangen, Masten abzusägen. Um das zu verhindern, müssen die Soldaten des Tyrannen und die Rebellenarmee herausfinden, wer ein »Verräter« ist und wer auf ihrer Seite steht. Wegen ihrer dauerhaften Anwesenheit, Beziehungen zur einheimischen Bevölkerung und Gewaltbereitschaft fällt das Aufständischen leichter als Regierungstruppen, die vielleicht noch nicht einmal die lokale Sprache beherrschen.

Wie wir sehen, haben Rebellen auf dem Schlachtfeld eine Reihe von Vorteilen. Wichtig ist auch, dass sie Tyrannen sogar stürzen können, wenn sie das Militär des Regimes nicht schlagen. Genauso wie die Rebellen benötigen Tyrannen Menschen, Geld und Waffen, um ihren Kampf fortzusetzen.[46] Menschen sind relativ leicht zu bekommen, wenn man bereits über eine etablierte Truppe verfügt – allerdings können Rebellen den Zustrom von Geld und Waffen an das Regime erschweren.

Beides hängt, zumindest in gewissem Ausmaß, vom guten Ruf des Tyrannen ab. Wenn Rebellen ihm einen blutigen Bürgerkrieg aufzwingen, in dem Tausende unschuldiger Zivilisten umkommen, kann das den Amtsinhaber in einen internationalen Paria verwandeln.

Keine Sanktion verhindert den Kauf von Waffen, weil es immer irgendwen gibt, der sie verkauft. Allerdings können Sanktionen bewirken, dass Waffen einen hohen Preis haben, was die Effektivität eines Militärs, das sich wahrscheinlich sowieso schon als ineffektiv erwiesen hat, weiter schwächt. Sanktionen können auch Entbehrungen für die breite Bevölkerung bedeuten, wobei das Diktatoren meist wenig stört. Aus ihrer Perspektive ist das wichtigste Thema, dass sie ein Umverteilungsproblem bekommen, wenn ausländische Hilfe gekürzt wird oder Handelsrouten wegen eines Bürgerkriegs unpassierbar sind. Geht man davon aus, dass Tyrannen an der Macht bleiben, indem sie einen Kuchen unter den hungrigen Eliten aufteilen, die sie umgeben, dann wollen sie grundsätzlich nicht, dass dieser Kuchen kleiner wird.

Tyrannen können mit einem weiteren Problem konfrontiert sein, selbst wenn der Kuchen gleich bleibt. In manchen Konflikten sind Diktatoren imstande, Rebellengruppen zu bestechen, entweder mit Geld oder mit Vetternwirtschaft, für den Fall, dass es zu kostspielig oder schlichtweg unmöglich ist, sie zu unterdrücken.[47] Sind nur die Rebellen und die Diktatur involviert, muss keine Seite besonders schwierige Überlegungen anstellen. Ist es besser (zu einem gewissen Preis), den Weg des geringsten Widerstands einzuschlagen? Oder wäre es besser, zu kämpfen? Sind das die einzigen Optionen, dürfte der Preis für die »Loyalität« der Rebellen relativ gering ausfallen. Doch zum Leidwesen moderner Tyrannen neigen Bürgerkriege des 21. Jahrhunderts dazu, unglaublich chaotisch zu sein, und fast immer sind Außenstehende involviert. Vielleicht hat ein Nachbarstaat ein wirtschaftliches Interesse an dem Konflikt oder man denkt dort, dass eine Rebellion gegen den Nachbarn eine gute Chance bietet, um einen feindlichen Herrscher loszuwerden, der einem schon lange ein Dorn im Auge ist. Wenn diese außenstehende Macht beteiligt ist, wird aus den zweiseitigen Verhandlungen zwischen dem Diktator und dem Rebellenkommandanten eine Art Auktion. Da der Rebellenführer sich aussuchen kann, für den Diktator zu kämpfen oder für die ausländische Macht oder für keinen von beiden, steigt der Preis, den die einheimische Diktatur zu bezahlen hat, automatisch. In manchen Fällen hat das schon zu wirklich bizarren Ergebnissen geführt.

Diese Mechanismen wirkten während des Darfur-Konflikts von 2003 im Westen des Sudan. Als die Unzufriedenheit im Jahr 2002 wuchs, verkalkulierte sich das sudanesische Regime und glaubte, bewaffnete Gruppen billig für sich gewinnen zu können. Das endete in einem Krieg, auf den weder die Aufständischen noch die Regierung vorbereitet waren. Die damit verbundene Gewalt weckte die Interessen anderer Mächte. Als dann Friedensverhandlungen begannen, gelang es nicht, den Konflikt zu lösen. Vielmehr war es so, wie Alex de Waal es erklärt, dass sie »perverserweise den politischen Wettbewerb verschärften,

Hindernisse für neu auf den Markt drängende Entrepreneurs senkten und (gemäß dem Paradox, das auf Sicherheitsmärkten herrscht) den Preis der Loyalität weiter in die Höhe trieben«.[48] Das gilt natürlich nicht für jeden Bürgerkrieg und jede Rebellengruppe, aber es zeigt, wie Tyrannen in Schwierigkeiten geraten können, selbst wenn der »Kuchen« an sich gar nicht kleiner wird. Denn für sie gestaltet es sich schon schwierig genug, wenn sie auf einmal größere Stücke schneiden müssen.

All diese Probleme verschärfen sich durch Korruption. Die meisten autoritären Herrschaftssysteme basieren auf Korruption, und das Militär ist dort keine Ausnahme. Schließlich handelt es sich um eine Institution, in der sich Geld bei Munition, Besoldung und Waffen abzweigen lässt. Die beiden letzten Bereiche sind jedoch miteinander verknüpft: Das eigene Leben bei geringem Sold für eine unattraktive Diktatur zu riskieren, ist eine Sache; aber das zu tun, während die eigenen Kommandanten die Ausrüstung stehlen, die man eigentlich zum Überleben braucht, das ist noch was anderes.

Rebellenbewegungen sind extrem schwer zu besiegen. Selbst nachdem sie hohe Verluste erlitten haben, können sie, fast wie Zombies, noch sehr lange weiterbestehen. Und während Kriege sich in die Länge ziehen, steigen die Kosten – nicht nur für die Menschen, die darin kämpfen, sondern für die Länder an sich.

Am Morgen des 21. März 2018 befand ich mich in der Bekaa-Ebene, einem wunderschönen Teil des Libanon, zwischen dem Libanongebirge und den Bergen des Anti-Libanon. Hinter der Bergkette im Osten lag Assads Syrien. Ich saß auf dem Boden eines großen Zelts und hörte eine

Frau ihre Situation schildern, die wirklich zum Verzweifeln war. Zusammen mit ihrer engsten Familie hatte sie die syrische Heimat verlassen, wo Bashar al-Assad einen entsetzlichen Bürgerkrieg führte, nachdem er entschieden hatte, lieber das Land in Schutt und Asche zu legen, als zurückzutreten. Die Frau lebte jetzt mit ihren kleinen Kindern in einem inoffiziellen Flüchtlingslager. In den Zelten gab es Teppiche, Strom und die Leute konnten auf Matratzen schlafen. Doch hinter den weißen Planen der Vereinten Nationen, die die Familien vor Nässe schützten, war der Boden unbefestigt. Mir graute vor der Vorstellung, wie das Leben hier sein musste, wenn es regnete.

Die Frau und ihre Kinder waren in gewisser Hinsicht außer Gefahr, aber es gab keinerlei Sicherheit. Grundlegende Gesundheitsversorgung wurde gewährleistet, aber nicht viel mehr. Die Leute hatten kaum genug Geld zum Überleben. Der Ehemann hatte es zwar nach Europa geschafft, doch sie hatte keine Garantie, dass sie ihm mit den Kindern in nächster Zukunft folgen könnte. Die Rückkehr nach Syrien war ebenfalls keine Option, weil sie dort nichts anderes als Ruinen, Repressionen und noch mehr Gewalt erwarteten. Also saßen sie an einem Ort fest, wo sie eigentlich nicht sein wollten, wegen eines Kriegs, an dem sie nicht beteiligt waren.

Auf dem Heimflug dachte ich darüber nach, dass die kleine syrische Familie, die ich an jenem Tag kennengelernt hatte, nur drei Personen der Millionen geflüchteten Syrer waren, die den Preis für Assads Bürgerkrieg bezahlten. Allein die Türkei hat drei Millionen von ihnen aufgenommen, der Libanon knapp 800.000. Mit mehr als 300.000 getöteten Zivilisten und vierzehn Millionen

Vertriebenen ist der syrische Bürgerkrieg eine der größten Tragödien einer ganzen Generation.[49]

Manche solcher Konflikte sind derart traumatisierend, dass sie in der öffentlichen Wahrnehmung noch Hunderte oder sogar Tausende Jahre nach ihrem Ende eine überragende Rolle spielen. So ist beispielsweise in der chinesischen Politik noch heute die Zeit der Streitenden Reiche ein Symbol für Chaos.

Doch so verheerend diese Konflikte sein können, führen sie nicht zwingend zum Sturz des Diktators. Henry Kissinger irrte sich, als er sagte »Die Guerilla gewinnt, wenn sie nicht verliert«.[50] Tatsächlich gibt es viele Rebellen, die jahrzehntelang einen Guerillakrieg geführt haben, ohne jemals auch nur in die Nähe des Siegs zu kommen. Finanziert durch Drogengeld, führte die FARC, die Revolutionären Streitkräfte Kolumbiens, über Jahrzehnte einen unerbittlichen Kampf gegen die Zentralregierung in Bogotá. Da gab es Überraschungsangriffe, Gefechte, Bomben auf Zivilisten und entführte Politiker. Insgesamt dürfte der Krieg mehr als zweihunderttausend Menschenleben gekostet haben.[51] Die FARC verlor nicht, aber sie unterzeichnete schließlich ein Waffenstillstandsabkommen mit dem kolumbianischen Präsidenten Juan Manuel Santos. Das war damals hoch umstritten und in gewisser Weise eine große Errungenschaft für die FARC – aber war es ein Sieg? Nein, das war es nicht, und es ist kein Einzelfall.

Offensichtlich genügt es nicht, dass Rebellen einfach weiterkämpfen, um ein Regime zu stürzen. Sie müssen zu mehr in der Lage sein: auf dem Schlachtfeld siegen oder das Regime auf irgendeine andere Weise schlagen. Nur dann fällt der Tyrann. Die Verletzlichkeit des Despoten abseits des Schlachtfelds hängt großteils von seiner Anfälligkeit für Druck von außen ab. Manche Länder sind verletzlicher als andere, was den Einfluss von außerhalb angeht. Hat das Regime Zugang zu einer heimischen Waffenindustrie, die für ständigen Nachschub sorgt, falls ausländische Hersteller ihre Lieferungen einstellen? Kann die Diktatur irgendetwas zu hohen Preisen verkaufen, selbst wenn ihr Verbrechen gegen die Menschlichkeit vorgeworfen werden? Ist die Wirtschaft in der Lage, ohne ausländische Hilfe zu überleben? Lautet die Antwort auf alle drei Fragen Ja, dann wird es wahrscheinlich extrem schwer, das Regime zu schlagen. Und so niederschmetternd das auch ist, es wird wahrscheinlich weiterkämpfen – entweder weil es den Kampf aus eigener Kraft fortsetzen kann oder weil andere es nützlich finden und daher beschützen.

Ein Beispiel für letzteren Fall ist der Tschad unter Déby. Dass er 1982 an die Macht kam, lag teilweise auch daran, dass Paris den französischen Truppen im Land befahl, sich nicht einzumischen, als Débys Rebellenarmee auf die Hauptstadt zumarschierte. Damals sagte der französische Außenminister: »Die Zeiten sind vorbei, als Frankreich Regierungen aussuchte oder Regierungen änderte und andere unterstützte, wenn es seinen Wünschen entsprach.«[52] Das war eine eklatante Lüge. Zuvor hatten die Franzosen Habré unterstützt, doch nach dem Geschmack von Paris war er ein wenig zu nah an die USA herangerückt und verdiente daher den Schutz Frankreichs nicht mehr.[53] Als Déby an der Macht war, verhielten sich die Dinge ganz anders. Noch 2019 stiegen französische Piloten mit französischen Jets auf, um in Débys Namen Rebellen zu bombardieren.[54] Darauf angesprochen, sagte der französische

Außenminister explizit, dass Frankreich interveniere, um das Regime vor einem potenziellen Coup d'État zu schützen.[55] Wenn das nicht bedeutet, Regierungen auszuwählen und zu bestimmen, was dann?

Zu Beginn des Kampfs sind Rebellen im Vorteil. Vorausgesetzt, sie befinden sich auf geeignetem Terrain, können sie es mit einfachen Mitteln mit ihren Gegnern aufnehmen, selbst wenn sie die deutlich Unterlegenen sind.

Als die Demokratische Volkspartei Afghanistans, die die afghanische Regierung bildete, in den späten 1970er-Jahren anfing, gegen ihre eigene Bevölkerung zu kämpfen, besaßen die Stammesangehörigen von Nuristan, einer selbst für afghanische Verhältnisse abgelegenen Region, beinah nichts, um sich zu verteidigen. In manchen Fällen mussten sie zu Steinschleudern und Äxten greifen. Was sie allerdings hatten, war das Gelände, das sie besser kannten als jeder andere und zu ihrem Vorteil zu nutzen wussten. Die Regierung ging in die Offensive und schickte gepanzerte Fahrzeuge, um die Rebellion niederzuschlagen. Doch die Bergstraßen waren so schmal, dass die Fahrzeuge nicht einmal ihre Gefechtstürme drehen konnten. Und über ihnen in diesen steilen Schluchten Gegner ins Visier nehmen? Konnte man vergessen.[56] Selbst wenn die bewaffneten Bataillone ihnen nahe kamen, lösten die Stammesmilizen aus Nuristan Schlammlawinen aus, um sie am Vorrücken zu hindern.[57]

Aber letztlich bringen weder Steinschleudern noch Schlammlawinen etwas, weil schwierigere Ziele andere Taktiken und Waffen erfordern. Rebellen müssen eher nach Art einer konventionelle Armee kämpfen. Wie Mao glaubte, müssen sie das Terrain kontrollieren, Menschen und Ressourcen mobilisieren wie der Staat. Wenn sie diese Ressourcen kontrollieren, dann können sie jedes neu gewonnene Terrain vor Gegenangriffen verteidigen, bevor sie in die Offensive gehen.[58] Doch falls das passiert, werden die Rebellen verletzlicher, weil sie ihre Truppen konzentrieren müssen; dadurch werden sie zu einem größeren Ziel für die Schlagkraft des Diktators.[59] Diese Verletzlichkeit hat es vielen Tyrannen erlaubt, an der Macht zu bleiben.

Auf dem Schlachtfeld sind Bürgerkriege und Aufstände eine besondere Herausforderung, weil die Flamme der Rebellion sich so schwer auslöschen lässt. Trotzdem sind kluge Tyrannen oft in der Lage, mit einer Rebellion fertigzuwerden. Viele bewaffnete Oppositionsgruppen mussten schon schmerzhaft feststellen, dass es viel schwieriger ist, einen Bürgerkrieg zu gewinnen, als ihn nicht zu verlieren. Sogar wenn die Regierungskräfte korrupt und eigentlich nicht für einen Krieg gerüstet sind, genügen sie oft, um Opposition zu überwinden.

Haben sie Erfolg und gelingt es dem Diktator, die Rebellen in Schach zu halten, tauchen noch größere Monster am Horizont auf. Denn falls diese grausamen Herrscher einen falschen Zug im falschen Moment und in der falschen Gegend machen, dann stehen sie nicht mit Kalaschnikows fuchtelnden Bauern gegenüber, sondern anderen Staaten. Und wenn das passiert, dann werden die Karten ganz neu gemischt.

5 Feinde im In- und Ausland

Zuerst im Inneren befrieden, dann der Bedrohung von außen widerstehen.[1]

Chiang Kai-shek

Tyrannen sind oft viel schwächer, als es scheint. Versucht eine ausländische Macht, sie zu stürzen, muss nicht zwingend viel Gewalt angewendet werden, um sie vom Sockel zu stoßen. Das liegt unter anderem daran, dass sich viele Tyrannen vor allem auf Feinde im Inneren konzentrieren, sodass sie besonders anfällig für Bedrohungen von außen sind.[2]

Und doch herrscht die gängige Vorstellung, dass autoritäre Regime im Kriegsfall vorteilhafter dastehen. In mancherlei Hinsicht stimmt das. Um ein Beispiel zu nennen: Demokraten haben ein echtes Problem, wenn sie ihr Land in einen Krieg führen und in Flaggen gehüllte Särge nach Hause kommen. Die Opfer haben Mütter und Väter, Geschwister und Freunde, das sind die Menschen, deren Stimmen demokratische Politiker brauchen, um an der Macht zu bleiben. In hochgradig personengebundenen Regierungssystemen wie absoluten Monarchien oder personalistischen Diktaturen trauern Familie und Freunde genauso um ihre Toten wie in Demokratien, aber sie gehören nicht zur Wählerschaft, um die sich der Herrscher

Gedanken machen muss. Solange das Regime imstande ist, abweichende Meinungen auf der Straße zu unterdrücken und dafür zu sorgen, dass die Söhne und Töchter ihrer Verbündeten nicht erschossen werden, ist ein Diktator viel weniger anfällig für die unmittelbaren Folgen von Kriegsopfern als ein Demokrat. Mit anderen Worten: Diktaturen haben eine geringere »Verlustsensibilität«, und das stärkt die Möglichkeit, im Kampf zu bleiben.[3]

Selbst Diktaturen des 21. Jahrhunderts haben weniger Hemmungen als liberale Demokratien, wenn es um die Anwendung extremer Gewalt geht. Das heißt nicht, dass Demokratien dazu nicht fähig sind, ganz klar. Aber es gibt zwei wesentliche Unterschiede. Erstens können selbst die blutrünstigsten demokratischen Staatslenker nur bis an eine bestimmte Grenze gehen, bevor sie Gefahr laufen, von Gerichten oder ihrem Umfeld aufgehalten zu werden. Zweitens existieren in Fällen, in denen Kriegsverbrechen begangen werden, Verfahren, um diese dank unabhängiger Medien ans Licht zu bringen, und damit häufig eine realistische Chance, die Täter zur Rechenschaft zu ziehen. Im Jahr 2023 wurde beispielsweise ein ehemaliges Mitglied des australischen Special Air Service Regiment wegen Mordes verhaftet, nachdem eine unabhängige Untersuchung ergeben hatte, dass Special-Forces-Mitglieder absichtlich afghanische Zivilisten getötet hatten.[4] Im Rahmen des Prozesses ermutigte der australische Staat alle, die diesbezüglich über relevante Informationen verfügten, sich zu melden.

Schwer vorstellbar, dass so etwas in Putins Russland oder einer anderen personalistischen Diktatur passiert. Wenn die russische Luftwaffe ein ziviles Ziel bombardiert und dann auf das Eintreffen von Ärzten wartet, um diese ebenfalls zu bombardieren, wird darüber im russischen Fernsehen nicht berichtet. Und selbst wenn, was soll schon groß passieren? Nichts.

Zusammen mit einer weitreichenden Befugnis zu extremer Gewalt verschafft die mangelnde politische Sensibilität gegenüber Opfern Tyrannen einen erheblichen Vorteil auf dem Schlachtfeld. Doch das war's auch schon mit den Vorteilen, die zudem von Aufwendungen für das *coup-proofing* und eine durch Säuberungen, politische Beförderungen und ein Klima der Angst geschwächte Armee aufgewogen werden.

Am 11. Juni 1937 stand Michail Tuchatschewski, einer der erfahrensten Generäle der Sowjetunion, vor einem Geheimgericht. »Ich glaube, ich träume«, sagte er.[5] Wochen zuvor hatte man ihn degradiert und verhaftet, dann war er vom Volkskommissariat für Innere Angelegenheiten (NKWD) gefoltert und zur Unterzeichnung eines Geständnisses gezwungen worden.[6] Der Prozess gehörte zu den Großen Säuberungen, einer von Stalin in der zweiten Hälfte der 1930er-Jahre ausgelösten Terrorwelle. Die Sowjetunion war immer ein brutales Regime gewesen, aber dies stellte eine völlig neue Dimension dar. Stalin sah überall Feinde, auch dort, wo gar keine waren.[7] Anstatt die wenigen Rivalen zu beseitigen, die ihm tatsächlich gefährlich werden konnten, legte das Regime Quoten für zu beseitigende Personen fest. Mit einem einzigen Befehl sollten 268.950 Menschen verhaftet werden: 193.000 sollten Zwangsarbeit leisten, die restlichen 75.950 hingerichtet werden. Anschließend wurde es noch schlimmer. Es gab neue Listen, und weitere Menschen wurden getötet. Nikolai Jeschow, der grausame Leiter des NKWD, schickte Stalin Listen mit den Namen der Betreffenden zur Durchsicht. Die 383 Listen, die Stalin durchgesehen hat, enthielten etwa vierundvierzigtausend Namen.[8]

Als General Tuchatschewski vor Gericht stand, hatten sich die Säuberungen bereits zu einem regelrechten Rausch entwickelt. Die lokalen Beamten erfüllten nicht mehr nur ihre Quoten, sondern baten Moskau um die Erlaubnis, noch mehr Menschen umzubringen und zu foltern. Jeschow begnügte sich nicht mehr damit, Menschen im Keller des berüchtigten Moskauer Lubjanka-Gefängnisses zu töten, sondern ließ in einem Gebäude auf der anderen Straßenseite eine Schlachtkammer einrichten. An einer Seite des Raums bestand die Wand aus massiven Holzstämmen, damit die Kugeln nach dem Austritt aus den Körpern der Opfer aufgefangen werden konnten. Der Boden war leicht abgeschrägt, um das Blut schneller abfließen zu lassen.[9] Nicht einmal die Familien der »Volksfeinde« wurden verschont. Im Gegenteil: Das Regime brachte Tausende von Frauen für das Verbrechen hinter Gitter, mit dem »falschen« Mann verheiratet zu sein. Schon Kinder im Alter von drei Jahren konnten eingesperrt werden.[10] Die Revolution fraß ihre Kinder: Korpskommandeur Iwan Below, einer der Richter, die Tuchatschewski verurteilten, war während des Prozesses derart verängstigt, dass er sich fragte, ob er wohl als Nächster an die Reihe käme.[11] Und tatsächlich, etwas mehr als ein Jahr später befand das Regime Below ebenfalls für schuldig und ließ ihn erschießen.

Einer Schätzung zufolge verhaftete Stalins NKWD

zwischen 1937 und 1938 1,5 Millionen Menschen, von denen die meisten nicht wieder freigelassen wurden.[12] Michail Tuchatschewski, der am 11. Juni 1937 um 22.35 Uhr erschossen wurde, war einer von ihnen. Neben dem angesehenen General gehörten weitere Verhaftete zu den talentiertesten und erfahrensten Offizieren der Roten Armee.[13] Das Regime prahlte sogar damit, Zehntausende Offiziere verhaftet zu haben.[14] Das hatte zur Folge, dass andere, weitaus weniger fähig als die Inhaftierten, aufgrund ihrer vermeintlichen »Loyalität« gegenüber dem Regime nun in höhere Ränge befördert wurden.

Im Anschluss an dieses Blutvergießen und die Beförderung von Lakaien baute Stalin seine Macht im eigenen Land erheblich aus. Vor dem Terror war die Kommunistische Partei der mächtigste politische Akteur der Sowjetunion. Als die Gewalt abebbte, konzentrierte sich die Macht auf Stalin. Er stand an der Spitze eines der größten Imperien der Welt.

Doch da die Säuberungen so intensiv, die Erschütterung der Volkswirtschaft, des Verwaltungsstaates und der Roten Armee dermaßen extrem waren, brachte sich Stalin selbst in Gefahr. Schließlich konnte er nur an der Macht bleiben, solange der Sowjetstaat überlebte, und das war nicht mehr gewährleistet.[15] Die Lage war besonders prekär, weil sich die Stimmung im internationalen Umfeld schon seit geraumer Zeit verschlechtert hatte. In Kürze würde Krieg ausbrechen und die Säuberung der militärischen Führung war zweifellos einer der Hauptgründe dafür, dass die sowjetischen Streitkräfte beim Überfall Nazideutschlands auf die Sowjetunion im Juni 1941 zunächst derart schlecht dastanden.[16]

Aber selbst wenn Stalin Tuchatschewski und andere fähige Generäle nicht beseitigt hätte, wäre die Sowjetarmee in Schwierigkeiten geraten. Soldaten können nicht richtig kämpfen, wenn sie mehr Angst vor der eigenen Regierung haben als vor den Männern, die sie durch ihr Zielfernrohr sehen. Während Generäle in Demokratien eher für ihr Land oder Ruhm kämpfen, befinden sich Generäle in stark politisierten Streitkräften oft in einer unhaltbaren Lage. Wenn sie zu oft verlieren, werden sie zu einer Belastung, und das kann statt Degradierung leicht den Tod bedeuten. Gewinnen sie zu oft, werden sie zu einer Bedrohung für den Tyrannen, und das kann ebenfalls den Tod bedeuten. Da so viel auf dem Spiel steht, empfinden die militärischen Führer einen starken Anreiz, »zu lügen, zu übertreiben und Schuld auf andere zu schieben, um eigene Fehler zu vertuschen«.[17]

1943 lieferten sich die Rote Armee Stalins und die deutsche Wehrmacht in Kursk eine der entscheidendsten Schlachten des Zweiten Weltkriegs. An der Südfront standen mehrere Hundert sowjetische Panzer nur etwa einem Drittel so vieler deutscher Panzer gegenüber. Trotz der zahlenmäßigen Überlegenheit der Roten Armee errang die deutsche Wehrmacht einen gewaltigen Sieg. Einer Schätzung zufolge zerstörten sie »bis zu 15 sowjetische Panzer für jeden verlorenen eigenen«. Nachdem die Kämpfe beendet waren, oblag es General Nikolai Watutin, Moskau über die Niederlage zu informieren. Er weigerte sich jedoch, da er befürchtete, Stalin würde ihn entlassen oder hinrichten. Stattdessen, so Kenneth Pollack, erlog er eine heftige Schlacht und behauptete, beide Seiten hätten schreckliche Verluste erlitten.[18]

Die Geschichten von Schlachten wie der von Kursk wurden immer und immer wieder erzählt, verbreiteten sich von Schlacht zu Schlacht und von Soldat zu Soldat. Jeder log. Und mit der Zeit beeinträchtigte dies die militärische Schlagkraft, denn Lügen dieses Ausmaßes sind verheerend, wenn man einen Krieg gewinnen will. Es ist, als würden die eigenen Truppen für solch dichten Nebel sorgen, dass es dem Herrscher unmöglich wird, irgendetwas zu sehen.

Manchmal kann die Angst so groß sein, dass Offiziere ihre Vorgesetzten nicht nur belügen, sondern regelrecht paralysiert sind. Während des Golfkriegs kämpften saudische und US-Truppen gemeinsam, und beide durchbrachen die feindlichen Linien. Die US-amerikanischen Marines kamen trotz des stärkeren Widerstands seitens des Feindes viel schneller voran als die saudischen Soldaten. Und warum? Hauptsächlich, weil die saudischen Kommandeure nicht in der Lage waren, in der Hitze des Gefechts Entscheidungen zu treffen, sondern ständig darauf warteten, dass ihre Vorgesetzten das für sie taten.[19] Sie hatten so viel Angst, etwas Falsches zu tun, dass sie lieber gar nichts unternahmen.

Und zum Leidwesen der Tyrannen ist offene Kriegsführung nicht das Einzige, worum sie sich sorgen müssen. Es gibt eine Welt jenseits der Kongressermächtigungen oder der Reden des Premiers – eine Schattenwelt. In dieser Welt können externe Mächte gegen den Despoten vorgehen, auch wenn sie gesagt haben, dass sie das nie tun würden. Alle möglichen Optionen sind denkbar. Fremde Mächte können die Opposition anleiten, bewaffnete Gruppen mit Geld versorgen, Feinde am Leben erhalten oder Putschisten ermutigen, den Amtsinhaber zu stürzen. Blicken wir kurz zurück zum Kalten Krieg, erkennen wir, welche Bedrohungen den Tyrannen erwarten.

In ihrem Buch *Covert Regime Change* liefert die Politikwissenschaftlerin Lindsey O'Rourke eine ausführliche Darstellung der »geheimen Kriege«, die die USA im Kampf gegen die Sowjetunion führten.[20] Insgesamt siebzig Regimewechseloperationen (von denen wir wissen) bewerkstelligten die USA. Davon vierundsechzig verdeckt. Nach O'Rourkes Auswertung führten fünfundzwanzig zur Machtübernahme durch eine von den USA unterstützte Regierung. Der Rest scheiterte.[21]

Die Ziele dieser Interventionen waren recht unterschiedlich. Mal sollte der Einfluss der Sowjetunion zurückdrängt werden, indem vermeintlich prosowjetische Staatsführungen durch gefügigere ersetzt wurden. In anderen Fällen ging es darum, Anführer auszuschalten, bevor sie sich dem sowjetischen Lager nähern konnten. Etliche zielten auf Diktatoren, andere definitiv nicht.

O'Rourke argumentiert, verdeckte Operationen sind für Tyrannen deshalb so problematisch, weil sie reizvoll für politische Entscheidungsträger sind.[22] Zunächst überraschend, denn im Verborgenen zu bleiben, während man andere Staaten angreift, bedeutet unweigerlich, dass der Angreifer ohne volle Stärke operieren muss.[23] Kann man gegen eine andere Nation offen in den Krieg ziehen, kann alles eingesetzt werden, um das feindliche Regime zu stürzen, und das erhöht die Chancen, dass es auch tatsächlich dazu kommt. Die demonstrative Zurschaustellung massiver Macht kann so nützlich sein, dass Generäle ganze Militärdoktrinen auf die Vorstellung ausgerichtet haben, die überwältigende Kraft werde den Kampfeswillen des Feindes schnell brechen. Die bekannte Strategie »Shock and awe« ist etwas komplizierter, wenn niemand wissen soll, wer tatsächlich dahintersteckt.

Die Entscheidung, wie ein Herrscher eines anderen Landes zu stürzen ist, erfolgt jedoch nicht im luftleeren Raum, und es sind immer auch andere Überlegungen im Spiel. Gibt es öffentliche Unterstützung für einen Krieg? Wie teuer wird er? Was bedeutet es für die nächste Wahl, wenn junge Männer und Frauen verstümmelt heimkehren, nachdem sie von der Regierung in die Gefahr geschickt wurden? Was bedeutet es für das Ansehen eines Landes, wenn dessen Regierung offen zugibt, dass sie etablierte Regierungen stürzt?

Die Anwendung politischer Gewalt in der Öffentlichkeit ist mit anderen Worten nicht so einfach. Da kommen verdeckte Operationen ins Spiel. Für Politiker ein bequemer Mittelweg: Sie tun etwas, das sich auszahlen könnte, aber selbst wenn nicht, ist das nicht das Ende der Welt. Tatsächlich wurden viele verdeckte Operationen mit dem Ziel Regimewechsel abgesegnet, obwohl völlig klar war, dass sie wahrscheinlich scheitern würden. Als der damalige CIA-Direktor Allen Dulles Präsident Eisenhower mitteilte, dass die Erfolgschancen einer geplanten Intervention in Guatemala unter 20 Prozent lagen, war Eisenhower der Meinung, dass der niedrige Prozentsatz den Vorschlag umso überzeugender machen würde. Im Gespräch mit Dulles sagte der Präsident: »Allen, die 20 Prozent waren überzeugend. Hätten Sie mir gesagt, dass die Chancen bei 90 Prozent liegen, wäre mir die Entscheidung sehr viel schwerer gefallen.«[24] Verdeckte Operationen können für

Diktatoren besonders gefährlich sein, weil die Verlockung der »glaubwürdigen Bestreitbarkeit« solche Maßnahmen umso wahrscheinlicher macht.

Aber die Männer und Frauen, die im Verborgenen am Sturz von Diktatoren arbeiten, sind nicht allmächtig. Die hohe Risikobereitschaft in Verbindung mit der Notwendigkeit, Dinge im Verborgenen zu halten, führt nicht selten zu Fehlern. Und solche Fehler haben schon mehr als einen Diktator gerettet.

Nachdem er jahrzehntelang mit eiserner Faust regiert hatte, wurde Kubas Militärdiktator 1959 von einem jungen Revolutionär namens Fidel Castro gestürzt. Anders als Fulgencio Batista gab sich Castro nicht damit zufrieden, dass wohlhabende Amerikaner einen Großteil des Reichtums der Insel besaßen. Da Castro erklärter Leninist war, befürchtete das Weiße Haus umgehend, dass er Kuba mit der Sowjetunion verbünden könnte. Nachdem John F. Kennedy die Präsidentschaftswahlen gegen Richard Nixon gewonnen hatte, stellten US-Geheimdienstler ihre Pläne vor. Kennedy reagierte zurückhaltend. Sollten die USA versuchen, Castro zu stürzen, musste die Operation verdeckt erfolgen. Ursprünglich wollte der US-Geheimdienst Exilkubaner in Florida und Guatemala dafür ausbilden. Die Amerikaner würden helfen, aber die Kubaner selbst sollten die Speerspitze bilden.

Um überhaupt eine Chance zu haben, dem unvermeidlichen Gegenangriff standzuhalten, mussten sie Castros Luftwaffe ausschalten. Damit die Verschwörung funktionieren konnte, ließ die CIA US-amerikanische B-26-Flugzeuge umlackieren, damit sie wie Einheiten der kubanischen revolutionären Streitkräfte aussahen, bevor sie von

Nicaragua aus starteten, um Castros Luftwaffe zu bombardieren.[25] Auch wenn es innerhalb der US-Regierung im Vorfeld Meinungsverschiedenheiten gab, fielen die meisten Einschätzungen der Erfolgsaussichten der Invasion optimistisch aus. Das US-Verteidigungsministerium und die CIA waren der Meinung, dass sich die Eindringlinge schlimmstenfalls in die sicheren Berge zurückziehen könnten. Und bestenfalls würde es zu einem »richtigen Bürgerkrieg kommen, in dem wir die Anti-Castro-Kräfte offen unterstützen könnten«.[26]

Als die ersten Truppen in der Bucht landeten, sahen sie eine B-26 in der Luft. »Wir nahmen an, es sei unsere«, erklärte ein Soldat. »Sie winkte sogar mit den Tragflächen. Aber dann eröffnete sie das Feuer auf uns«, fügte er hinzu.[27] Da ihnen zuvor gesagt worden war, dass Castros Luftwaffe bereits vernichtet war, konnten sie kaum glauben, was sie da sahen. Aber das war die Realität. Die Flugzeuge der CIA hatten viele ihrer Ziele verfehlt, und nun beherrschten Castros Flugzeuge den Himmel.[28] Auf dem Meer wurde eines der Frachtschiffe getroffen, das Munition und Treibstoff geladen hatte. Um Ähnliches zu vermeiden, kehrten andere Versorgungsschiffe um.[29] Ohne ausreichende Versorgung und etwa fünfzig Meilen entfernt von den Bergen, in denen sie Zuflucht hätten finden sollen, falls etwas schiefging, war der Versuch, Castro gewaltsam zu stürzen, gescheitert. Eventuell war die gesamte Unternehmung sogar schon verdammt, bevor der erste Schuss gefallen war. Die CIA selbst erklärte später, dass die Invasionspläne wahrscheinlich von Anfang an zum Scheitern verurteilt waren:

Die Bucht lag weit entfernt von großen Zivilistengruppen, die notwendig gewesen wären, um einen Aufstand anzuzetteln. Sie wären ohnehin kein relevanter Faktor gewesen, da die Bucht vom größten Sumpf Kubas umgeben war, was es jenen Kubanern, die sich dem Aufstand hätten anschließen wollen, unmöglich machte, das tatsächlich zu tun.[30]

Wäre alles genau so verlaufen, hätte Kennedy statt eines offenen Angriffs nicht auf einer geheimen Aktion bestanden? Das wird man wohl nie erfahren.

Nachdem die Invasion in jeglicher Hinsicht gescheitert war, hätten die USA weitere Versuche, Castro zu stürzen, unterlassen können. Doch Kennedy genehmigte eine Folgeoperation, die immer groteskere Pläne zur Beseitigung Fidels umfasste. Justizminister Robert F. Kennedy, der jüngere Bruder des Präsidenten, stand in der Pflicht, eine »Lösung des Kuba-Problems« zu finden, und wollte damit erfolgreich sein, um seine Position zu festigen. In einem Meeting mit seinem Team erläuterte er, die Lösung des Kuba-Problems habe für die US-Regierung höchste Priorität. »Wir werden weder Zeit noch finanziellen Aufwand oder Manpower scheuen«, fügte er hinzu.[31]

All diese Bemühungen betrafen eine Reihe wahrhaft absurder Vorhaben, darunter den, Castros Schuhe innen mit Thallium zu pudern – was, so nahm man an, dazu geführt hätte, dass dem Staatsführer der berühmte Bart abgefallen wäre. Ein CIA-Mitarbeiter war der Meinung, dass man ihn loswerden könnte, indem man vor einer wichtigen Rede seine Umgebung mit einer Chemikalie besprüht, die Halluzinationen hervorrufen würde. Die

Pläne beschränkten sich nicht allein darauf, Castro zu diskreditieren: Die Regierung der USA war bereit, ihn zu ermorden. Einem Plan zufolge sollte Castro eine explosive Zigarre in die Hand gedrückt werden; einem anderen nach sollte er durch einen kontaminierten Taucheranzug eine »kräftezehrende Hautkrankheit« bekommen; und ein weiterer Plan, der ebenfalls darauf abzielte, sich Fidels Vorliebe für das Tauchen zunutze zu machen, sollte er mit Sprengstoff, der in einer hübsch bemalten Muschel unter Wasser versteckt war, in die Luft gejagt werden.[32] Unnötig zu erwähnen, dass all diese Vorhaben entweder aufgegeben wurden oder scheiterten – ein Schnitzer nach dem anderen. Fidel starb schließlich im Alter von neunzig Jahren, ein paar Jahre nachdem er die Macht an seinen Bruder Raúl übergeben hatte. Die Kommunistische Partei Kubas regierte weiter den Inselstaat.

US-Verteidigungsminister Robert McNamara erklärte später, dass man Castro gegenüber hysterisch gehandelt habe.[33] Das zeigt, nicht nur Diktatoren treffen irrationale Entscheidungen, wenn sie sich bedroht fühlen. Ihre Gegner, seien es demokratische Staatsoberhäupter oder andere Diktatoren, können genauso Fehler begehen. Doch trotz aller Fehlschläge tendiert man dazu, Geheimdienste als allmächtige Marionettenspieler darzustellen, die die Welt nach ihrem Gutdünken gestalten. In Wirklichkeit ist die Schweinebucht allerdings die Norm, nicht die Ausnahme. Ausländische Regierungen zu stürzen, ist schwierig, vor allem, wenn das im Geheimen geschehen muss.

Aber natürlich ist es für Diktatoren keine vernünftige Strategie, schlicht darauf zu hoffen, dass der Feind Fehler macht – denn die Diktatoren sind einer doppelten Bedrohung ausgesetzt. Einerseits könnten Großmächte sie ins Visier nehmen, andererseits beschwört das aggressive Manövrieren auch herauf, mit regionalen Rivalen in Konflikt zu geraten.

Nicht jeder Diktator ist der gleichen Bedrohung ausgesetzt. Manche hängen am berühmten seidenen Faden und müssen ständig befürchten, von ausländischen Mächten gestürzt zu werden. Andere sitzen vergleichsweise fest im Sattel. So oder so haben alle etwas gemeinsam: Es muss keine totale Niederlage sein, die den Sturz bedeutet. Kommt es zu einer Invasion und die eindringende Armee erreicht den Präsidentenpalast, verliert der Diktator selbstverständlich die Macht. Aber Diktatoren können viel früher stürzen, bevor sie auf dem Schlachtfeld unterliegen – und das tun viele. Ein Team von Wissenschaftlern, das die Auswirkungen einer Kriegsniederlage über einen Zeitraum von mehr als 150 Jahren untersuchte, stellte fest, dass 29,5 Prozent der Herrscher, die einen Krieg verloren, auch einen gewaltsamen Regimewechsel hinnehmen mussten.[34]

Es gibt mehrere Möglichkeiten, wie dies geschehen kann – eine ist der Protest der Bevölkerung infolge der auffallenden Schwäche des Diktators.[35] Stellen wir uns ein Szenario vor, in dem ein Krieg zwischen zwei regionalen Rivalen um eine umstrittene Provinz ausbricht, die beide für sich beanspruchen. Der verteidigende Staat, der diese Provinz bisher kontrollierte, wird schwer geschlagen. Um den Angreifer daran zu hindern, weiter vorzurücken, ist der Diktator des verteidigenden Staates zu einem Zugeständnis bereit: Sein Staat erhebt künftig keinen Anspruch mehr auf die umkämpfte Provinz.

Die angreifende Armee ist noch weit entfernt vom Palast und der Diktator vor ihr sicher, aber er könnte eventuell in ernsthafte Schwierigkeiten geraten.

Da die peinliche Niederlage die Bevölkerung verärgert, ist es gut möglich, dass sie auf die Straße geht und den Kopf des Machthabers fordert. Das mag dem Diktator nicht allzu viel ausmachen, aber es signalisiert den Gegnern, dass das Regime schwach ist: der perfekte Zeitpunkt für einen Staatsstreich.

Diktatoren, die einen Sturz befürchten, können zwei Wege einschlagen, um das Risiko einer militärischen Niederlage zu verringern: die Effektivität des eigenen Militärs erhöhen oder das Militär belassen, wie es ist, und eine andere Möglichkeit finden, sich zu schützen. Jene, die sich für Ersteres entscheiden, sehen die vernünftigste Strategie darin, die militärische Stärke so weit zu steigern, dass ein Angriff von außen zu verlustreich ist, um überhaupt in Erwägung gezogen zu werden. Auf dem Feld der internationalen Beziehungen bezeichnet man das als »Abschreckung«. Sobald diese aufgebaut ist – und nur dann –, kümmert man sich darum, sich gegen einen Staatsstreich zu wappnen. Der Schlüssel dazu ist, eine Abschreckung zu entwickeln, die nicht schwindet, sobald das Militär mehr und mehr innere Feinde bekämpfen muss. Diktatoren können sich so gesehen am Nordkorea des 21. Jahrhunderts ein Beispiel nehmen.

Die nordkoreanische Volksarmee ist veraltet und in vielerlei Hinsicht primitiv im Vergleich zu den Streitkräften der USA oder Regionalmächten wie Südkorea oder Japan. Mit mehr als einer Million Soldaten im aktiven Dienst gehört Nordkoreas Armee jedoch zu den größten der Welt.

Noch wichtiger ist, dass Nordkorea über Tausende von Artilleriesystemen verfügt, von denen viele in der Nähe der entmilitarisierten Zone stationiert sind, die die koreanische Halbinsel seit 1953 teilt.[36]

Im Falle eines Krieges von Nord und Süd könnten sich Pendler auf dem Weg zur Arbeit in Südkoreas Hauptstadt plötzlich in einer apokalyptischen Situation wiederfinden. Wolkenkratzer in Schutt und Asche, brennende Bürogebäude, zerborstene Fenster. Wegen des Einschlags eines Artilleriegeschosses würde die Erde beben, während das nächste und übernächste Geschoss bereits unterwegs wäre.

Im Jahr 2020 bezifferten Forscher der RAND Corporation, einer US-amerikanischen Denkfabrik, die eng mit der US-Regierung zusammenarbeitet, wie zerstörerisch ein solcher Angriff wäre.[37] Dazu untersuchten sie die Position nordkoreanischer Artilleriesysteme und die Bevölkerungsdichte Südkoreas sowie die Form, in der die Zielbevölkerung im Falle eines Angriffs reagieren würde. Wie viele Menschen würden in Panik geraten? Wie schnell könnten sie in Kellern oder U-Bahn-Tunneln Schutz suchen?

Ein verkomplizierender Faktor ist die Lage und Größe der südkoreanischen Hauptstadt. Etwa fünfzig Kilometer südlich des Grenzgebiets gelegen, hat Seoul selbst »nur« 9,5 Millionen Einwohnerinnen und Einwohner.[38] Betrachtet man jedoch die gesamte Hauptstadtregion, so umfasst die Metropole etwa 26 Millionen Menschen. Das entspricht etwa der Einwohnerzahl von Belgien, Griechenland und Irland zusammen – das muss man sich einmal vorstellen. Schlimmstenfalls würde die nordkoreanische

Artillerie Seoul in ein »Feuermeer« verwandeln, indem sie innerhalb einer einzigen Stunde etwa 14.000 Geschosse abfeuert. Für diesen Fall reichen die Schätzungen der Opferzahlen von etwa 87.600 (positiv geschätzt) bis zu 130.000 (negativ geschätzt).[39]

Wie sehr Kim Jong-un das System auch putschsicher macht, diese Artilleriegeschütze werden nicht verschwinden. Und solange sie vorhanden sind, besitzen sie enorm abschreckende Wirkung, denn jeder in Südkorea weiß, dass ein Krieg gegen Nordkorea unweigerlich zu Hunderttausenden Opfern führen würde.

Es gibt nur eine Form der Abschreckung, die besser funktioniert als Kims Artillerie: Massenvernichtungswaffen. Ob chemisch, biologisch oder nuklear, sie sind dermaßen zerstörerisch, dass sie für Diktatoren höchst reizvoll sind, weil sie dem Regime exakt die Abschreckung bieten, die stark genug ist, andere Staaten abzuwehren. Diese Waffen bedeuten auch, dass Diktatoren ihren Schutz vor Coups nicht verringern müssen. Sie benötigen dafür bloß eine kleine Anzahl von Soldaten, die nach ihrer Loyalität zum Regime ausgewählt werden.[40] Und selbst wenn das schiefgeht und sich diese Soldaten gegen den Diktator wenden, können sie mit diesen Waffen nicht viel ausrichten, obwohl die äußerst zerstörerisch sind. Hier besteht ein Unterschied zu konventionellen Streitkräften: Jeder zusätzliche Kampfpanzer, der dem Militär zur Verfügung gestellt wird, kann auch gegen das Regime eingesetzt werden. Aber eine Atombombe? Sie ist sehr nützlich, um einen anderen Staat abzuschrecken, aber nutzlos, um die eigene Regierung zu stürzen. Niemand wird seine eigene Hauptstadt in die Luft jagen.

Deshalb sind Massenvernichtungswaffen ein beliebter »strategischer Ersatz« für Tyrannen. Im Nahen Osten zum Beispiel haben fünf Länder Atomwaffenprogramme verfolgt (Iran, Irak, Israel, Libyen und Syrien) und alle, bis auf Israel, waren oder sind in hohem Maße *coup-proofed*.[41] Kein Zufall.

Atomwaffen zu besitzen, ist für Diktatoren von enormem Vorteil, die Beschaffung hingegen ein gefährliches Unterfangen. Wie mir der Atomwaffenexperte Nicholas Miller erklärte, ist es sehr komplex, Atomwaffen im Geheimen zu entwickeln. Sobald andere Länder herausfinden (oder zumindest vermuten), dass ein Diktator am Bau von Atomwaffen arbeitet, drohen stets Wirtschaftssanktionen oder eventuell sogar Militärmaßnahmen.[42] Aber selbst wenn Tyrannen klammheimlich vorgehen könnten, brauchten sie genügend Ressourcen, ihre kühnen Pläne in die Tat umzusetzen.

Ironischerweise ist das der Punkt, an dem die Konzentration auf die innere Sicherheit dem Despoten noch einmal schaden kann: Nukleartechnologie ist schwer beherrschbar. Dazu sind kompetente und funktionierende Institutionen nötig. Viele Diktaturen, die mit dem alleinigen Ziel errichtet wurden, den Amtsinhaber an der Macht zu halten, unterstützen solche Institutionen nicht, weil alles, was den Machthaber einschränkt, vom Präsidentenpalast schlichtweg als Bedrohung betrachtet wird. Das kann es manchem Tyrannen unmöglich machen, Atomwaffen zu bekommen, selbst wenn er wollte.

Gaddafis Libyen war nicht nur brutal, sondern auch hochgradig dysfunktional, wobei jeder Aspekt des Systems mit den persönlichen Eigenheiten des Herrschers zusammenhing. Die daraus resultierende Inkompetenz erschwerte die Verfolgung strategischer Ziele, einschließlich der Entwicklung von Atomwaffen.

Zunächst einmal verfügte das libysche Regime nicht über genügend Ingenieure und Wissenschaftler – unter anderem, weil Gaddafi nur ungern in die naturwissenschaftliche Ausbildung investierte, die er als Quelle von Opposition ansah.[43] Als Libyen ein unabhängiger Staat wurde, war es ein sehr armes Land: 1948 lag das Pro-Kopf-Einkommen bei etwa fünfzehn Pfund Sterling pro Jahr.[44] Außerdem existierte fast kein Staatsvermögen und ein Großteil der Bevölkerung verfügte nicht einmal über eine Grundschulbildung – 94 Prozent der Menschen konnten damals weder lesen noch schreiben.[45] Nach den Erdölfunden hätte sich das ändern können. Die Volkswirtschaft wuchs rasch und das Regime verfügte nun über die Mittel, den Staat auszubauen. Allerdings geschah das nicht. Gaddafi wollte genau das Gegenteil. Er war ausdrücklich bestrebt, das wenige, das es an Staat gab, zu demontieren, weil er es als Bedrohung für seine Herrschaft ansah. Sein Ziel war nicht geteilter Wohlstand, sondern alleinige Macht.

In ihrem Buch *Unclear Physics* untersucht Malfrid Braut-Hegghammer, wie das libysche Atomprogramm scheiterte. Die Lektüre ist erschütternd. Braut-Hegghammer zufolge waren die libyschen Institutionen schon für die Durchführung einfacher Aufgaben nicht gut gerüstet, geschweige denn in der Lage für die Planung eines Atomwaffenprojekts.[46] Also versuchte das Gaddafi-Regime, sich den Weg zum Atomwaffenstaat zu erkaufen. Zunächst versuchte man, Peking zum Verkauf fertiger Atomwaffen zu überreden. Doch der chinesische Premierminister Zhou Enlai soll gesagt haben: »Sorry ... aber China hat die Bombe aus eigener Kraft erlangt. Wir glauben an Selbsthilfe.«[47]

Das war der Anfang einer Odyssee. Das libysche Regime versuchte, von Argentinien, China, Frankreich, Indien, Jugoslawien, den USA, Ägypten, Pakistan und der Sowjetunion zu kaufen. Ohne Erfolg.[48]

Obwohl es dem Regime gelang, relevantes Equipment zu erstehen oder Wissenschaftler aus dem Ausland zu rekrutieren, hatte es Mühe, dies entsprechend zu nutzen. Und als das Ganze unweigerlich scheiterte, erschwerte Gaddafis personalisiertes Regierungssystem, das gesamte Ausmaß des Problems zu erkennen. Gaddafi selbst konnte natürlich nicht verstehen, was die Nuklearwissenschaftler taten, aber sein karger Staat verfügte darüber hinaus nicht über die notwendigen Institutionen, um zu überwachen und zu verstehen, was die Forscher taten.[49] Infolgedessen erreichte Gaddafi nie die nukleare Schwelle, da er sich statt für den Schutz vor äußerer Bedrohung für innere Sicherheit entschieden hatte.

Fühlen sich Regime von externen Akteuren bedroht, haben aber keine Zeit, in Massenvernichtungswaffen zu investieren (oder stufen dies als zu riskant ein), besteht die einzige Option zur Steigerung der Zerstörungskraft darin, Maßnahmen zur Verhinderung eines Putsches zurückzufahren, wodurch die Sicherheit in die andere Richtung verlagert wird: weniger Schutz vor inneren Feinden, dafür ein effektiveres Militär zur Bekämpfung ausländischer Bedrohungen.

In den 1980er-Jahren befand sich Saddam Hussein im Krieg mit dem benachbarten Iran. Für seine Soldaten ein außerordentlich schwieriger Krieg. Die Generäle waren vor Angst wie gelähmt und der Diktator bestimmte die militärische Strategie bis hin zur Größe der einzelnen Schützengräben.[50] Das Regime befand sich auch deshalb im Blindflug, weil fast der gesamte Geheimdienstapparat darauf ausgerichtet war, die einfachen Leute im Irak und das eigene Militär auszuspionieren.[51] Die Konzentration auf die Feinde im Inneren war so stark, dass der irakische Geheimdienst am Vorabend des Krieges nur über drei Offiziere verfügte, die mit dem Sammeln und der Analyse von Informationen über den Iran beauftragt waren. Und nur einer beherrschte Farsi, also die Sprache, die nötig ist, um zu verstehen, was im Iran vor sich geht.[52] Dies war der klassische Fall eines putschsicheren Militärs, das auf dem Schlachtfeld verliert, weil es auf einen Krieg schlicht und ergreifend nicht vorbereitet ist.

Doch dann wechselte Husseins Bedrohungskalkül. Vor dem Krieg war das irakische Militär eine viel größere Bedrohung für seine Herrschaft als das iranische Militär. Doch als die Iraner die Oberhand gewannen und selbst Bagdad nicht mehr sicher schien, änderte er seine Meinung. »Die echten Militärprofis waren nie Saddams Lieblinge, auch nicht, als sie am wichtigsten waren. Im Laufe des Krieges verstand er immer besser, dass er sie brauchte, und meistens befolgte er ihre Ratschläge«, heißt es in einer Analyse, die sich auf die Erinnerungen eines irakischen Generals stützt.[53] Auch die Spione wurden umgelenkt: Während es zuvor fast niemanden gab, der diese Aufgabe übernahm, sammelten im letzten Kriegsjahr mehr als zweieinhalbtausend Personen nachrichtendienstliche Informationen über den Iran.[54]

Letztlich reichte es, einige der *Coup-proofing*-Maßnahmen zurückzunehmen, um eine militärische Pattsituation mit dem Iran zu erlangen und Saddam Hussein weiterhin an der Macht zu halten. Das bedeutete jedoch auch, dass das Militär eine größere Bedrohung für das Regime darstellte als zuvor, aber dieses Risiko war es wert, da die unmittelbare Bedrohung durch den Iran abgewendet worden war.

Der irakische Diktator konnte von der Innen- auf die Außenverteidigung umschwenken, weil er über ein großes Militär und riesige Mengen Öl verfügte und der Feind nicht übermächtig war. Wenn dies nicht der Fall ist und der Diktator seinen Kurs nicht ändern kann oder es kaum einen Unterschied machen würde, haben Diktatoren nur wenige gute Optionen. Sie müssen einen Weg finden, mit externen Aggressoren umzugehen, ohne das Militär einzusetzen.

Nachgeben ist eine unmittelbare Möglichkeit. Wenn eine externe Macht, die die Herrschaft eines Tyrannen glaubhaft bedroht, etwas verlangt, sollte er es tun. Natürlich ist das zunächst für den Tyrannen keine gute Option, denn es schränkt seinen Handlungsspielraum ein und birgt das Risiko, als schwach zu gelten. Eine elegantere Lösung findet sich manchmal in der internationalen Diplomatie. Vielleicht können mächtige Staaten, ob sie nun demokratisch sind oder nicht, von ihrer Feindseligkeit abgebracht werden. Oder es besteht die Möglichkeit, den Großmächten etwas anderes zu geben, was sie wollen. Vielleicht ist es Öl, Uran, der Marktzugang oder indirekte Kontrolle über eine strategische Seeroute – oder es sind 2498 Meter Beton nahe Afghanistan. Als fünf Al-Qaida-Terroristen am

11. September 2001 den American Airlines Flug 11 in den Nordturm des World Trade Centers lenkten, änderte sich die US-amerikanische Außenpolitik innerhalb eines Sekundenbruchteils. Fünf Tage später sprach Präsident Bush vom Krieg gegen den Terrorismus. Um diesen Krieg zu führen, brauchten die USA neue Freunde in einer Region der Erde, die die meisten Menschen nicht auf der Landkarte finden konnten: Zentralasien.

Damals wurde Usbekistan von Islam Karimow regiert, dem letzten Ersten Sekretär der Kommunistischen Partei Usbekistans. Karimow war ein grausamer Diktator. Er erlangte internationale Berühmtheit, als die Leichen von zwei ehemaligen Insassen des Jaslyk-Gefängnisses im Nordwesten Usbekistans an ihre Familien zur Bestattung zurückgegeben wurden. Muzafar Avazov, fünfunddreißig Jahre alt und Vater von vier Kindern, hatte Berichten zufolge nicht nur »eine große, klaffende Wunde am Hinterkopf«, ihm fehlten auch alle Fingernägel. Darüber hinaus waren »sechzig bis siebzig Prozent« seines Körpers verbrannt. Laut der NGO Human Rights Watch »berichteten Ärzte, die die Leichenschau durchgeführt hatten, dass solche Verbrennungen nur durch das Eintauchen des Körpers in kochendes Wasser verursacht werden konnten«.[55] Als die Mutter des Opfers es wagte, sich über die brutale Folter ihres Sohnes zu beschweren, wurde sie wegen des Versuchs, »die verfassungsmäßige Ordnung zu stürzen«, in ein Hochsicherheitsgefängnis überstellt.[56]

Doch trotz dieses und ähnlicher Fälle erhielt Usbekistan zig Millionen Dollar an Hilfsgeldern, nachdem es den westlichen Streitkräften die Nutzung (und den

Ausbau) des Luftwaffenstützpunkts Karshi-Khanabad für militärische Operationen in Afghanistan gestattet hatte. Ende 2001 besuchte der US-amerikanische Außenminister Colin Powell die usbekische Hauptstadt Taschkent. Anfang des darauffolgenden Jahres traf Präsident Karimow mit Präsident Bush zusammen.[57] Die beiden Staaten unterzeichneten mehrere Abkommen zur Stärkung ihrer Beziehungen. Während seines Besuchs in Usbekistan bezeichnete Powell das Land als »ein wichtiges Mitglied der Koalition gegen den Terrorismus«.[58] Da der Luftwaffenstützpunkt im Süden Usbekistans für die USA so wertvoll war, zögerte die US-Regierung letztlich, sich zu Menschenrechtsverletzungen in dem Land zu äußern.[59] Karimow betrachtete die USA keineswegs als Bedrohung, sondern nutzte sie zu seinem Vorteil, um die eigene Macht zu festigen.

Noch besser für Tyrannen ist ein Arrangement, bei dem ausländische Mächte sie nicht einfach sich selbst überlassen, sondern aktiv gegen Dritte abschirmen. Diese Strategie verfolgen mehrere Petrostaaten im Nahen Osten. Sie geben zwar Milliarden von Dollar für US-amerikanische Militärausrüstung aus, aber letztlich wird die äußere Sicherheit des Emirs von Katar nicht durch die Soldaten der katarischen Streitkräfte gewährleistet, sondern durch die Männer und Frauen des im Land stationierten US-Militärs. Der Luftwaffenstützpunkt Al Udeid in Katar ist mit Tausenden von Soldatinnen und Soldaten der größte US-Militärstützpunkt im Nahen Osten. Sollte eine externe Macht den Emir stürzen wollen, müsste sie sich diesen Kräften stellen. Und wer möchte schon gegen das US-amerikanische Militär kämpfen? Gegen das katarische Militär vielleicht. Aber gegen das US-Militär? Nein.

Für jene, die diese Sicherheit gewährleisten, eine heikle Lage. Einerseits besitzt man ein großes Druckmittel. Im Gegenzug für den Schutz der katarischen Königsfamilie haben die USA nicht nur einen lukrativen Waffenkunden, sondern auch Zugang zu einem gigantischem geopolitischen Drehkreuz, über das sie Soldaten und Ausrüstung transportieren oder bei Bedarf Einsätze gegen Ziele in benachbarten Ländern fliegen können. Solche Sicherheitsgarantien sind jedoch in mindestens zweierlei Hinsicht gefährlich. Erstens besteht immer die Gefahr einer Eskalation. Regierungen, die sich bereit erklären, tyrannischen Regimen Sicherheit zu gewähren, tun dies in der Regel in der Annahme, dass sie nicht für das Regime kämpfen müssen, weil ihre militärische Präsenz selbst für ausreichende Abschreckung sorgt. Selbstverständlich ist das allerdings nicht. Ob aufgrund einer Fehlkalkulation oder einer Panne, es kann immer etwas schiefgehen und plötzlich herrscht Krieg.

Zweitens bergen solche Sicherheitsgarantien ein moralisches Risiko und bieten Anreize für »Trittbrettfahrer«. Dabei nehmen Länder eine Leistung in Anspruch, ohne dafür etwas zu tun. In den letzten Jahren wurde dieser Begriff beispielsweise wiederholt im Zusammenhang mit den EU-Verteidigungsausgaben verwendet. Zwar profitieren alle europäischen NATO-Mitglieder vom Abschreckungswert der Allianz, doch tragen nicht alle Staaten in gleichem Maße dazu bei. Die Länder, die weniger beitragen, werden als Trittbrettfahrer bezeichnet, weil sie Schutz vor russischen Angriffen genießen, obwohl sie nicht (ausreichend) dazu beitragen. Das Gewähren von Sicherheitsgarantien für tyrannische Regime bedeutet, dass die Diktatur wenig Anreiz hat, eine eigene Außenverteidigung bereitzustellen. Das widerspricht den Interessen des Sicherheitsgewährleisters, denn es bedeutet, dass im Falle eines Krieges die Hauptlast der Kämpfe (und der Toten) vom externen Schutzleister und nicht von der Diktatur selbst getragen werden wird.

Das ist für den Gewährleister umso gefährlicher, als die Sicherheitsgarantie auch das moralische Risiko birgt, dass die Sicherheitsgarantie die Wahrscheinlichkeit eines Krieges eher *erhöhen* als *verringern* kann. Da der Diktator glaubt, geschützt zu sein, und wahrscheinlich nicht die Hauptlast eines möglichen Konflikts tragen muss, besteht ein Anreiz, aggressiver zu handeln, als es normalerweise der Fall wäre.

Ohne äußere Sicherheitsgarantien sind Diktatoren auf sich allein gestellt. Sie können ihr Militär putschsicher machen oder über ein möglichst effizientes Militär verfügen, um Bedrohungen von außen abzuwehren. Beides gleichzeitig ist fast unmöglich. Massenvernichtungswaffen bieten einen möglichen Ausweg, aber es ist schwierig, sie zu beschaffen. Die meisten Tyrannen stecken daher in einem Hin und Her fest und bewegen die Nadel auf die eine oder andere Seite, ohne jemals das perfekte Gleichgewicht zu finden.

Doch selbst wenn – nachdem sowohl interne als auch externe militärische Bedrohungen entschärft sind –, hat nichts von dem, was sie unternommen haben, mit guter Regierungsführung zu tun. Alles war ausschließlich darauf ausgerichtet, eine unmittelbare Gefahr abzuwehren, und das bedeutet, dass sie sich wahrscheinlich schlecht um die Bedürfnisse der Mehrzahl ihrer Bevölkerung gekümmert haben. Ohne große andere Wahl setzten sie sich damit dem Volkszorn in einem Maße aus, das zu massiven Proterren oder sogar einer Revolution führen könnte.

6 Wer schießt, verliert

Diejenigen, denen man ihre Freiheit oder ihr Leben genommen hat, waren keine Heiligen, keine Engel. Sie haben versucht, die etablierte Ordnung zu ändern.[1]

Hugo Banzer, Präsident von Bolivien

Als Mao den berühmten Ausspruch tat, politische Macht wachse aus einem Gewehrlauf, da irrte er.[2] Politische Macht liegt bei denen, die keine Gewehre benutzen müssen. Richten Regime ihre Waffen gegen das eigene Volk, riskieren sie, daran zu zerbrechen. Diktatoren können stürzen und Regime in sich zusammenbrechen, wenn der Gewehrlauf nicht mehr nur eine Metapher ist, sondern stattdessen eine reale Strategie, um die Kontrolle zu behalten.

Wenn die Massen aufbegehren und sich ohne Waffen nicht mehr kontrollieren lassen, dann müssen Diktatoren eine unmögliche Entscheidung fällen. Für viele ist es dann auch die letzte. Solche Aufstände sind nicht das prinzipielle Risiko der meisten Diktatoren, aber natürlich stellen sie eine Bedrohung dar: Etwa 17 Prozent der Diktaturen stürzen als Folge von Volksaufständen.[3] Wenn man bedenkt, wie besessen alle Despoten davon sind, ihre Bevölkerung zu kontrollieren, ist das eine bemerkenswert hohe Zahl.

Demokratien sind extrem gut darin, mit Dissens umzugehen. Möchten Sie gegen die Regierung protestieren, können Sie das ruhig tun. Es wird nicht nur erlaubt sein, sondern die Polizei wird aufmarschierende Demonstrierende sogar schützen. Es ist ein Zeichen von Stärke, dass viele Staatsoberhäupter nicht eine einzige Gehirnzelle darauf verwenden müssen, was gegen auf den Straßen skandierende Leute zu tun wäre. Diktatoren dagegen können Leute auf den Straßen nicht ignorieren. Für sie bedeutet das ein echtes Dilemma: Wenn sie Proteste zulassen, ohne hart durchzugreifen, könnten andere versucht sein, sich den Protesten anzuschließen. Das mag einen Kaskadeneffekt zur Folge haben, bei dem die Proteste ein Ausmaß annehmen, das das Regime ernsthaft bedroht. Wenn Protestierende mit Demonstrationen durchkommen, obwohl man ihnen definitiv gesagt hat, sie sollten das unterlassen, womit kommen sie dann unter Missachtung der Regierung noch durch? Das ist ein gefährlicher Moment.

In der Sozialwissenschaft nennt man den Prozess, bei dem Proteste sich von einem Ort an andere ausbreiten, »Diffusion«. Diese kann aufgrund einer Vielzahl von Mechanismen passieren, beispielsweise durch Nachahmung. Sehen Demonstrierende an einem Ort, dass Demonstrierende an einem anderen nicht von den Sicherheitskräften attackiert werden, dann imitieren sie deren Verhalten vielleicht. Aber sie werden sich außerdem fragen, ob sie von den anderen etwas lernen und dadurch ihren eigenen Widerstand effektiver gestalten können. Wenn also solche Proteste ausbrechen, sind sie nicht nur ansteckend – sie werden auch effektiver, während sie sich von Stadt zu

Stadt ausbreiten, weil die Dissidenten voneinander lernen und sich gegenseitig inspirieren.

Dieser Lerneffekt passiert permanent. Während des Arabischen Frühlings konsultierten viele Dissidenten ein Buch von Gene Sharp mit dem Titel *Von der Diktatur zu Demokratie. Ein Leitfaden für die Befreiung*.[4] 1993 verfasst, beschreibt das Buch 198 Methoden breiten Widerstands, von Streiks bis zu eher ungewöhnlichen Protestformen wie gespielten Begräbnissen von Vertretern des Regimes. Gene Sharp beschreibt Methoden des Widerstands in zwei Kategorien: Sie sind für ihn entweder »das Begehen« oder »das Unterlassen« von Handlungen.[5] Oder anders formuliert: Entweder tut man etwas, das man nicht tun soll, oder man hört auf zu tun, was man eigentlich tun soll.[6]

Die Diffusion von Protesten ist Diktaturen nicht vorbehalten, aber die Effekte der Ausbreitung sind darin besonders wichtig, weil sie helfen, ein Koordinationsproblem von Menschen zu lösen, die gerne protestieren würden, es aber nicht können. In jeder Diktatur hasst ein signifikanter Anteil der Bevölkerung das Regime. Aber gegen die verhasste Herrschaft aufzubegehren, ist schwierig, weil die Unzufriedenen nicht wissen, ob andere sich ihnen anschließen würden; und sie können keine Proteste planen, weil das illegal und gefährlich wäre. Unter diesen Umständen ist es sehr schwer, eine Demonstration zu starten. Aber sobald die Leute andere in einem Nachbarort demonstrieren sehen, müssen sie keinen Protest beginnen, sondern können sich einfach anschließen.

Diese Aussicht ist für Diktatoren besonders bedrohlich, weil es so schnell dazu kommen kann. Laut Erica Chenoweth von der Harvard University ist einer der entscheidenden Vorteile gewaltlosen zivilen Widerstands dessen Partizipationsvorteil.[7] Verglichen beispielsweise mit einer Guerillabewegung können gewaltlose Widerstandsbewegungen mit Leichtigkeit riesige Mengen von Unterstützern mobilisieren, weil die Hürden einer Teilnahme so viel niedriger sind. Man braucht kein gestählter Kämpfer sein, um bei einer Demonstration mitzumarschieren – das kann fast jeder, vom Schulkind bis zu Rentnern und allen dazwischen. Folglich können Diktatoren, die sich verrechnet haben, im Nu von Zehntausenden Menschen belagert werden, sobald diese ihr Koordinationsproblem gelöst haben. Letztlich vermag die Zahl so überwältigend hoch sein, dass es zum Zusammenbruch des Regimes kommt. Tatsächlich gibt es dazu eine »3,5-Prozent-Regel«. Geprägt von Chenoweth besagt diese, dass »keine Revolution gescheitert ist, nachdem 3,5 Prozent der Bevölkerung aktiv an einem zu beobachtenden Großereignis wie einer Schlacht, einer Massendemonstration oder irgendeiner anderen Form von massenhafter Nicht-Kooperation teilgenommen haben«.[8] Im Jahr 2003 wurde beispielsweise Präsident Eduard Schewardnadse vom georgischen Volk zum Rücktritt gezwungen. Ab einer gewissen Anzahl von Menschen auf den Straßen sind Regierungen schlicht überfordert, und dann müssen sie entweder große Zugeständnisse machen oder sie stürzen. Und das liegt nicht nur daran, dass sich so viele Menschen in aktiver Opposition befinden, sondern auch daran, dass die Protestierenden wahrscheinlich die Unterstützung eines noch größeren Anteils der Bevölkerung genießen.[9] Abgesehen davon haben zwischen 1945 und 2014 nur 18 von 389 Widerstandsbewegungen die Schwelle von 3,5 Prozent überschritten.[10] Es passiert also vergleichsweise selten – aber wenn, dann kann es für Regierungen tödlich ausgehen. Chenoweth weist darauf hin, dass eine Revolte in Brunei 1962 und Proteste in Bahrain zwischen 2011 und 2014 bemerkenswerte Ausnahmen darstellen. Beide Bewegungen scheiterten trotz aktiver Teilnahme von mehr als 3,5 Prozent der Bevölkerung.

Tyrannen verstehen, wie gefährlich breiter Widerstand aus dem Volk sein kann, und sind deshalb von drohendem Protest wie besessen. Diese Regime hängen von Kontrolle und der öffentlichen Wahrnehmung ihrer Unbesiegbarkeit ab; die bloße Existenz von offenem Widerspruch signalisiert Verletzlichkeit. Daher versuchen Tyrannen, Protest im Keim zu ersticken. Das übliche Mittel ist Repression. In der Politikwissenschaft spricht man vom Prinzip der Zwangsläufigkeit.[11] Wenn die Demonstrationen beginnen, beginnt das Niederknüppeln. Das gilt sogar für gewaltlose Widerstandsbewegungen. Die wissenschaftliche Untersuchung von über hundert gewaltlosen Oppositionsbewegungen ergab, dass fast neunzig Prozent davon gewaltsame Repression auslösten.[12]

Aus der Sicht des Diktators zieht das Problem des Niederknüppelns von Protestierenden, die ohnehin schon wütend auf die Regierung sind, ein Problem nach sich: Es kann dazu führen, dass noch mehr Leute auf die Straße gehen. Insbesondere gilt das für gewaltfreien Widerstand. Es ist eine Sache, auf Menschen zurückzuschießen, die einen als Erste beschossen haben, aber proaktiv auf unbewaffnete Demonstrierende zu schießen, ist etwas anderes.

Im Februar 2022 begann Russland eine illegale, groß angelegte Invasion der Ukraine. Da herrschte bereits ein

Konflikt zwischen der russischen Regierung und der ukrainischen Bevölkerung. Ende 2013 stand die ukrainische Regierung kurz davor, ein Assoziationsabkommen mit der Europäischen Union zu unterzeichnen, das die Wirtschaft des Landes stärker in den Westen integriert hätte. Dann verkündete die Regierung von Viktor Janukowitsch am 21. November 2013 eine erstaunliche Kehrtwende in letzter Minute. Die geplante Vereinbarung wurde ausgesetzt und stattdessen würde die Ukraine sich Russland annähern.

Sofort begannen Demonstrierende, auf den Majdan Nesaleschnosti, den Hauptplatz Kyjiws, zu strömen. Als offensichtlich wurde, dass das harte ukrainische Winterwetter nicht ausreichen würde, um den Widerstandsgeist der Demonstrierenden zu brechen, ließ die Regierung ihre Sicherheitskräfte von der Leine. Anstatt die Protestierenden zurück in ihre beheizten Wohnungen zu schicken und die Kontrolle zurückzuerlangen, attackierten Polizeibeamte die friedlichen Menschen mit Schlagstöcken. Nach Augenzeugenberichten waren nicht einmal diejenigen vor ihnen sicher, die schon zu Boden gestürzt waren: Ukrainische Sicherheitsleute schlugen weiter auf sie ein.[13]

Die Ausübung von Gewalt gegen unbewaffnete Studierende, darunter auch Frauen, empörte die Menschen. Am nächsten Tag fand sich Pawlo Tumanow, ein 38-jähriger Arzt mit »Streifen in den Farben der Ukraine und der EU-Flagge am Handgelenk«, auf dem Majdan ein. »Ich kam, um die Studierenden zu unterstützen, die am Vortag brutal zusammengeschlagen worden waren«, sagte er.[14] Pawlo war nicht der Einzige. Viele, die zuvor nur Zuschauer des Geschehens gewesen waren, stellten sich nun ebenfalls gegen die Regierung. Diese sah sich nun Zehntausenden auf den Straßen gegenüber, nachdem die Repression eindeutig nach hinten losgegangen war.

Doch die Regierung Janukowitsch hatte ihre Lektion nicht gelernt, was die Protestierenden weiter motivierte und radikalisierte. Einige randalierten, benutzten Schusswaffen, warfen Molotowcocktails. Das Zusammenspiel aus Eskalation und Mobilisation schaukelte sich monatelang weiter hoch.

Am 20. Februar 2014 startete die Regierung Janukowitsch ihre letzte Aktion, als Sicherheitskräfte mit scharfer Munition auf Demonstrierende schossen. Dutzende wurden getötet, darunter viele durch Scharfschützen der Polizei.[15] Doch trotz der Toten und Verletzten zogen sich die Protestierenden nicht zurück. Während die Ukrainer am nächsten Tag auf dem Platz Blut aufwischten und die Barrikaden verstärkten, unterzeichnete Präsident Janukowitsch im Beisein der Außenminister von Deutschland und Polen ein Abkommen mit der Opposition.[16]

Doch es war zu spät, um Viktor Janukowitsch noch mit einem Stück Papier zu retten, und das wusste er auch selbst. Nur gute 24 Stunden nachdem Scharfschützen der Polizei auf die Protestierenden gezielt hatten, blieb Janukowitsch nichts anderes übrig, als nach Russland zu fliehen.

Aktivisten betrauerten die Toten, aber sie hatten die Regierung gekillt. Konfrontiert mit öffentlichem Protest, hatte der aufstrebende Tyrann in Kyjiw die Sache immer weiter verschlimmert, indem er physische Gewalt anwenden ließ, die die Leute nur noch wütender machte.

Da dieses Aufschaukeln von Repression und Radikalisierung ein verbreitetes Problem darstellt, versuchen Tyrannen oft, die Menschen von vorneherein am Demonstrieren zu hindern – denn wenn niemand demonstriert, müssen sie nicht mit Gewalt reagieren. Und wenn sie das nicht tun müssen, dann riskieren sie keinen Kontrollverlust.

Menschen am Widerstand zu hindern, ist in Diktaturen eine ernsthafte Herausforderung, weil das System so offensichtlich auf eine Weise funktioniert, die der großen Mehrheit der Bevölkerung schadet. Dadurch gibt es fast immer eine große Anzahl Unzufriedener.

Und die offensichtliche Methode, um Menschen zufriedenzustellen – nämlich ihnen mehr Einfluss zu gewähren –, ist keine attraktive Option, weil sie den Interessen des Tyrannen und der Eliten zuwiderläuft. Stattdessen können sich Tyrannen auf andere Formen der Legitimität konzentrieren.

Alle Regierungen lassen sich an zwei Formen von Legitimität messen, die nach Input und Output unterschieden werden. Der Input bezieht sich auf demokratisches Prozedere, sodass autoritäre Regime diesen Test nie bestehen. Die Output-Legitimität bezieht sich allerdings darauf, ob das Regime Wohlstand oder irgendein anderes positives Ergebnis bewirkt, nach dem die Menschen streben. Auf diesem Gebiet können manche Tyrannen liefern. Jedes autoritäre Regime erzählt da seine eigene Version. Nach ihrer Darstellung haben die Führer der Junta in Myanmar die Anarchie beendet. Die absolutistischen Monarchien der Golfstaaten haben karge Wüsten in Wunder moderner Ingenieurskunst verwandelt. Präsident Kagame, der Diktator von Ruanda, hat Millionen aus der Armut geholt. Aber um über transaktionale Duldung hinauszukommen und echte Unterstützung zu erzielen, brauchen

Regierungen eine Geschichte, die sie erzählen können. Sie müssen Menschen einen emotionalen Grund geben, damit sie etwas unterstützen, das größer ist als sie selbst. Diese Appelle an ein höheres Ideal gibt es in allen Farben und Formen. Der Duce ordnet das Individuum dem Wohl des italienischen Volkes unter. Gott erwählt Könige und Königinnen, die dann über ihre Untertanen herrschen. Ayatollahs verteidigen Gottes Willen auf Erden. Kommunistische Diktaturen unterdrücken Arbeiter, um sie zu befreien.

Was dabei hilft, Menschen zu überzeugen, damit sie die Herrschaft des Diktators tolerieren oder sogar unterstützen, ist die Illusion, dass die Diktatur von anderen unterstützt wird. Haben Sie sich auch schon mal gefragt, warum nicht demokratische Staaten Millionen für Wahlen ausgeben, obwohl klar ist, dass sie nichts bedeuten? Der Grund ist folgender: Wahlen zu »gewinnen«, ist ein Weg, um der eigenen Bevölkerung und ausländischen Staaten zu demonstrieren, dass das Regime breite Unterstützung genießt.

Die klassische Methode, die Bevölkerung von offensichtlichen Lügen zu überzeugen, besteht darin, sie in jeder wachen Minute mit Propaganda zu beschallen. Wenn die Menschen Zeitung lesen, lesen sie, was das Regime sie lesen lassen möchte. Wenn sie den Fernseher anmachen, sehen sie, was das Regime sie sehen lassen möchte. Wenn sie das Radio einschalten ... Sie verstehen, was gemeint ist. Keine Form von Propaganda ist intensiver als diktatorischer Personenkult.

Aber selbst diese Versuche der Legitimierung, so effektiv sie sein mögen, wenn ein mächtiger Propagandaapparat sie verbreitet, werden nie alle überzeugen. Anstatt also die verbliebenen Gegner zu bekämpfen, lassen schlaue Machthaber zumindest ein paar von ihnen einen Beitrag zum Fortbestand des Regimes leisten.

Ein nachhaltiger Weg, dies zu erreichen, ist »Kooptierung«. Wenn Sie vom Kreml in Moskau etwa dreihundert Meter nach Norden gehen, kommen Sie an ein großes, symmetrisches Gebäude, in dem das Unterhaus des russischen Parlaments untergebracht ist. In einer liberalen Demokratie wäre dieses Bauwerk voller Oppositionsparteien. Hitzköpfige Politiker würden ihre Zeit am Rednerpult nutzen, um der Regierung die Hölle heißzumachen. Reporter würden in der Lobby Fernsehinterviews führen und die Regierung wegen dieser oder jener gescheiterten politischen Aktion zur Rede stellen.

In Putins Russland passiert all das auch, aber nichts davon ist echt. Es handelt sich um eine Scharade, eine Illusion. Das Volk kann an der Urne für Oppositionskandidaten stimmen, die jedoch alle de facto unter Kontrolle der Regierung stehen. Journalisten dürfen das Regime kritisieren, aber nur innerhalb der Parameter, die die Schattengestalten setzen, die diese »gemanagte Demokratie« beaufsichtigen, weil sie in Wirklichkeit eine Diktatur ist. Gäbe es dieses Theater nicht, würden die Journalistin und der Hitzkopf sich vielleicht wirklich dem Regime widersetzen. Da es aber existiert, haben sie sogar starkes Interesse an dessen Fortbestand, weil die Aufrechterhaltung der bestehenden Ordnung auch ihre hochrangigen Positionen und üppigen Gehälter garantiert. Wenn Kooptierung gut gemacht ist, verwandelt sie potenzielle Feinde ohne jegliches Blutvergießen in Unterstützer.

Es gibt auch strukturelle Faktoren, die Tyrannen ändern können, um die Mobilisierung zu erschweren, selbst wenn weite Teile der Bevölkerung zutiefst unglücklich sind. Am effektivsten gelingt das zugunsten eines Anführers, wenn die ganze Macht des Staates auf eine Weise genutzt wird, die es großen Gruppen unmöglich macht, zusammenzuarbeiten, selbst wenn es Auslöser gibt, die sie eigentlich zum Handeln brächten. Konkret bedeutet dies, das Fenster zu jeglicher Art von politischer Opposition so weit zu schließen, wie es menschenmöglich ist: keine freien Medien, keine Redefreiheit, keine Form von politischer Organisation außerhalb der Kontrolle der Diktatur; so viele Leute wie möglich, die sich gegenseitig bespitzeln, um selbst die kleinsten Verstöße aufzudecken; harsche Strafen, wenn nötig über Generationen hinweg, für jede Person, die es wagt, sich der obersten Führung zu widersetzen. So funktioniert Nordkorea und deshalb muss Kim Jong-un sich keine Sorgen machen, dass es in Pjöngjang jemals zu Protesten kommen könnte.[17] Es gibt viele Gründe, aus denen Nordkoreaner vielleicht unzufrieden sind, doch selbst wenn sie es sind, können sie nicht viel dagegen tun. Sie leiden vielleicht Hunger, haben keinen Ort, um Gleichgesinnte zu treffen, und selbst wenn sie es schaffen sollten, ein paar Leute auf die Straße zu bringen, wäre es höchst unwahrscheinlich, dass die Proteste sich ausbreiten, weil die Leute im Rest des Landes einfach nichts davon mitbekommen würden. Denn wie sollten sie? Fernzusehen bedeutet, die Propaganda der Regierung zu sehen, und sich über Social Media zu organisieren, ist unmöglich. Nur wenige Nordkoreaner haben Zugang zu ausländischen Medien, und etwas so Unschuldiges wie eine südkoreanische

TV-Sendung mit anderen zu teilen, kann, wie berichtet wurde, für Nordkoreaner zur Exekution führen.[18]

Nicht alle autoritären Herrscher können so ruhig schlafen wie Kim Jong-un. Eine Sache, von der viele wie besessen sind, ist die Aussicht auf eine »Farbenrevolution«. Ursprünglich bezog sich der Ausdruck auf Volksaufstände in Eurasien nach dem Ende der Sowjetunion. Da gab es 2003 die georgische Rosenrevolution, die Orangefarbene Revolution in der Ukraine 2004 und 2005 die kirgisische Tulpenrevolution. Aus Sicht Moskaus und ähnlich denkender Hauptstädte waren diese Protestbewegungen keine natürlichen Anzeichen der Unzufriedenheit mit unpopulären Regierungen, sondern angezettelt, finanziert und organisiert von den USA und anderen feindlich gesinnten Demokratien. In Anbetracht dieser drohenden angeblichen Destabilisierung aus dem Ausland wurde der Kreml aktiv, um die russische Zivilgesellschaft unter seine Kontrolle zu bringen.

Am 4. Dezember 2008 erlitten die Moskauer Mitarbeiter von Memorial, Russlands ältester und prominentester Menschenrechtsorganisation, einen Schock. An jenem Morgen stürmten sieben maskierte Männer ihr Büro. Mit Schlagstöcken bewaffnet, hinderten sie alle Mitarbeiter am Verlassen der Räume, während sie die Telefonleitungen kappten. In den folgenden sieben Stunden wurde dem Anwalt der Organisation der Zutritt verweigert, während die Männer das Büro durchsuchten. Außer Computerlaufwerken beschlagnahmten sie noch ein Archiv sowjetischer Repressionen.[19]

Der Überfall erzeugte einen internationalen Aufschrei, aber er war nur das Eröffnungsfeuer eines langen Kampfs unter Führung des Putin-Regimes. Der Kampf eskalierte 2012, als Putin das Gesetz zu ausländischen Agenten unterzeichnete: ein Frontalangriff auf die realistische Möglichkeit, eine Nichtregierungsorganisation im Land zu betreiben. Es führte die Verpflichtung ein, »dass Organisationen, die politisch aktiv sind und ausländische Mittel erhalten, sich als ausländische Agenten erfassen lassen müssen, selbst wenn die ausländischen Gelder tatsächlich nicht für politische Aktivitäten verwendet werden«.[20] Die US-amerikanische NGO Freedom House fasste die Situation so zusammen: »Sobald eine ›unpolitische‹ Organisation Kritik an Regierungspolitik übt, können ihre Aktivitäten auch als politisch angesehen werden.«[21] Da das ungefähr alles bedeuten kann, war niemand immun und die sich daraus ergebenden Vorschriften wurden streng ausgelegt. Unter anderem mussten »ausländische Agenten« alle, mit denen sie zu tun gehabt hatten, wissen lassen, dass sie »ausländische Agenten« seien.

Kombiniert damit, dass das Regime inländischen Spendern klarmachte, dass sie solche Organisationen nicht weiter unterstützen sollten, machten die Gesetze es diesen noch schwerer, überhaupt tätig zu sein. Dazu kam, dass das Aufhetzen der Bevölkerung gegen Menschenrechtsorganisationen (oder in der offiziellen Version der Gegebenheiten: gegen Verräter, die von Feinden des Landes finanziert wurden) einen weiteren Zweck erfüllte. Wenn genügend Leute wütend genug sind, dann geben sich einige nicht damit zufrieden, gemeine Kommentare in den sozialen Medien zu posten. Sie schütten Kunstblut an die Türen der Organisationen oder belästigen deren Mitarbeiter. Dies machte das Leben aller, die mit ihnen zu tun hatten, zur Hölle, während das Regime bei plausiblen Dementis blieb, weil die Einschüchterung ja andere übernahmen.

Der Todesstoß erfolgte 2021. Unter Russlands Wappenzeichen, dem doppelköpfigen goldenen Adler, stehend und in ihrer Robe verkündete die Richterin des Obersten Gerichtshofs, Alla Nazarova, Memorial müsse aufgelöst werden. Die Verstöße der Organisation gegen das Ausländische-Agenten-Gesetz seien »wiederholt« und »schwerwiegend« gewesen, sagte sie.[22] Und so hatte der Kreml die Gesetzgebung benutzt, um die Arbeit einer kritischen NGO einzuschränken, bevor er sie komplett beseitigte. Wichtig ist allerdings, dass er das mit einem dünnen Anstrich von Legalität getan hatte, der es leichter machte, Widerstand aus der Bevölkerung zu vermeiden.

Eine weitere Sache, die helfen kann, die Wahrscheinlichkeit von Massenprotesten mit vergleichsweise geringem Risiko öffentlicher Gegenreaktion zu reduzieren, ist Überwachung. Wenn das Regime genau weiß, wer es stürzen will – was diese Menschen denken, wen sie treffen, was sie planen –, dann kann es sie aus dem Verkehr ziehen, bevor sie zu einer ernst zu nehmenden Gefahr werden.

Während des Kalten Kriegs war diese Arbeit eine enorme Herausforderung. Agenten mussten vor Wohnhäusern campieren, Leuten auf Schritt und Tritt folgen, Telefone anzapfen, Briefe öffnen, und selbst dann erhielten sie nicht unbedingt ein vollständiges Bild von jeder Person, mit der ein Verdächtiger sprach. Deswegen waren beispielsweise die Geheimdienste des Warschauer Pakts so groß. In der Sowjetunion gab es ungefähr einen Vollzeitbeschäftigten der Geheimpolizei pro sechshundert Einwohner. Die Stasi verfügte schätzungsweise über einen Beamten pro 180 Bürger.[23] Den meisten Quellen zufolge war das der größte Überwachungsapparat aller Zeiten. Inzwischen ist es einfacher geworden, an Informationen über Menschen zu gelangen. Als ich mit jemand, der im Bereich Menschenrechte forscht, darüber sprach, wie Technologie autoritäre Herrschaft ermöglicht, sagte er mir, dass man manchmal schon einfach über die öffentlich verfügbaren Daten auf Social Media erfahren kann, mit wem eine Person spricht. Die Arbeit, die einst Dutzende Agenten erledigten, schafft jetzt ein einziger Ingenieur – und zwar für Dutzende Menschen auf einmal.

Auch wenn es zunächst seltsam klingt, lässt sich die Zahl der Leute auf den Straßen auch reduzieren, indem man sich eher auf die Straßen als auf die Leute konzentriert. Denken wir an die großen Protestbewegungen, die autoritäre Regime erschütterten. Was haben sie gemein? Damit Menschen ihre Machthaber herausfordern können, brauchen sie einen Versammlungsort: den Tahrir-Platz in Kairo, den Taksim-Platz in Istanbul oder den Majdan in Kyjiw. Auch in Demokratien neigt die Bevölkerung dazu, sich an symbolischen Orten zu treffen, um ihre Stärke zu demonstrieren: auf dem Pariser Platz, vor dem Brandenburger Tor, am Trafalgar Square in der City of Westminster, auf den Champs Élysées und am Arc de Triomphe in Paris.

Im Gegensatz zu Burma. Wie der Journalist Matt Ford feststellte, wurde die Militärjunta des Landes zwar 2007 von Demonstrationen erschüttert, aber in der Hauptstadt des Landes konnten sie nie richtig Fuß fassen.[24]

Warum? Zumindest teilweise, weil die Generäle die Hauptstadt von Yangon – einer natürlich gewachsenen Küstenstadt – in die Retortenstadt Naypyidaw verlegt hatten, die einst als »Diktatur durch Kartografie« beschrieben wurde.[25] Proteste in Naypyidaw waren aus verschiedenen Gründen unwahrscheinlich. Erstens, weil kaum jemand, der keinen Bezug zur Regierung hatte, in Naypyidaw lebte. Aber selbst wenn es in der Stadt mehr potenzielle Dissidenten gegeben hätte, wäre unklar gewesen, wo sie zum Protestieren hätten hingehen sollen. Ford schrieb dazu in der US-amerikanischen Zeitschrift *The Atlantic*: »Breite Boulevards grenzen die speziell gestalteten Viertel ab, in denen Beamte leben, ohne öffentliche Plätze oder zentralen Raum, wo Bewohner, ob ungehorsam oder nicht, sich versammeln könnten. Den Präsidentenpalast umgibt sogar ein Wassergraben.«[26]

Und während die Struktur der Hauptstadt für Protestierende ein Handicap darstellt, erlaubt sie den Sicherheitskräften der Generäle, sich zu bewegen, ohne von lästigen Einwohnern behindert zu werden. Vielleicht erinnern Sie sich an das viral gegangene Video einer Fitnesstrainerin, die während des Staatsstreichs in Burma 2021 unabsichtlich vor einem Militärkonvoi im Hintergrund tanzte. Das war in Naypyidaw.

Einige Oppositionsbewegungen funktionieren aus sich selbst heraus, ohne individuelle Führungspersönlichkeiten. Andere scharen sich langsam hinter diesen, während sie stärker werden. Aber beides ist schwer zu bewerkstelligen, weil Tyrannen es den Menschen nicht leicht machen, zusammenzukommen und irgendetwas zu organisieren. Unter solchen Umständen stellen prominente Einzelpersonen möglicherweise die größte Hoffnung der Opposition auf echte Veränderung dar. Diese Schwäche können Tyrannen ausnutzen, weil sie das gesamte Gefüge ändern, wenn sie nur eine Figur daraus beseitigen.

Derart gezielte Repression tritt in vielen Formen auf: Einschüchterung, Verhaftung, Gefängnis, erzwungenes Exil oder sogar körperliche Angriffe, im schlimmsten Fall Mord. Da es vom Tyrannen unvermeidlich einen höheren Preis fordert, bekannte Aktivisten ins Visier zu nehmen, ist die Gefahr besonders groß für Dissidenten und Oppositionelle, die eine Bedrohung für das Regime darstellen, aber über kein großes öffentliches Profil verfügen, das sie vor dem Schlimmsten schützen könnte.

Der Vorteil gezielter Repression ist aus der Sicht des Diktators ein doppelter. Erstens besteht zwar das Risiko einer Gegenreaktion, doch in vielen Fällen ist es geringer, als wenn man eine größere Gruppe ins Visier nimmt. Zweitens ist es ein Weg, um an einer Person ein Exempel zu statuieren, damit andere abgeschreckt werden; nur auf einen zu zielen, kann also viele zum Schweigen bringen.

Gezielte Repression hat es schon immer gegeben, allerdings hat sie sich in den letzten Jahrzehnten verändert. Früher bot die Flucht ins Ausland beträchtlichen (wenn auch keinen perfekten) Schutz. Oppositionelle wurden sogar an weit entfernten Orten aufgestöbert und ermordet, doch das war kostspielig und schwierig.

Im 21. Jahrhundert können Diktatoren ihre Feinde relativ leicht auch im Ausland verfolgen. Repression über Landesgrenzen hinaus ist nicht mehr die Ausnahme, sondern die Regel. Und die Ermordung des saudischen Journalisten Jamal Khashoggi 2018 in Istanbul war nur die

Spitze des Eisbergs. Es ist nicht nur einfacher geworden, lange Strecken zurückzulegen, um Freunde oder ferne Orte zu besuchen, sondern auch Mordkommandos von Tyrannen haben es leichter, Dissidenten aufzuspüren und umzubringen.

Doch oft müssen Tyrannen nicht einmal ihre eigenen Killerkommandos schicken, weil wohlgesinnte Herrscher ihnen die Arbeit abnehmen. Ein aktueller Bericht ergab, dass »die meisten Akte transnationaler Repression durch Kooptierung von oder Kooperation mit den Behörden im Aufnahmeland passieren«.[27] Manchmal kann das die Form eines expliziten Deals haben, bei dem ein Regime sich um ausländische Dissidenten innerhalb der eigenen Grenzen kümmert, damit ein anderes im Gegenzug das Gleiche tut.[28] In anderen Fällen müssen Diktatoren nicht einmal darum bitten.

Aber gehen wir, all diesen Dingen zum Trotz, einmal davon aus, dass Menschen dennoch protestieren. Wenn weder Schlagstöcke noch Scharfschützen die Lösung sind, was dann? Was genau können Tyrannen unternehmen, um ihren Sturz zu verhindern? Die Antwort ist deprimierend: Sie müssen richtig auftrumpfen. Wenn Tyrannen mit schlimmen Repressionen inklusive scharfer Munition aufwarten, dann müssen sie bereit sein, bis zur letzten Konsequenz zu gehen. Sonst riskieren sie, in eine Eskalationsspirale zu geraten, bei der Repressionen nicht den gewünschten Effekt haben, die Proteste zunehmen und sie am Ende vor der schlimmstmöglichen Situation stehen.

Manche Tyrannen waren leider bereit, alles aufzubieten. Der effektivste Weg, um einen Gegenschlag zu verhindern, wenn man Gewalt anwendet, besteht darin, so brutal vorzugehen, dass die Hürden der Beteiligung sich umgekehrt proportional zum Mobilisierungseffekt erhöhen. Einfach ausgedrückt: Menschen schließen sich Protesten nicht an, wenn sie denken, dass sie dabei sterben werden. Und wenn das Risiko, zu sterben, steigt, dann löst sich der Partizipationsvorteil des Bürgerprotests in nichts auf.

Diese Strategie hat schon mehr als ein tyrannisches Regime verfolgt. Am 3. Juni 1989 blickte eine Chinesin namens Jia auf einen brennenden Bus auf der Straße des Himmlischen Friedens im Zentrum von Peking hinunter.[29] Sie war auf den Fuß eines Laternenmasts geklettert, um einen besseren Blick auf das Geschehen zu haben, und bekam Herzklopfen. Ohne sich organisiert zu haben und ohne Befehl irgendeines Anführers hatten Bewohner der chinesischen Hauptstadt, was immer sie finden konnten, auf die Straße gebracht, um das Vorrücken der Volksbefreiungsarmee zu stoppen. Früher am selben Abend hatte Jia sogar gesehen, wie einige Männer einen Wagen mit Milchflaschen auf die Straße rollten. Sie dachten, wenn sie die Flaschen zerschlügen, könnten die Scherben vielleicht die Reifen der heranrollenden Militärfahrzeuge durchbohren.

Doch angesichts der überwältigenden Stärke des chinesischen Militärs hatten sie keine Chance. Als die Soldaten anrückten, schossen sie wahllos auf friedlich Demonstrierende. Jia sprang von ihrem Laternenpfahl und rannte. Es dauerte nicht lange, bis ein Mann sie in eine Gasse winkte, wo sich schon Dutzende vor den Soldaten versteckten. Aus ihrem Versteck konnte Jia einen Panzer nach dem anderen vorbeidonnern sehen. In dem Moment fragte sie sich, was aus den Studenten werden würde. »Werden die Soldaten auf sie schießen, wie sie es mit uns getan haben?«[30]

Sie taten es. Die Armee war aus allen vier Himmelsrichtungen in die Stadt vorgedrungen. Gepanzerte Fahrzeuge räumten Barrikaden beiseite und die Gewalt setzte sich über Stunden mit extremer Brutalität fort. Studenten, andere Demonstrierende und unschuldige Schaulustige wurden geschlagen und erschossen. Einige wurden sogar von Kampfpanzern des Typs 59 überrollt.[31]

Lu Jinghua, eine 28-Jährige, befand sich auf dem Platz, als die Panzer auftauchten. »Ich hörte Kugeln pfeifen und Leute wurden erschossen. Ein Körper fiel neben mir, dann noch einer. Ich rannte und rannte, um wegzukommen. Menschen schrien um Hilfe, riefen nach Krankenwagen«, sagte sie. »Dann starb wieder jemand.«[32]

Das Bild, das sich am folgenden Morgen bot, war quälend. Die Straße des Himmlischen Friedens »hallte von Schreien wider«.[33] Die Leichen toter Demonstranten wurden von Freunden weggebracht. Manche Verwundete legte man auf Fahrräder oder Rikschas, neben denen dann Leute herliefen, um für Platz im Gedränge zu sorgen. Einige weinten.

Die ersten chinesischen Berichte sprachen von 241 Toten, darunter 23 Soldaten. Laut zahlreicher Beobachter von auswärts, die sich damals in der Stadt befanden, dürfte die wirkliche Zahl der Toten sehr viel höher gewesen sein – vielleicht zwischen 2600 und 2700 Opfern.[34] Doch es gab nicht nur Tote. Die Soldaten hatten so viele Protestierende angeschossen, dass einigen Kliniken die Blutkonserven zur Behandlung der Verwundeten ausgingen.[35]

Doch selbst das genügte noch nicht, denn rasch breiteten sich die Proteste auf 181 Städte im ganzen Land aus.[36]

Für die Kommunistische Partei Chinas war das ein entscheidender Moment. Das chinesische Regime hatte voll und ganz auf Repression gesetzt. Würde man bereit sein, das bis zum grausigen Ende durchzuziehen?

Die Antwort erfolgte bald, als es im ganzen Land zu brutalen Niederschlagungen kam. Allein in der Provinzhauptstadt Chengdu wurden nach offiziellen US-Angaben »mindestens hundert schwer verletzte Menschen« von einem Platz weggetragen.[37] Und das war nur ein einziger Platz in einer einzigen Stadt. Da Proteste überall im Land niedergeschlagen wurden, lässt sich unmöglich sagen, wie viele Leute von ihrer eigenen Regierung getötet wurden.

Die deprimierende Wahrheit ist, dass es funktionierte. Am 9. Juni, etwa drei Wochen nachdem die Regierung das Kriegsrecht ausgerufen hatte, hielt der Vorsitzende der Zentralen Militärkommission, Deng Xiaoping, in Peking eine Rede vor Militärkommandanten. Darin dankte er der Volksbefreiungsarmee dafür, die Rebellion, die darauf abzielte, »die Kommunistische Partei zu stürzen und das sozialistische System zu Fall zu bringen«,[38] niedergeschlagen zu haben. In dem Moment waren sicherlich Millionen von Menschen gegen das Regime. Doch das überlebte und tut das weiterhin. Rücksichtslose Repression kann funktionieren, aber sie erfordert totale Verpflichtung zu entsetzlicher Brutalität.

Nachdem die Proteste niedergeschlagen waren, übermittelte das Regime eine weitere abschreckende Botschaft an alle, die vielleicht überlegten, es herauszufordern. Soldaten, die unschuldige Zivilisten erschossen hatten, wurden gelobt und befördert. Zwei wurden sogar später

Verteidigungsminister und einer stieg ins mächtige Politbüro der Kommunistischen Partei Chinas auf. Das Signal war unmissverständlich. Fordert uns heraus und wir werden euch töten. Anschließend werden wir die Person finden, die den tödlichen Schuss abgefeuert hat, ihr einen Orden an die Brust heften und sie einen Helden nennen. Ihr habt die Wahl. Da sie offenbar die existenzielle Bedrohung ihres Überlebens spürte, hatte die chinesische Regierung sich nicht mit halbherzigen Maßnahmen zufriedengegeben wie die ukrainische Regierung Jahrzehnte später. Man brauchte Soldaten, nicht nur Polizisten. Selbst Schusswaffen genügten nicht, es mussten Panzer sein.

Aber wenn Schock und Furcht und die Anwendung maximaler Gewalt der beste Weg sind, um angesichts von Unzufriedenheit im Volk an der Macht zu bleiben, warum befiehlt dann nicht jeder Tyrann Panzer auf die Straßen? Die kurze Antwort lautet: Weil es nicht jeder kann.

Die ausführliche Antwort fand ich gar nicht so weit entfernt von zu Hause. 2023 fuhr ich Richtung Osten, nach Leipzig, um den 64-jährigen Siegbert Schefke zu treffen. Er sagte zu mir, dass jeder Mensch fünf oder sechs Tage in seinem Leben hat, von denen er sich an alles erinnert: jede Einzelheit, von dem Moment an, wenn man morgens aufsteht, bis zum Schlafengehen. Für Schefke war der 9. Oktober 1989 so ein Tag.

Schefke war jahrelang Dissident und das DDR-Regime tat, was es konnte, um ihm das Leben schwer zu machen. Von der Furcht einflößenden Stasi mit dem Codenamen »Satan« versehen, wurde er ständig observiert. Häufig verhörte man ihn, teilweise extrem lange. Einen Tag nachdem er sich an einer Mahnwache für einen politischen

Gefangenen beteiligt hatte, erklärte ihm der staatseigene Betrieb, wo er arbeitete, dass er seinen Job verlieren würde. Doch anstatt ihn zum Einlenken zu bringen, radikalisierte ihn das nur. Er wurde zum Vollzeit-Revolutionär.[39]

Im Herbst 1989 hatte die Sozialistische Einheitspartei Deutschlands (SED), die Ostdeutschland seit 1949 regierte, schon seit Monaten mit Unzufriedenheit in der Bevölkerung zu tun. Jetzt war eine größere Protestveranstaltung in Leipzig geplant und die Behörden waren alarmiert. Vor dem großen Tag versuchte das Regime verzweifelt, die Leute von der Teilnahme abzubringen. Unter anderem wurde mit einem Szenario wie am Tian'anmen-Platz gedroht für den Fall, dass die Bevölkerung sich den Anordnungen widersetzte. Am Tag der Veranstaltung wachte Schefke in Berlin auf. Sein Problem waren die Stasiagenten, die ihm auf Schritt und Tritt folgten. Doch er schaffte es, unbemerkt auf das Dach seines Gebäudes zu klettern, bevor er in eine Straßenbahn stieg und danach in ein geliehenes Auto. Alles funktionierte. Nach der Ankunft in Leipzig suchten Siegbert und sein Freund Aram nach einer Stelle, von der aus sie die Demonstration filmen könnten. Das war nicht leicht, weil es in der Stadt von Sicherheitskräften wimmelte.

In ihrer Verzweiflung fragten sie schließlich einen Pastor, ob sie ihre Ausrüstung auf seinem Kirchturm aufstellen dürften. Nachdem sie ihre Bitte ausgesprochen hatten, herrschte zehn Sekunden lang Schweigen. »Natürlich ist das möglich«, sagte der Pastor dann.[40] Nach einem Moment großer Erleichterung stiegen sie auf den Turm. Dort war der Boden zwar mit Vogelkot bedeckt, aber die Aussicht perfekt.

Wir wissen nicht, wie viele Sicherheitsleute des Regimes sich an jenem Tag in Leipzig befanden, da mit dem Ende der DDR kistenweise Dokumente »verloren gingen«. Aber was die Historikerin Mary Elise Sarotte finden konnte, zeichnet ein erschreckendes Bild dessen, was die Menschen in Leipzig zu befürchten hatten: »Anscheinend waren 1500 Soldaten anwesend. Eine nicht zu definierende Zahl von Agenten und Mitarbeitern der Stasi war aktiviert worden. Mehr als dreitausend Polizeibeamte würden im Einsatz sein.«[41]

Nördlich des Stadtzentrums standen zehn Schützenpanzerwagen mit laufenden Motoren in Bereitschaft.[42] Alle waren mit scharfer Munition ausgerüstet, die genügt hätte, um Flugzeuge in drei Kilometer Entfernung abzuschießen. Das Regime war bereit.

Als dann Zehntausende friedliche Deutsche gegen die SED aufmarschierten, mussten die Herrschenden eine Entscheidung treffen: Sollten sie den Schießbefehl erteilen?

Am Morgen vor dem Kräftemessen hatten drei hochrangige lokale Parteifunktionäre sich mit einem bekannten Dirigenten, einem Theologieprofessor und einem Kabarettisten zusammengetan, um beide Seiten zur Gewaltlosigkeit aufzurufen. Dieser Appell wurde nicht nur in den Kirchen verlesen, wo die Demonstranten sich vor ihrem Protestmarsch versammelten, sondern auch den Sicherheitskräften und im Lokalradio. »Wir bitten Sie dringend um Besonnenheit, damit der friedliche Dialog möglich wird«, hieß es darin.[43] Diese Intervention war so wichtig, weil sie signalisierte, dass das Regime gespalten war. Es gab unter den Eliten nicht den einheitlichen Wunsch, die Opposition zu vernichten.

Auch bei den Sicherheitskräften zeigten sich Risse im Gefüge. Die Moral bei den lokalen Milizen war so schlecht, dass viele Reservisten gar nicht erst auftauchten.[44] Unter denjenigen, die kamen, stellten viele die Befehle, die sie erhielten, offen infrage. Berlin hatte signalisiert, dass man die Fortführung der Proteste nicht dulden würde. Aber was, wenn in der Menge Frauen und Kinder waren? Wer würde die Verantwortung übernehmen, nachdem unschuldige Menschen niedergeschossen wären und ihr Blut auf den Straßen vergossen würde? Da Protestierende den Tag über mit Sicherheitsleuten redeten, begannen Soldaten und Polizisten zunehmend, mit den Leuten zu sympathisieren, die sie eventuell hätten töten sollen.[45]

Diese Dynamik erklärt, warum Tyrannen normalerweise versuchen, ihre Chancen auf Erfolg zu maximieren, indem sie Truppen von außerhalb heranziehen, wenn sie gegen Zivilisten vorgehen wollen. Je näher der Unterdrücker den vermutlichen Opfern steht, desto unkalkulierbarer wird die Sache. Denn selbst von den loyalsten Unterstützern eines Regimes kann man nicht erwarten, dass sie ihre Nachbarn, Freunde oder Angehörigen umbringen. Und wie sollten Soldaten sich sicher sein, dass nicht genau das passieren würde? In Anbetracht einer Menge aus Zehntausenden konnte niemand genau sagen, wen sie vor den Läufen ihrer Waffen vorfinden würden.

Führende Köpfe des Regimes waren sich des Problems bewusst. Nicht zuletzt, weil sogar die chinesische Volksbefreiungsarmee bei der Niederschlagung der Proteste auf dem Tian'anmen-Platz mit Befehlsverweigerung zu kämpfen hatte. Lokale Einheiten mit mehr Kontakt zur einheimischen Bevölkerung wurden bewusst in der letzten

Verteidigungslinie eingesetzt anstatt ganz vorne, wo sie Probleme verursachen konnten.[46]

Unter diesen Umständen musste eine der entscheidenden Sorgen des Regimes sein, ob der Befehl, auf unbewaffnete Demonstrierende zu schießen, überhaupt ausgeführt würde. Diktatoren mögen eine brutale Niederschlagung befehlen wollen, aber irgendjemand muss die Waffen abfeuern. Wenn die Leute, die die Waffen tragen, mit denen sympathisieren, auf die sie schießen sollen, gerät die Situation eventuell außer Kontrolle und mündet in eine Katastrophe. Tatsächlich kann auf diese Weise Widerstand aus der Bevölkerung zum Erfolg führen: entweder weil das Regime plötzlich schwach aussieht oder weil es riskiert, unter der Last seiner eigenen Repression zu zerbrechen.

Dann tickte die Uhr. Demonstrierende näherten sich dem Ostknoten, einem scharfen Knick in der Straße nahe dem Leipziger Hauptbahnhof. Dort würden die Sicherheitskräfte schießen müssen, wenn sie überhaupt eine Chance haben wollten, mit so vielen Menschen fertigzuwerden. In ihrem Buch *The Collapse* schildert Sarotte detailliert, was im Folgenden geschah. Als klar wurde, dass der Demonstrationszug sich ohne massiven Einsatz tödlicher Gewalt nicht würde stoppen lassen, rief Helmut Hackenberg, lokaler Parteichef mit der Verantwortung, den Befehl zur Eindämmung des Protests umzusetzen, in Berlin an. Er versuchte, Egon Krenz an den Apparat zu kriegen, um ihn zu fragen, was nun zu tun sei. Krenz war ein prominentes Mitglied des Politbüros. Noch wichtiger war, dass er als aussichtsreichster Kandidat für die Nachfolge von Erich Honecker, dem Vorsitzenden der regierenden SED, galt. Als Hackenberg Krenz endlich ans Telefon bekam, erklärte er ihm, dass es das Beste wäre, nicht zu intervenieren, weil die Menge der Protestierenden einfach zu groß wäre. Das schockierte Krenz dermaßen, dass er nichts erwiderte. Schließlich meinte er, er würde in Kürze zurückrufen, da er zuerst mit jemand anderem sprechen müsse.[47]

Und dann kam kein Rückruf. Während Hackenberg darauf wartete, begann der lokale Polizeichef, weitere Einheiten von außerhalb Leipzigs zusammenzuziehen, damit sie eine Chance gegen die schiere Masse von Leuten hätten.[48] Als die Protestierenden der Straßenkurve immer näher kamen, hatte Krenz immer noch nicht zurückgerufen. Hackenberg war auf sich allein gestellt und wägte seine Optionen ab. Keine davon war gut, und es blieb einfach keine Zeit mehr. Jetzt oder nie, schießen oder Schwäche zeigen.

Gegen halb sieben befahl er den Einheiten, sich zurückzuziehen und defensive Stellungen zu beziehen. Nach Aussagen vieler, die an jenem Abend vor Ort waren, kam der Befehl keinen Moment zu früh. Ein junger Polizist sagte später, er habe schon den Befehl erhalten gehabt, damit zu beginnen, gegen die Demonstrierenden anzugehen. Als die Anordnung zum Rückzug kam, sei er nur noch dreißig Meter von den Leuten entfernt gewesen.[49]

Da das Regime nicht in der Lage gewesen war, sich auf einen Massenmord zu einigen, hatten die Protestierenden in Leipzig an jenem Tag gewonnen. Was das Überleben des Regimes anging, wäre ein Schießbefehl wahrscheinlich ruinös gewesen, doch die Entscheidung, nicht zu schießen, wirkte sich ebenfalls katastrophal aus.

Hoch oben auf dem Kirchturm hatte Siegbert Schefke die Demonstration in all ihrer Pracht gefilmt. Einen Tag später saß er nervös in seinem Wohnzimmer vor dem Fernseher. Er wartete und wartete und dann kam es! Nachdem sie über Berlin geschmuggelt worden waren, tauchten ihre Bilder im westdeutschen Fernsehen auf. Und da das Signal im Großteil der DDR stark genug war, konnten auch dort Millionen Menschen das Ganze in ihren Wohnzimmern sehen.

In der darauffolgenden Woche demonstrierten die Leipziger wieder. In anderen Städten wuchsen die Proteste ebenfalls rasch. Nachdem man Honecker fast unmittelbar danach zum Rücktritt gezwungen hatte, stand das neue Politbüro nun unter der Leitung des Mannes, der nicht zurückgerufen hatte, bis es zu spät war. Mit Zugeständnissen versuchte er, sich aus der Misere zu befreien, doch das Rad der Geschichte drehte sich bereits zu schnell. Im November sah die ganze Welt mit an, wie DDR-Bürger das Ende der kommunistischen Diktatur auf der Berliner Mauer feierten.

Die internationale Dimension spielte auch eine Rolle – wie man das vor allem in der Idee von Verknüpfung *(linkage)* versus Hebel *(leverage)* sehen kann, die die Politikwissenschaftler Steven Levitsky und Lucan A. Way in einem viel zitierten Artikel postulierten.[50] Liberale Demokratien in Nordamerika und Europa sind die mächtigsten politischen Akteure, die ein Interesse an der internationalen Förderung von Demokratie haben, und wiederum der wichtigste unter ihnen sind die USA. Die US-Regierung mag behaupten, universelle Werte überall auf der Welt zu unterstützen, aber die Interessen und Möglichkeiten, ebendies zu tun, unterscheiden sich massiv von Land zu Land. Als die chinesische Führung 1989 Panzer einsetzte, um Proteste niederzuschlagen, hatte China weder besonders enge Beziehungen zu den USA *(linkage)* noch verfügte das Weiße Haus über großen Einfluss auf Peking *(leverage)*. Für die chinesische Führung bedeutete das, sie hatte nicht viel Vergeltung für die Tötung dieser Demonstranten zu erwarten. Oder zumindest würde diese Vergeltung, wie auch immer sie aussehen mochte, keinen großen Unterschied bewirken. Folglich wusste man dort, dass man »aufs Ganze gehen« und damit durchkommen konnte – zumindest was internationale Reaktionen betraf.

Manche Regime, die an dem Punkt stehen, zu entscheiden, ob sie hart gegen Protestierende durchgreifen sollen, erleben eine ganz andere Situation. Sie sind eng verbunden mit und extrem abhängig von Ländern, die ihr Überleben gefährden könnten, sollten sie so reagieren, wie die chinesische Regierung es getan hat. Je aufgebrachter die Öffentlichkeit ist, desto wahrscheinlicher werden demokratische Wähler ihre eigenen Regierungen drängen, Diktatoren zu bestrafen, auf die sie Einfluss haben. Und diese Chance ist jetzt größer.

Doch die internationale Dimension muss kein Hindernis sein, was den Umgang mit den Massen betrifft – sie kann sich auch als Vorteil erweisen. Wenn Diktatoren einen anderen Diktator finden, der hilft, sie vor ihrer eigenen Bevölkerung zu beschützen, dann schlagen sie zwei Fliegen mit einer Klappe. Zum einen stärkt es den Zusammenhalt der Eliten des Regimes, die den Diktator an der Macht halten wollen, weil sie wissen, dass ein Sieg viel wahrscheinlicher ist. Zum anderen verweigern ausländische Truppen mit geringerer Wahrscheinlichkeit den Schießbefehl auf Demonstrierende als die eigenen Soldaten des Diktators, weil sie ihren Opfern nicht so nahestehen. In Summe kann das einen beträchtlichen Unterschied machen.

Doch wenn all das so ist, wie sollen dann Tyrannen reagieren, wenn sie nicht »aufs Ganze gehen« können und sie keinen ausländischen Diktator zu ihrem Schutz haben? Zunächst sollten sie ein Gebet sprechen, weil der Zeitpunkt für »gute« Optionen längst verstrichen ist. Dann bleibt ihnen noch eine letzte Karte, die sie ausspielen können: Sie können versuchen, die Opposition zu teilen, indem sie Zugeständnisse machen, die ihnen entweder nicht wichtig oder eine Finte sind. Wenn das funktioniert, reduziert es die Zahl der Menschen, die sterben müssen – es senkt also auch die internationalen Kosten und die Wahrscheinlichkeit, dass die Diktatur zerbricht. So seltsam es klingt, aber das Angebot von Konzessionen ist oft der beste Weg, um Protestierende zu brechen, bevor die den Despoten brechen.

Wenn der Feind vor den Toren steht, kann das Manöver ungefähr so aussehen: Der Despot feuert verhasste Regierungsvertreter, entlässt unbeliebte Minister und verspricht dann grundlegende Verfassungsreformen. Und so einfach, ohne irgendetwas aufzugeben, was wirklich zählt, bringt das Regime Leute vielleicht gegeneinander auf. Einige werden dem Regime zögernd glauben, andere weiter protestieren. Die Protestierenden sind jetzt eine kleinere Menge, mit der man viel leichter fertig wird, mittels Schlagstöcken, Folter oder scharfer Munition. Bis Ersteren dämmert, dass sie getäuscht wurden und die Konzessionen nicht zu gewichtigen Änderungen führen werden, hofft das Regime, wieder genügend Stärke gewonnen zu haben, um auch deren Protest niederzuschlagen.[51]

Wenn ein Diktator den Punkt erreicht, an dem er entscheiden muss, ob er auf sein eigenes Volk schießen lässt, sind mit an Sicherheit grenzender Wahrscheinlichkeit bereits zahlreiche Fehler begangen worden. Gewiefte Diktatoren intervenieren schon lange, bevor sie Lose-lose-Entscheidungen treffen müssen, weil ihnen klar ist, dass das Töten der eigenen Leute auf den Straßen selbst das geschlossenste Regime stürzen kann. Denn sogar wenn solche Gräueltaten die Regierung nicht hier und jetzt zu Fall bringen, sind sie so empörend, dass sie den Gegnern für immer als Bezugspunkt zur Mobilisierung dienen können. Aus diesem Grund fürchtet die Kommunistische Partei Chinas Dissidenten so sehr, die auch nur das Datum des Massakers auf dem Tian'anmen-Platz erwähnen – und erst recht, wenn sie ansprechen, was an jenem Tag auf ihren Befehl hin passiert ist. Es handelt sich um ein unabänderliches Ereignis, das für immer ein Schandfleck der Partei bleiben wird.

Volksaufstände sind eine ständige Bedrohung für fast alle Tyrannen. Wenn die Straße aufbegehrt, können Despoten das nicht einfach ignorieren. Sie müssen reagieren, können aber üblicherweise keinen Schießbefehl erteilen, weil Waffen nutzlos sind, sofern das Regime nicht über ausreichend Leute verfügt, die diese abfeuern. Das trifft auf die meisten Tyrannen zu, und darum verlieren sie oft genau in dem Moment ihre Macht, wenn sie versuchen, diese Waffen zu nutzen. Clevere Tyrannen können das Risiko eines solchen Ereignisses reduzieren, aber es verschwindet nie ganz. Und selbst wenn sie es schaffen, ein Szenario zu vermeiden, in dem der Palast vom Volk gestürmt wird, das lange unter ihrer Herrschaft gelitten hat, sind sie noch nicht auf der sicheren Seite. Denn es gibt ein paar Dinge, auf die selbst die mächtigsten Herrscher sich nicht vorbereiten können. Niemand kann vor einer Kugel davonlaufen.

7 Keine andere Option

Ich weiß, es gibt viele Leute, die sich verschworen haben, um mich zu töten, und das ist nicht schwer zu verstehen. Sind wir nicht schließlich auch durch Verschwörung gegen unsere Vorgänger an die Macht gelangt?[1]

Saddam Hussein

Attentate hat es schon immer gegeben. Das englische Wort dafür – *assassination* – taucht auf, nachdem Kreuzfahrer mit Geschichten über die Nizariten, einer Glaubensgemeinschaft des 11. Jahrhunderts in den Bergen des heutigen Iran, zurückkehrten. Den Nizariten fehlte es an militärischer Stärke, um Krieg gegen benachbarte Feinde zu führen, also verfolgten sie diese und ermordeten sie. Gemäß diesen Geschichten, wahr oder erfunden, konsumierten sie Haschisch, bevor sie aufbrachen und auch unterwegs; so wurden aus *ḥashīshī* (Konsumenten von Haschisch) die Assassinen.[2]

Die Diskussion über die Moral von »Tyrannizid« – der Ermordung eines Tyrannen – ist so alt wie die Tat selbst. Offen gegen jemand zu kämpfen, dem Feind gestehen, dass man ihm Leid zufügen will, das kann als ehrenhaft gelten. Aber jemand hinterrücks zu ermorden, selbst wenn es sich um einen grausamen Anführer handelt, das lässt viele Leute erschauern. Vielleicht liegt es daran, dass das Agieren im Verborgenen feige oder sogar verräterisch wirkt, während man es für mutig halten könnte, Leute direkt anzugreifen.

Mit dem Wandel der Zeiten hat sich auch der Blick auf Tyrannenmorde geändert. In Teilen des antiken Griechenlands wurde Tyrannizid gefeiert. Nachdem Harmodios und Aristogeiton bei einem Fest im Jahr 514 v. Chr. versucht hatten, den lokalen Tyrannen Hippias zu töten, errichteten die Athener Statuen zu ihren Ehren. Da sie scheiterten und dann mit dem Tod bestraft wurden, kamen Harmodios und Aristogeiton nicht in den Genuss, die Lieder zu hören, die über sie gesungen wurden. Aber ihre Nachkommen erhielten besondere Privilegien, ihre Familien bekamen gratis Essen und genossen Steuerbefreiungen. Sie durften sogar im Theater in der ersten Reihe sitzen. Um zu vermeiden, dass ihre Namen »beschmutzt« würden, durften keine Sklaven mehr nach ihnen benannt werden.[3] Harmodios und Aristogeiton hatten zum Wohl der ganzen Gemeinschaft versucht, einen grausamen Herrscher zu töten, und wurden dafür als Helden verehrt.

Es gab zahlreiche Wege, wie Griechen in der Antike Tyrannenmord rechtfertigten. Allgemein formuliert war er akzeptiert, da jeder Bürger als vor dem Gesetz gleich galt und ein Tyrann dieses Versprechen brach.[4] Der griechische Philosoph Aristoteles argumentierte, dass Tyrannenmord nicht nur zu verteidigen sei, sondern der Akt an sich dem Täter große Ehre bescheren könne.[5] Plato hielt Tyrannei für »eine seelische Verirrung«. Die griechische Sichtweise übertrug sich auch auf das römische Denken.[6]

Im Mittelalter wurde die Rechtfertigung des Tyrannenmords beträchtlich schwieriger, da Königen und Königinnen göttliches Recht zugesprochen wurde. Sie herrschten auf Erden – nicht, weil ihre Untertanen sie unterstützten, sondern weil eine Gottheit sie auserwählt hatte. Wenn man daran glaubt, wie rechtfertigt man dann die Ermordung von Monarchen, die in direkter Folge Gottes stehen?

Das ist keine leichte Argumentation, aber einige haben sich daran versucht. Ein Ausweg bestand darin, die Tat damit zu rechtfertigen, dass Gottes König in Konflikt mit Gott geraten sei. Der christliche Denker Augustinus beispielsweise bestritt grundsätzlich vorherige Rechtfertigungen des Tyrannenmords, doch er machte eine Ausnahme für Fälle, in denen ein Tyrann Gott nicht gebührend verehrte.[7] Wenn das passierte, stand der König Gottes nicht mehr in der Folge Gottes, was es einfacher machte, seinen Tod zu begründen.

Johannes von Salisbury, Bischof von Chartres im 12. Jahrhundert, unterschied sorgsam zwischen König und Tyrann. In Johannes' Augen arbeitet der König auf das Wohlergehen des Gemeinwesens hin. Der Tyrann dagegen verwandelt seine Untertanen in Sklaven seiner eigenen Privatgelüste.[8] Und während Prinzen von Gott berufen werden, haben deren Untertanen »gegenüber Gott die Verpflichtung, für das Wohlergehen des Gemeinwesens zu handeln«.[9] »Schlechtigkeit wird immer vom Herrn bestraft«, sagt Johannes, »aber manchmal benutzt ER SEIN eigenes Schwert und manchmal benutzt ER eine Art menschliches Schwert, um den Gottlosen zu strafen.«[10] Als Schwert Gottes zu handeln, um einen Tyrannen zu töten, wäre daher keine Sünde, sondern ein Akt göttlicher Inspiration;[11] eine Pflicht.[12] Theologische

Argumente sind inzwischen im Großteil der Welt weniger relevant, aber die Fragen, die diese Denker beantworten wollten, bestehen weiter. Ist die Ermordung eines Tyrannen zu verteidigen? Ist sie vielleicht sogar wünschenswert?

Zahlreiche Faktoren verkomplizieren die Frage des Tyrannenmords. Erstens kann »Tyrann« zwei Bedeutungen haben. Eine davon ist die am weitesten verbreitete: Ein Tyrann ist ein Herrscher, der seine Macht nicht für das kollektive Wohl der Gemeinschaft, sondern für persönliche Bereicherung nutzt. Die zweite Bedeutung war früher geläufiger: Der Tyrann ist demnach nicht wegen seiner grausamen Herrschaft ein solcher, sondern weil er die Macht an sich gerissen hat, ohne ein Recht darauf zu haben. Er ist ein »usurpatorischer Tyrann«.[13] Diese Unterscheidung ist nicht nur von akademischer Relevanz, weil je nach Definition dann ein Tyrannizid ganz Unterschiedliches bedeuten kann. Es hat sich so ergeben, dass der Begriff die Ermordung eines grausamen Herrschers bedeutet, aber nach der früheren Bedeutung könnte es sogar bedeuten, dass ein grausamer Herrscher seine Macht ausübt, um einen Herausforderer zu ermorden, den er als potenziellen Usurpator und daher als potenziellen Tyrannen betrachtet.

Wenn die Ermordung eines grausamen Herrschers moralisch vertretbar ist, wirft das eine Reihe anderer schwieriger Fragen auf. Wie unterscheidet man diejenigen, die einen Tyrann töten, weil er ein Tyrann ist, von denen, die es aus persönlichem Vorteil tun? Wenn es nicht um persönlichen Vorteil geht, wie unterscheidet man dann zwischen Tyrannizid und Terrorismus? Terroristen nutzen Gewalt nicht nur, weil Gewalt an sich ihr Ziel erreicht, sondern weil sie Furcht bei Leuten wecken wollen, die nicht direkt betroffen sind. Gilt das auch für Tyrannizide? Kommt darauf an. Bei Tyrannoziden kann es darum gehen, ein Signal an andere zu senden, damit sie wissen, dass vergleichbares Verhalten nicht toleriert werden wird. Allerdings kann es auch nur darum gehen, einen Despoten zu beseitigen, damit das Land wieder zu seiner verfassungsmäßigen Ordnung zurückkehrt.

Historisch betrachtet sind solche Attentate keine Seltenheit. Laut einer Studie gab es seit 1875 298 Attentatsversuche auf nationale Machthaber. Von denen war jedoch nur knapp jeder fünfte erfolgreich.[14] Mit dem Fokus auf Diktaturen ergab eine andere Studie, dass zwischen 1946 und 2010 33 Diktatoren ermordet wurden, während 103 weitere Attentate scheiterten.[15]

Die Preisfrage für Diktatoren lautet: Wenn ein großer Teil der Bevölkerung sie hasst, wie können sie dann ihre Ermordung verhindern?

Das 21. Jahrhundert kennt zwei Hauptsorten von Attentaten: den komplexen, in höchstem Maße koordinierten Angriff und Attacken von Einzelgängern.

Am 7. Juli 2021 schliefen der Präsident von Haiti, seine Frau und seine Kinder in ihrer Privatresidenz in einem hügeligen Vorort von Port-au-Prince.[16] Als Schüsse zu hören waren, schlug die Ruhe in Panik um. Hier war nicht irgendein Raubüberfall auf der Straße schiefgelaufen, sondern es handelte sich um Schützen, die es auf die Familie abgesehen hatten. Dutzende Sicherheitskräfte hätten draußen sein und den Präsidenten bewachen sollen. Wo waren sie und warum machten sie ihren Job nicht? Aus Angst um deren Leben lief Mrs. Moïse zu ihren Kindern und rief ihnen zu, sie sollten sich verstecken. Verzweifelt versuchte Jovenel Moïse, jemand zu erreichen, irgendwen, der zu Hilfe käme. Schließlich sagte der Präsident zu seiner Frau, sie solle sich auf den Boden legen. »Da wirst du in Sicherheit sein.«[17] Es waren die letzten Worte, die sie von ihm hörte, denn kurz danach exekutierte ein Killerkommando Präsident Jovenel Moïse mit zwölf Kugeln.[18]

Laut Gerichtsdokumenten basierte die ganze Operation auf einem doppelten Täuschungsmanöver. (Es handelt sich um ein laufendes Verfahren und ständig kommen neue Informationen ans Licht. Daher herrscht noch gewisse Unsicherheit.) Den kolumbianischen Söldnern, die den Mord ausführten, hatte man anfangs gesagt, sie würden nach Haiti kommen, um den dortigen Präsidenten zu beschützen, nicht, um ihn zu töten. Als dann am Tag vor der Aktion Waffen und sonstige Ausrüstung verteilt wurden, erfuhren sie, es handele sich um eine »CIA-Operation« mit dem Ziel, Moïse zu töten.[19] Als die Söldner bei der Residenz eintrafen und es so aussah, als müssten sie zunächst gegen die Präsidentengarde kämpfen, gaben sie vor, von einem anderen Teil der US-Regierung geschickt zu sein: der Drug Enforcement Administration, der Drogenvollzugsbehörde des Justizministeriums. »DEA-Operation, alle auf den Boden«, schrien sie.[20] Da keine der Wachen starb, dürften viele diesem Befehl gefolgt sein.

Clevere Machthaber mit funktionierendem Sicherheitsapparat können so komplexe Angriffe auf ihr Leben verhindern. Da hier dermaßen viele Personen involviert waren, hatten Geheimdienstleute eine realistische Chance, rechtzeitig von dem Attentat zu erfahren. Die Waffen hätten abgefangen und das Anwesen des Präsidenten stärker befestigt werden können. Und tatsächlich ist das etwas, worin Staaten im Laufe der Zeit besser geworden sind: Früher wurden Herrscher sehr viel häufiger ermordet. In den 1910er-Jahren musste pro Jahr einer von hundert Machthabern damit rechnen, ermordet zu werden. Jetzt beträgt die Quote weniger als 0,3 Prozent.[21]

Das ist zwar wenig, aber nicht nichts. Und ein wichtiger Grund dafür ist, wie extrem schwer es sich gestaltet, weniger komplexe Attentatsversuche zu verhindern, vor allem, wenn sie nicht von innerhalb des Regimes kommen. In vielen Ländern ist die Beschaffung von Waffen relativ leicht. Wenn dann noch genug kriminelle Energie und Entschlossenheit im Spiel ist, muss man nur zur richtigen Zeit am richtigen Ort sein. Solche Anschläge zu verhindern, ist unglaublich schwierig, sogar für Herrscher, die über beträchtliche politische Macht verfügen.

Die Wahrscheinlichkeit, dass ein Tyrann ermordet wird, hängt auch davon ab, wie erfolgreich er sich gegen andere Bedrohungen für seine Herrschaft abschottet. Seltsamerweise steigt die Attraktivität eines Anschlags, je besser er sich vor anderen Bedrohungen schützt – einfach weil es keine anderen Optionen gibt, selbst für diejenigen, die Teil des Regimes sind. Das liegt daran, dass Ermordungen, anders als Staatsstreiche oder Aufstände, keine große Koordination erfordern. Wenn ein Tyrann die Macht in seinen eigenen Händen konzentriert und dafür sorgt, dass andere Bedrohungen seiner Herrschaft weniger realisierbar sind, werden Rivalen gezwungen, das Attentat als ihre einzige Option zu nutzen.

Sind Eliten gegenüber dem Tyrannen vergleichsweise mächtig, können sie darauf hoffen, den Herrscher auszutauschen, während sie ihre eigene Macht innerhalb des Systems behalten. Wird der Tyrann jedoch mächtiger, verlieren die Eliten vielleicht die Gelegenheit, den Herrscher umzubesetzen, während sie das vorhandene System beibehalten.[22] Stattdessen müssen sie dann versuchen, das komplette System zu demontieren. Ab einem gewissen Punkt, wenn der Despot noch mehr Macht auf sich gezogen hat, kann selbst das unmöglich sein. In so einem Fall mag ein Mordanschlag der einzige Ausweg der Eliten sein.[23]

Aus der Perspektive des Präsidentenpalasts ist das Problem, dass es nur eine einzige Person braucht. Und leider gibt es ja viele, die zur richtigen Zeit am richtigen Ort sein können. Der Pool potenzieller Attentäter ist so groß wie die Zahl der Leute, die eine Feuerwaffe oder ein Messer halten können. Das macht die Ermordung zur allgegenwärtigen Bedrohung jedes Tyrannen.

In dieser misslichen Lage verfügen Tyrannen allerdings über ein paar Optionen.

Da Demokratisierung (oder die Abschwächung ihres Schutzes vor anderen Bedrohungen) für die meisten Diktatoren nicht attraktiv ist, müssen sie andere Lösungen finden. Eine der verbreitetsten Strategien, um sich zu schützen, sind Bodyguards. Diese Leibwächter dienen so ziemlich dem gleichen Zweck wie Leibwächter in demokratischen Systemen: Sie überprüfen Örtlichkeiten, um sicherzustellen, dass sich dort keine Attentäter verstecken, arbeiten Fluchtrouten für den Fall eines Angriffs aus und fangen wenn nötig eine Kugel für den Präsidenten ab. Doch da es sich nicht einfach um einen normalen Präsidenten, sondern um einen auf Lebenszeit handelt, benötigen diese Frauen und Männer noch ein paar zusätzliche Qualifikationen.

Die gängige Methode besteht darin, eine Truppe aus Elitekämpfern zusammenzustellen, die den Diktator gegen die Öffentlichkeit im Allgemeinen und auch gegen Angriffe von innerhalb des Regimes verteidigt. Ein Problem bei diesem Ansatz ist, dass diese Elitekräfte selbst leicht zu politischen Akteuren werden können, etwa indem sie einen Staatsstreich gegen den Machthaber unterstützen. Im alten Rom half die Prätorianergarde – die eigentlich Herrscher schützen sollte – regelmäßig bei deren Sturz. Ihr berüchtigtstes Opfer dürfte Kaiser Caligula gewesen sein, der während Festlichkeiten im Jahr 41 n. Chr. von seiner Garde ermordet wurde.

Ein Nachfolger Caligulas löste die Prätorianergarde schließlich auf. Doch die Möglichkeit, dass aus einem persönlichen Leibwächter ein Verräter wird, stellt auch für moderne Herrscher eine ständige Bedrohung dar. Daher sind einige dazu übergegangen, ausländische Bodyguards zu rekrutieren. Eben weil sie aus dem Ausland stammen, werden solche Wächter als geringeres Risiko in Bezug auf einen Staatsstreich betrachtet, denn zum einen haben sie weniger Interesse an inländischer Politik, zum anderen fehlt ihnen die nötige Legitimität, um selbst eine Regierung zu führen.

Die Nachfrage nach solchen »Diensten« hat es der russischen Regierung erlaubt, heutzutage als eine Art Versicherungsvertreter für Autokraten, insbesondere in Afrika, aufzutreten. In der Zentralafrikanischen Republik nutzte das Regime die paramilitärische Wagner-Gruppe, die enge Kontakte zum Kreml unterhielt, um sich vor Mordanschlägen zu schützen. So konnte man beispielsweise während des Wahlkampfs 2020 russische Paramilitärs sehen, die den Präsidenten des Landes, Faustin-Archange Touadéra, schützten. Als Gegenleistung für den Schutz des Herrschers gegen Bedrohungen aus dem Inland erhalten Söldner Abbaukonzessionen und andere lukrative Geschäftschancen im Gastland. Die russische Regierung kann so nicht nur in Afrika Fuß fassen und Geld verdienen, sondern auch ihre politischen Ziele vorantreiben – zum Beispiel, dass afrikanische Länder bei den Vereinten Nationen im Interesse des Kremls abstimmen.

Für den zentralafrikanischen Präsidenten Touadéra und ähnliche Machthaber ist dieser Deal so verlockend, weil die Paramilitärs eine dreifache Funktion erfüllen: Sie beschützen ihn nicht nur praktisch ohne das Risiko eines Staatsstreichs, sondern sind auch eine aktive Abschreckung für andere, die sich vielleicht gegen ihn verschwören würden. Noch dazu lassen sie sich gegen andere Feinde im Inland, etwa Rebellen, einsetzen. Das ist besonders attraktiv, weil diese Bodyguards zumindest ein bisschen von der Kampfkraft ausgleichen können, die ein Diktator verliert, wenn er sein Militär gegen einen Putsch absichert. Als ein Sonderberater von Präsident Touadéra gefragt wurde, was er von Wagners Meuterei gegen die Regierung von Wladimir Putin halte, sagte er: »Russland hat uns Wagner gegeben, der Rest geht uns nichts an … Wenn es nicht mehr Wagner ist und sie Beethoven oder Mozart schicken, ist das egal, wir nehmen sie in jedem Fall.«[24]

Aber obwohl das Regime scharf auf Wagner ist (oder auf irgendeinen anderen »Komponisten«), hat die Sache ihren Preis: Touadéra verliert nicht nur Einkünfte aus dem

Bergbau, sondern auch Autonomie. Denn wenn ausländische Kräfte sich tiefer im Sicherheitsapparat eines Regimes verwurzeln, wächst ihr Einfluss auf Wirtschaft und Politik des jeweiligen Landes. Wagners Kontrolle in der Zentralafrikanischen Republik nahm solche Ausmaße an, dass manche Analysten schon begannen, von einer »Staatsvereinnahmung« zu sprechen.[25] Und da diese Kämpfer letztlich loyal gegenüber Moskau sind (wenn überhaupt), aber nicht zu dem Regime stehen, das sie schützen, stellen sie zwar nicht direkt eine Putschgefahr dar, sind aber auch nicht gerade vertrauenswürdig. Wenn der Kreml einen Machthaber findet, der ihm bessere Konditionen bietet als Touadéra, dann wird sich der zentralafrikanische Diktator nicht lange an der Macht halten.

Aus diesem Grund bevorzugen viele Diktatoren Kämpfer, die eine besondere Loyalität mit dem Machthaber verbindet. Aber wie wir ja bereits gesehen haben, stehen alle Despoten vor dem Diktatorendilemma: Sie wissen nicht, wer in ihrer Umgebung tatsächlich loyal ist und wer nur so tut, als ob. In Anbetracht dieser strukturellen Einschränkung ist Verlass auf die Loyalität von Untertanen immer ein Glücksspiel.

Als Laurent Kabila gegen Mobutu Sese Seko rebellierte, um die Kontrolle in der Demokratischen Republik Kongo zu übernehmen, setzte er in großem Umfang *kadogo* – Kindersoldaten – ein.[26] Denen vertraute er. Im Gespräch mit einem ausländischen Geschäftsmann meinte er einmal: »Sie werden nie irgendetwas gegen mich unternehmen. Sie waren von Beginn an bei mir.« »Sie sind meine Kinder«, fuhr er fort. Doch eines Tages, als Kabila gerade mit einem Berater über einen bevorstehenden Gipfel sprach, kam eines seiner »Kinder« rein, zog einen Revolver und schoss viermal auf ihn.[27]

Es gibt hier keine wirklich gute Option. Wenn Tyrannen sich ausländische Kämpfer aussuchen, liefern sie sich der Gnade einer anderen Regierung aus. Wenn sie sich für Landsleute entscheiden, dann sind sie anfälliger für Staatsstreiche, weil sich in Diktaturen niemand der Loyalität zum Regime sicher sein kann.

Anstatt Leibwachen zwischen dem Tyrannen und anderen zu postieren, gibt es noch die Option, die Diktatur durch Abstand, Zäune und Wachtürme zu isolieren. Das kann effektiv sein, da die meisten Attentatsversuche stattfinden, während der Machthaber öffentlich auftritt – bei Reden, Kundgebungen oder Paraden – oder wenn er im Auto, Hubschrauber oder Flugzeug unterwegs ist.[28] Gibt es weniger öffentliche Auftritte und verbringt der Tyrann den Großteil seiner Zeit in entlegenen Festungen, die extra dafür gebaut wurden, seine Sicherheit zu garantieren, dann sinkt die Wahrscheinlichkeit, dass er umgebracht wird.

Für demokratische Politiker ist es extrem schwer, sich zu isolieren. Um (faire) Wahlen zu gewinnen, müssen sie Wahlkampf betreiben und sich beim Volk sehen lassen. Alles andere wäre unmöglich. Noch dazu genießen viele von ihnen es wirklich, Menschen zu treffen und sich deren Sorgen anzuhören. Wenn nicht, haben sie wahrscheinlich den falschen Beruf gewählt. Aber was ihnen die Arbeit zum Vergnügen macht, das macht denjenigen, die sie beschützen müssen, das Leben schwer.

Diktatoren sind da im Vorteil, weil sie keine echten Wähler treffen müssen. Sie können isolierter leben als demokratische Spitzenpolitiker, und manche haben das bis ins Extrem getrieben und aus Angst um sich selbst ihr ganzes Land isoliert.

Von Land umschlossen und wegen Bergen und Wüsten schwer zugänglich, war Paraguay schon immer isolierter als Chile, Brasilien oder Uruguay.[29] Doch als José Gaspar Rodríguez de Francia 1814 »Diktator auf Lebenszeit« wurde, trieb er es auf die Spitze. Paranoid und aus Furcht, Kolonialmächte oder große Nachbarstaaten könnten Paraguays Unabhängigkeit untergraben, verwandelte er sein Land in ein Einsiedlerreich. Der Handel mit Nachbarstaaten wurde reduziert und Ausländer ließ man kaum ins Land. Wenn Ausländer nach Paraguay kamen, konnten sie schnell in Gefahr geraten. Als der berühmte französische Botaniker Aimé Bonpland sich am Fluss Paraná niederließ, um Yerba-Mate anzubauen, schien zunächst alles gut zu gehen. Bonplands Kontakte und die Arbeitskraft und das Wissen einheimischer Arbeiter waren eine gewinnbringende Kombination.[30] Doch dann wurde eines Morgens Bonplands Kolonie angegriffen, als Hunderte paraguayische Soldaten, die den Fluss im Schutz der Dunkelheit überquert hatten, mit Tagesanbruch attackierten. Neunzehn Männer wurden getötet, Dutzende gefangen genommen.[31] Für Paraguays Diktator stellte Bonpland ein doppeltes Problem dar: Erstens bedrohte sein Anbau von Yerba-Mate die Position von El Supremo im lukrativen Handel und zweitens war der französische Pflanzenexperte eine unzuverlässige Gestalt, die vielleicht mit ausländischen Mächten kooperierte, um das Regime zu unterminieren.[32] Möglicherweise würde der Botaniker sogar versuchen, ihn zu töten? Um die Bedrohung zu neutralisieren, nahm Francia Bonpland als Geisel.

Bonpland war nicht der einzige Ausländer, der so behandelt wurde. Johann Rudolf Rengger, ein Schweizer Arzt, wurde ebenfalls als Geisel genommen. Rengger beschreibt, wie es war, eine Audienz beim Supremo persönlich zu haben: »Wenn du den Diktator triffst, darfst du ihm nicht näher als sechs Schritte kommen, bis er dir ein Zeichen gibt, näher zu treten.« Aber sogar dann, fährt er fort, »musst du im Abstand von drei Schritten stehen bleiben«. De Francia hatte solche Sorge, ermordet zu werden, dass diejenigen, die ihn trafen, ihre Arme hängen lassen und ihm mit offenen, zu ihm gedrehten Handflächen entgegenkommen mussten, damit er sicher sein konnte, dass sie keine Waffe trugen. Tatsächlich durften sich dem Diktator nicht einmal die eigenen Offiziere oder Beamten nähern, sofern sie eine Klinge bei sich hatten. Und nur für alle Fälle sorgte De Francia dafür, dass seine eigenen Waffen für ihn auf Schritt und Tritt in Reichweite waren.[33]

De Francias Vorbild zu folgen und ein ganzes Land in ein Einsiedlerreich zu verwandeln, ist in der modernen Welt schwierig, aber das Argument gilt weiter: Im Unterschied zu demokratischen Anführern können Diktatoren es sich leisten, sich zu isolieren. Wenn es ihnen nicht mit ihrem ganzen Land gelingt, dann zumindest vor dem Volk, über das sie herrschen.

Im Winter 2022 war der russische Präsident Wladimir Putin nicht nur isoliert, sondern auch von der Lebensrealität des russischen Volks abgekoppelt. Die Zukunft des Regimes stand infrage. Da die Ukraine mutig Widerstand gegen den russischen Angriffskrieg leistete, gingen den russischen Streitkräften langsam die Soldaten aus. Junge Russen wurden zum Dienst gezwungen, weil es nicht annähernd genug freiwillige Rekruten gab. Die Bedingungen waren fürchterlich. Für Zehntausende Familien war der Krieg, den sie bis dahin nur in clever produzierten Propagandasendungen gesehen hatten, plötzlich zur Realität geworden. Ihre Söhne, Väter und Ehemänner wurden entsandt, um im kalten, unerbittlichen Schlamm der Ukraine getötet zu werden. Einige der eingezogenen Soldaten waren derart schlecht ausgerüstet, dass ihre Familien ihnen Erste-Hilfe-Sets kaufen mussten. Und falls sie es jemals wagten, zurückzuweichen, weg von den Artilleriegeschützen oder Panzerabwehrraketen des Feindes, dann standen sie möglicherweise den sogenannten Sperreinheiten gegenüber, die Moskau (oder Grosny) einsetzte, um Soldaten zu erschießen, die einfach dem Gemetzel entfliehen wollten.[34]

Die Tante eines jungen russischen Mannes aus der westlichen Region von Lipetsk sagte, ihr Neffe sei acht Tage nach der Mobilisierung an die Front in der Ukraine geschickt worden. Dort gab es nicht einmal Kommandanten. »Sie wurden von Mörserfeuer getroffen«, sagte sie. »Warum hat man sie nach einer Woche Ausbildung in den Wald gestoßen und dort zum Sterben zurückgelassen?«, wollte sie wissen.[35]

Am 25. November 2022 saß Putin in einem cremefarbenen Sessel vor Fernsehkameras in seinem Luxusanwesen westlich von Moskau. Er sprach mit siebzehn Müttern, deren Söhne in der Ukraine kämpften. »Ich möchte, dass Sie wissen, dass ich persönlich und die Führung des Landes diesen Schmerz teilen«, sagte Putin. »Wir verstehen, dass nichts den Verlust eines Sohnes, eines Kindes ersetzen kann«, fügte er hinzu.[36] Endlich sah es aus, als würde Putin sich der allgemeinen Unzufriedenheit offen stellen. Doch stattdessen war alles inszeniert. Die Mütter waren alle vom Regime handverlesen: Eine war ehemalige Regierungsbeamtin, eine andere die Mutter eines hohen Militärs aus Tschetschenien und mehrere waren in Organisationen aktiv, die sich für den Krieg engagierten und vom Staat finanziert wurden.[37]

Um dem Ganzen noch die Krone aufzusetzen, fakte Putin nicht nur das Treffen, um den Eindruck zu erwecken, der Krieg fände mehr öffentliche Unterstützung, sondern erklärte den Frauen (und, was viel wichtiger war, den Fernsehzuschauern), dass sie nichts Glauben schenken sollten, was nicht er gefakt hatte. »Es ist klar, dass das Leben komplizierter und vielfältiger ist, als man es auf Fernsehbildschirmen oder selbst im Internet zeigen kann – dort dürfen Sie überhaupt nichts trauen, weil es viel von allen möglichen Fakes, Täuschungen und Lügen gibt«, sagte Putin.[38] Offensichtlich war die Wahrscheinlichkeit, dass eine dieser handverlesenen Frauen aufstehen und Putin erstechen würde, extrem gering. Aber wenn das Treffen nicht inszeniert gewesen wäre und er sich stattdessen mit normalen Müttern getroffen hätte, hätte dann eine versuchen können, den Mann zu töten, der ihr geliebtes Kind nach Bachmut und in den Tod geschickt hatte? Vielleicht. Aber Putin wird das nie herausfinden müssen, weil er es, im Unterschied zu demokratischen Spitzenpolitikern, vermeiden kann, normalen Menschen zu begegnen.

Ein weiterer Weg, den Despoten einschlagen können, ist Personenkult gepaart mit extremer Repression. Das kann eine Atmosphäre erzeugen, »in der die Ermordung eines Machthabers nicht einmal in Erwägung gezogen und schon gar nicht geplant oder ausgeführt wird«.[39] In der Geschichte gibt es Tyrannen, die ihr Volk glauben machten, sie könnten tatsächlich Gedanken lesen und seien eine Gottheit. Und wenn der Mann auf dem Porträt im Klassenzimmer, auf der Plakatwand und in dem kleinen Buch, das jeder mit sich herumtragen muss, kein Mensch, sondern ein Gott ist, dann wäre es Irrsinn, ihn anzugreifen.

Eine Gottheit wüsste davon, noch bevor es passierte. Selbst wenn auf sie geschossen würde, würde sie zweifellos überleben. Aus unserer Perspektive mag das ziemlich seltsam wirken, aber aus dem Blickwinkel der Menschen in solchen Ländern ergibt es zumindest einen gewissen Sinn. Diese Menschen haben mit angesehen, wie Diktatoren riesige vergoldete Statuen von sich selbst errichten ließen, die sich dem Sonnenstand folgend drehen, oder die mitten im Nirgendwo, scheinbar aus dem Nichts, ganze Städte erschaffen haben. In den Schulen, im Fernsehen und im Radio sagt man ihnen, dass der oberste Führer alles sieht und hört. Warum sollten sie das nicht glauben?

Wenn gewöhnliche Haitianer in den 1960er-Jahren ihren Präsidenten getroffen hätten, dann hätten sie vermutlich einen Mann mit schwarzem Zylinder, dicker schwarzer Brille und schwarzem Anzug gesehen. Er sprach langsam, mit hoher Stimme und versteckte dabei meist seine Hände. Beinah wirkte er wie aus einer anderen Welt, und das war kein Zufall. François Duvalier, wegen seines medizinischen Hintergrunds »Papa Doc« genannt, prägte sein Image bewusst nach Baron Samedi, einem Voodoogeist aus dem Totenreich.

Da er wusste, dass Millionen Haitianer starke Verbindungen zur Voodooreligion hatten, nutzte er das zu seinem Vorteil. Irgendwann befahl er seinen Männern angeblich, einem Rivalen den Kopf abzuschlagen und ihm den zu bringen, weil er mit dessen »Geist« sprechen wolle.[40] Duvalier präsentierte sich selbst als allmächtiges Wesen außer Reichweite von Normalsterblichen. »Meine Feinde können mir nichts anhaben«, pflegte er zu sagen. »Ich bin schon ein immaterielles Wesen.«[41]

Und um seinen gottgleichen Status unmissverständlich klarzumachen, bombardierte er die Bevölkerung unablässig mit Bildern seiner Allmacht. Er ging sogar so weit, eine Papa-Doc-Version des Vaterunsers einzuführen: »Unser Doc, der du lebenslang im Nationalpalast bist, geheiligt werde dein Name von gegenwärtigen und künftigen Generationen. Dein Wille geschehe, in Port-au-Prince und in den Provinzen.«[42]

Wenn das nicht reichte, um Konformität zu erreichen, dann hatte Papa Doc immer noch seine martialische Miliz. Die Tontons Macoute trugen oft dunkle Uniformen und Sonnenbrillen, während sie Haitianer, die aufbegehrt hatten, folterten und ermordeten. Wie beabsichtigt kamen einige von Duvaliers Gegnern zu der Überzeugung, dass der Diktator wüsste, wo sie sich aufhielten und was sie taten.[43] Er blieb mehr als dreizehn Jahre an der Macht, bis er eines natürlichen Todes starb.[44]

Aber selbst wenn es Tyrannen gelingt, ihr eigenes Volk davon abzuhalten, sie umzubringen, haben sie immer noch ein anderes Problem.

Im September 1990 gab der Oberbefehlshaber der US-Luftwaffe, Michael J. Dugan, einem Reporter der *Washing-*

ton Post namens Rick Atkinson ein Interview. Es war eine Zeit großer Spannungen, nachdem der Irak unter der Herrschaft Saddam Husseins gerade ins benachbarte Kuwait einmarschiert war und das Land besetzt hatte. Der Golfkrieg stand kurz vor seinem Ausbruch. In dem Interview schlug Dugan vor, die USA sollten Saddam Hussein und sein engstes Umfeld, inklusive seiner Leibgarde und seiner Geliebten, ins Visier nehmen. Da Saddam Hussein eine »One-Man-Show« sei, sagte Dugan, »sollte er im Fokus unserer Bemühungen stehen, falls und wenn wir uns entscheiden, mit Gewalt vorzugehen«. Kurz danach sagte der General im selben Interview, er rechne nicht damit, sich wegen politischer Zwänge sorgen zu müssen.[45] Wie sich herausstellte, lag Dugan damit falsch. Kurz nach seinen Äußerungen wurde er von Vizepräsident Dick Cheney gefeuert.

Seine Entlassung hing mit einer Anordnung des Präsidenten von 1976 zusammen, in der es hieß: »Keine Person, die von der Regierung der Vereinigten Staaten angestellt ist oder in deren Namen handelt, soll sich an einem Attentat beteiligen oder sich zu einem solchen verschwören.«[46] Erlassen wurde diese Executive Order von Präsident Gerald Ford, nachdem herausgekommen war, dass US-Geheimdienste in mehrere Verschwörungen zur Ermordung führender ausländischer Politiker verstrickt waren. Am bemerkenswertesten waren Waffenlieferungen an Dissidenten, die versuchten, Rafael Trujillo in der Dominikanischen Republik zu töten, und auch Bemühungen, Fidel Castro zu ermorden, die über Jahre andauerten. Etwas weniger bekannt ist der Fall von CIA-Agenten, die den Auftrag erhielten, den kongolesischen Nationalisten Patrice Lumumba in Zaire zu beseitigen.[47]

Die Kommission, die in der Sache beriet, hatte argumentiert, Attentate seien »unvereinbar mit amerikanischen Prinzipien, internationaler Ordnung und Moral«.[48] Es blieb allerdings noch ein Schlupfloch, weil man sagte, dass dies nicht im Krieg gelte. Was bedeutete, dass die Ermordung ausländischer Machthaber akzeptabel sein konnte, wenn deren Land sich im Krieg mit den USA befände.

Die USA sind nicht das einzige Land, das die Ermordung ausländischer Machthaber erlaubt. Die Demokratische Volksrepublik Nordkorea, eines der Länder, in denen die USA vielleicht in Zukunft eine gezielte Tötung versuchen könnte, blickt auf eine Geschichte solcher Mordanschläge zurück.

Zu Beginn des Jahres 1968 war der 27-jährige Kim Shin-jo in den Bergen unterwegs. Es war Januar, also eine Zeit, in der es im koreanischen Gebirge schrecklich kalt ist. Von Pjöngjang beauftragt, waren er und seine Kameraden auf dem Weg nach Seoul, um den südkoreanischen Präsidenten zu töten. Ob durch ein Versehen oder aus purem Zufall wurde Shin-jo von ein paar Dorfbewohnern entdeckt. Er wusste, was er zu tun hatte: sie töten und begraben. Sein Auftrag stand fest, und wenn er sie nicht gleich tötete, geriet der ganze Plan in Gefahr. Doch der Boden war gefroren. Die Leute dort zu vergraben, hätte eine Ewigkeit gedauert.

Nach reiflicher Überlegung befahl er ihnen, niemandem zu verraten, wen sie getroffen hatten. Nachdem Shin-jo verschwunden war, kontaktierten die Leute sofort die Polizei, die wiederum das Militär informierte. Südkoreanische Soldaten machten sich auf die Suche nach Shin-jo und den anderen Eindringlingen. Allen Widrigkeiten zum Trotz setzten die ihren Weg zum Präsidentenpalast fort, wo sie Präsident Park Chung-hee töten sollten. Letztlich schafften sie es bis auf hundert Meter an das Blaue Haus heran, die Residenz des südkoreanischen Staatspräsidenten. Und obwohl der Überfall selbst scheiterte, brauchte es über eine Woche und Hunderte Soldaten, um das nordkoreanische Todeskommando aufzuspüren und zu überwältigen. Einer aus dem Kommando schaffte es sogar lebend zurück über die Grenze nach Nordkorea. Nur zufällig entdeckt, waren die Killer ihrem Ziel sehr nahe gekommen, was eine riesige Blamage für das Regime in Südkorea darstellte.[49]

Drei Monate später wurde die Antwort der südkoreanischen Regierung auf einer winzigen Insel namens Silmido im Gelben Meer vorbereitet. 31 Männer »vom Typ, der oft in Straßenkämpfe verwickelt ist«, würden von südkoreanischen Sicherheitskräften trainiert.[50] Die wichtigste Lektion, die sie lernten, war, wie einer ihrer Ausbilder es formulierte, dass du töten musst, um zu überleben.[51] Der Auftrag der Männer lautete, über die entmilitarisierte Zone nach Nordkorea zu gelangen und Kim Il-sung zu töten. Es war an der Zeit, Revanche zu nehmen für den Überfall auf das Blaue Haus, und sie schickten sich an, Kim Il-sung die Kehle aufzuschlitzen.[52]

Das Leben auf Silmido war hart. Völlig isoliert hatte die Einheit 684 nicht nur mit dem Trainingsalltag und dem Meer zu kämpfen, sondern auch mit ihren Vorgesetzten. Nach ein paar Monaten auf der Insel gab es einfach keinen Sold mehr. Die Nahrung, die man ihnen lieferte, war armselig. Und noch dazu war jeglicher Kontakt zur Außenwelt streng verboten. Als im Juni 1968 zwei der Männer versuchten zu fliehen, prügelte man sie zu Tode. Ein weiterer Rekrut starb während eines Überlebenstrainings auf dem Wasser.[53]

Anfang August 1971 machte sich Yang Don-soo, einer der Ausbilder auf Silmido, gerade bereit, die Insel für seine regelmäßige Nachschubbeschaffung zu verlassen. Da hörte er Schüsse. Verwirrt glaubte er zunächst, es könnten nordkoreanische Spezialeinheiten sein, die sie angriffen. Bevor er herausfand, was geschah, wurde er von einer Kugel am Hals getroffen. Aber da kam nicht der Feind, sondern es waren seine eigenen Leute. »Als ich wieder zu mir kam, blutete ich am Hals und überall um mich herum wurden Ausbilder von Rekruten getötet oder rannten davon oder wurden noch mal von Rekruten beschossen, die sichergehen wollten, dass sie tot waren«, sagte er.[54] Heftig blutend kroch er an den Strand. Dort betete er, dass die Rekruten ihn nicht finden würden.

Zum Glück hatten die größere Pläne. Nachdem es sich in seinen Fallschirmjägeruniformen von der Insel abgesetzt hatte, kaperte das Todeskommando einen Bus und machte sich, bewaffnet mit Karabinern und Handgranaten, auf den Weg nach Seoul.[55] Anstatt nach Pjöngjang, um Kim Il-sung zu töten, waren die Männer jetzt unterwegs zum Blauen Haus, um den südkoreanischen Diktator Park Chung-hee zu beseitigen, den sie für ihr Leid verantwortlich machten.[56] In der Hauptstadt kämpften sie gegen südkoreanische Sicherheitskräfte, die man schnell zusammengezogen hatte, um sie abzufangen.[57] Als klar wurde, dass sie waffentechnisch unterlegen waren und keine Chance auf Entkommen hatten, sprengten einige der Rekruten sich mit Handgranaten selbst in die Luft.[58] Von den anfangs 24 am Aufstand Beteiligten überlebten nur vier – bis 1972, als man sie hinrichtete.[59]

Aber warum zerbrach die Einheit 684 überhaupt? Die harten Lebensbedingungen im Gelben Meer spielten zweifellos eine Rolle. Aber es wurde auch darüber spekuliert, dass die südkoreanische Regierung, damals noch eine Militärdiktatur, sich anschicken würde, das Todeskommando zu ermorden, um sicherzugehen, dass nie jemand von dessen Existenz erführe. Doch nach Aussage eines Ausbilders war der wahre Grund dafür, dass die potenziellen Attentäter sich so verhielten, dass sie keine Hoffnung hatten.[60] Der kommunistische Norden und der kapitalistische Süden hatten kurz vorher und unerwartet ihre Beziehungen verbessert, sodass der Überfall auf Pjöngjang abgesagt wurde. Daher dachten die Killer anscheinend, dass sie nie wieder von Silmido wegkämen. Wie ein Augenzeuge es formulierte, sahen sich die Rekruten zunehmend als »Gefangene mit unbestimmter Haftstrafe«.[61]

Trotz dieser Erfahrung ist die »Enthauptung« der nordkoreanischen Führung immer noch Teil der Strategie Südkoreas. »Die beste Abschreckung, die wir, abgesehen von unseren eigenen Atomwaffen, haben können, ist, Kim Jong-un um sein Leben fürchten zu lassen«, meinte ein ehemaliger südkoreanischer General 2015.[62] Zu diesem Zweck verfolgt Südkorea eine Doppelstrategie: Wenn der Konflikt mit Nordkorea eskalieren sollte, würde das südkoreanische Militär einen Hagel von Präzisionsraketen auf die nordkoreanische Führung abfeuern. Zusätzlich würde eine Spezialeinheit des Militärs entsandt, um

Kim Jong-un zu finden und zu töten, bevor er den Einsatz nordkoreanischer Nuklearwaffen befehlen könnte.[63]

Ankit Panda, Experte für Atomwaffen und Autor von *Kim Jong Un and the Bomb*, erläutert die Logik hinter dieser Strategie:

> Als personalistische Diktatur, deren Nuklearstreitkräfte und Militär von einer Person kontrolliert werden, wird Nordkorea sich durch drohenden Schaden an militärisch oder wirtschaftlich wertvollen Zielen vielleicht nicht von einer nuklearen Eskalation im Verlauf eines begrenzten Konflikts abschrecken lassen. Folglich muss es dadurch abgeschreckt werden, dass man damit droht, die Führung direkt zu bestrafen.[64]

Mit anderen Worten, da Kim Jong-un die Zerstörung Nordkoreas keine große Sorge bereitet, muss Südkorea etwas anderes finden, woran ihm liegt. Und das ist sein eigenes Leben.

Obwohl diese Strategie logisch ist, ist sie auch höchst gefährlich und kann auf vielerlei Arten schiefgehen. Um nur eine davon zu illustrieren, stellen wir uns folgendes Szenario vor. Die Spannungen zwischen Süd- und Nordkorea eskalieren.[65] Da man Kim Jong-uns genauen Aufenthaltsort nicht kennt, zielen südkoreanische Raketen auf ein nordkoreanisches Munitionsdepot, das zufällig in der Nähe von einem der vielen Verstecke des Diktators liegt. Kim Jong-un befindet sich tatsächlich dort und interpretiert den Angriff auf die militärische Einrichtung fälschlicherweise als Angriff auf sein Leben. In diesem Szenario ist der Anreiz groß, jetzt Nuklearwaffen einzusetzen, bevor er getötet wird.

Außerdem gibt es dem Diktator einen Grund, den Prozess zur Autorisierung von Atomwaffen zu ändern, was ein hohes strukturelles Risiko mit sich bringt. Die Strategie Südkoreas basiert auf der Vorstellung, dass die Bedrohung durch nordkoreanische Nuklearwaffen sich abwenden lässt, wenn Kim Jong-un getötet wird, bevor er sie einsetzen kann. In Demokratien gäbe es eine einfache Lösung dieses Problems. Sollte der Präsident der USA, der normalerweise den Einsatz von Nuklearwaffen kontrolliert, sterben, ginge diese Befugnis automatisch auf die Vizepräsidentin oder den Vizepräsidenten über.[66] Dieses Modell einer Kommandostruktur nennt man *devolution*, Übergabe, und in Demokratien funktioniert es gut.

Für Diktatoren allerdings ist das kein attraktives Modell, weil die Etablierung einer Nachfolgeregelung das Risiko birgt, alternative Machtzentren zu schaffen.[67] Und da die prinzipielle Bedrohung der meisten Tyrannen, Kim Jong-un eingeschlossen, eher eine innere als eine äußere ist, reagierte der nordkoreanische Diktator anders. 2022 erklärte das Regime:

Für den Fall, dass das Kommando und die Kontrollsysteme der staatlichen Nuklearstreitkräfte aufgrund eines Angriffs feindlicher Mächte in Gefahr gerät, soll automatisch und umgehend ein Atomschlag erfolgen, um die feindlichen Mächte zu zerstören, einschließlich des Ausgangspunkts der Provokation, gemäß dem im Voraus beschlossenen Einsatzplan.[68]

In Anbetracht der Bedrohung durch ausländische Attentäter hatte Kim Jong-un auf nuklearen Autopilot umgeschaltet, und genau dieser Autopilot brachte eine Reihe von Risiken mit sich.[69] Was, wenn er nicht richtig funktionierte, beispielsweise weil Kim zwar am Leben, aber nicht erreichbar war? Würden die Offiziere dann in Panik geraten und Kims Tod einfach annehmen? Dann könnte leicht ein Atomkrieg ausbrechen, obwohl keine Seite das will. Von Fragen der Moral und des Rechts ganz abgesehen, ist dies genau das Problem, wenn man Diktatoren mit Ermordung aus dem Ausland droht: In dem Moment, wo »Enthauptung« eine realistische Bedrohung darstellt, besteht bei jeder Art von Konflikt die Gefahr, dass er für den Machthaber existenziell wird. Und wenn das passiert, steht plötzlich so viel auf dem Spiel, dass das Risiko eines totalen Kriegs dramatisch steigt. Das ist ein massives Problem für uns alle, insbesondere wenn der Diktator nicht nur Zugang zu konventionellen, sondern auch zu Massenvernichtungswaffen hat.

Während es das Problem der drohenden Ermordung für Tyrannen schon seit ewigen Zeiten gibt, hat sich das Wesen und die Gewichtung der Bedrohung in jüngster Zeit verändert.

Um 17.41 Uhr stand der Präsident Venezuelas, Nicolás Maduro, auf einer Bühne und hielt eine Rede, als er plötzlich verstummte und nach oben blickte. Er war nervös, weil irgendwas am Himmel über ihm nicht ganz in Ordnung aussah.[70] Trotzdem blieb er, wo er war, und sprach zwei Minuten später über wirtschaftliche Erholung. Die Zeit dafür sei gekommen, sagte er. Vor ihm marschierten Tausende Soldaten über die Avenida Bolívar, eine der größten Durchgangsstraßen von Caracas.

Plötzlich hörte die Menge über sich eine Explosion. In Sekundenschnelle war die Sprengstoffladung einer Drohne in die Luft geflogen und hatte dunkle Wolken kinetischer Energie über- und unterhalb des Fluggeräts erzeugt. Offenbar verwirrt von den Vorgängen, unterbrach Maduro seine Rede und die Kameras des Staatsfernsehens schwenkten von der Bühne weg. Kurz danach stürmten die Leibwächter des Tyrannen los, um sich vor ihn zu werfen. Nur vierzehn Sekunden nach der ersten Explosion zerschellte und explodierte eine weitere Drohne in hörbarer Entfernung.

Während die erste Explosion für Verwirrung gesorgt hatte, erzeugte diese Panik. Anstatt Maduro gegen den unbekannten Feind zu verteidigen, rannten die uniformierten Männer und Frauen, die eben noch über die Avenida Bolívar marschiert waren, um ihr Leben.

Maduro wurde nicht verletzt, doch die Ausführung dieses Angriffs sollte ein Alarmsignal für alle Tyrannen sein. Der Präsident Venezuelas hätte mit einer kommerziellen Drohne, wie man sie auf Amazon bekommt, getötet werden können. Da diese Drohnen immer mehr Verbreitung finden, lösen sie eines der großen Probleme, vor dem nicht staatliche Akteure stehen, wenn sie die Ermordung eines Tyrannen planen: die Notwendigkeit, in physische Nähe ihres Ziels zu gelangen, damit sie ihr Opfer vergiften, erstechen oder erschießen können.[71] Durch diese nötige Nähe sind solche Attacken extrem riskant – für den Tyrann wie für den Angreifer.

Sekunden nachdem ein Schuss abgefeuert wurde, ist der Tyrann vielleicht tot oder liegt im Sterben, aber der Angreifer wird wahrscheinlich auch sterben oder zumindest auf dem Weg ins Gefängnis sein. Denken wir an berühmte Attentäter: John Wilkes Booth, der den amerikanischen Präsidenten Abraham Lincoln tötete, wurde erschossen; Gavrilo Princip, der Erzherzog Franz Ferdinand in Sarajevo ermordete, starb einen schrecklichen Tod im Gefängnis. Mit modernen Drohnen muss es dazu nicht kommen: Angreifer können Kilometer entfernt sein und auf den perfekten Moment lauern. Und nachdem sie angegriffen haben, könnten sie sogar davonkommen. Für Diktatoren, die als Lebensversicherung auf Furcht setzen, ist das eine entsetzliche Aussicht.

Attentate sind so eine Art Wildcard, ein Joker. Tyrannen können alles »richtig machen«, um an der Macht zu bleiben: Eliten manipulieren, die Männer mit den Waffen schwächen und geschickt mit den Massen umgehen, während sie ausländische Mächte abschrecken, damit diese ihr Regime nicht »enthaupten«. Aber kein Machthaber kann alles kontrollieren, und genau darin besteht das Problem beim Tyrannenmord. Komplexe Anschläge lassen sich oft verhindern, doch Einzelkämpfer sind kaum zu stoppen. Wie gut Tyrannen auf diese Bedrohung reagieren können, das hängt großteils vom Umfang ihrer Macht ab. Je mächtiger sie sind, desto attraktiver sind sie auch als Ziel, doch die Macht, über die sie verfügen, bedeutet auch, dass sie sich besser schützen können.

Aber sagen wir, die Sache geht schief und der Machthaber stirbt. Eine neue Ära beginnt. Was passiert als Nächstes, nachdem der Tyrann aus dem Weg geschafft ist? Wird die Lage besser? Wird sie schlimmer? Das finden wir im nächsten Kapitel heraus.

8 Vorsicht vor dem, was man sich wünscht

Es gibt Diktatoren, die ein wenig übler sind als ich, oder etwa nicht? Ich bin das kleinere Übel.[1]

Alexander Lukaschenko, Präsident von Belarus

Nach fast einem halben Jahrhundert an der Macht ist der Diktator gestürzt. Für viele schien er unsterblich, aber seine Herrschaft und sein Leben sind endgültig vorbei. Während der eilig arrangierten Beisetzung wehen überall im Land die Flaggen des Regimes und obwohl die Hälfte der Trauergäste den alten Mann für seine Impulsivität und Grausamkeit verachtete, bemühen sie sich nun, das zu verbergen.

Auf den Straßen und vor den Fernsehbildschirmen jubeln die Feinde des Diktators – die Gefolterten, die Zermürbten. Es war nicht bloß ein Gerücht, der jahrzehntelange Albtraum war wirklich zu Ende.

Aber stimmt das? Manchmal lautet die Antwort: Ja. Der böse Traum endet, und weil der Tyrann das Land nicht mehr in seiner Gewalt hat, besteht die Chance zur Demokratisierung. Meistens jedoch lautet die Antwort: Nein. Wenn Tyrannen stürzen – ob sie ins Exil gehen, im Sarg liegen oder in einer Gefängniszelle hocken –, bleibt häufig alles beim Alten oder es wird sogar noch schlimmer. Die

Tyrannen werden schlicht durch neue Diktatoren ersetzt. Zwischen 1950 und 2012 wurden nur 20 Prozent der gestürzten autokratischen Herrscher von einer Demokratie abgelöst.[2]

Schlimmstenfalls ist die Folge eines gestürzten Diktators nicht nur ein weiterer Diktator, sondern ein gewaltsamer Konflikt und Chaos. Wenn aber doch der Diktator die Quelle des Leids eines Landes ist, sollte seine Entmachtung dann nicht einen Schritt in die richtige Richtung bedeuten?

Nicht unbedingt. Islam Karimow, der Diktator Usbekistans, dessen Regime Bekanntheit erlangte, weil dort Menschen bei lebendigem Leib gekocht wurden, sagte angeblich gern: »Kein Mann, kein Problem.«[3] Geht es um die Nachfolge von Diktatoren, ist oft das Gegenteil der Fall: kein Mann, viele Probleme. Das liegt daran, dass es in Wirklichkeit nicht »keinen Mann« gibt, sondern viele Männer, die darum kämpfen, der eine Mann zu werden.

Verstirbt ein demokratischer Führer im Amt oder verliert er eine Wahl, weiß jeder, was passiert. Ein Verfahren setzt ein, es gibt Regeln und Institutionen, die alles beaufsichtigen. Unmittelbare Nachfolger werden vielleicht in Hinterzimmern ausgesucht, aber früher oder später müssen sich die Neuen den Wählenden an der Urne stellen. Gelingt es ihnen, die Mehrheit zu überzeugen, oder zumindest die, auf die es ankommt, dann bleiben die Nachfolger für eine begrenzte Zeit an der Macht – bis zur nächsten Wahl, ganz nach demokratischem Zyklus.

In politischen Systemen, in denen die Regierungszeit einer bestimmten Person begrenzt ist, wie in den USA, wo der Präsident höchstens acht Jahre an der Macht ist, gelten noch strengere Regeln und ein häufiger Wechsel ist nicht nur die Norm, sondern gesetzlich vorgeschrieben. In personalistischen Diktaturen existiert nichts von alldem. Auf dem Papier mag es ein paar Regeln geben, die wichtig sein sollen, falls ein Diktator aus dem Amt scheidet, aber wenn es tatsächlich passiert, spielen auch die keine große Rolle.

Lässt es die Macht zu, wollen Tyrannen ein System schaffen, das sich ausschließlich um sie selbst dreht. Funktionierende Institutionen, etwa ein effizienter öffentlicher Dienst oder eine unabhängige Justiz, sind dabei nur hinderlich. Sofern andere Machtzentren fortbestehen, versuchen sich Tyrannen als »Richter« in Streitigkeiten einzumischen.[4] Anstatt einen Kompromiss zu suchen, mit dem die unterschiedlichen Gruppen leben können, wählt der Tyrann Gewinner und Verlierer und setzt sein Urteil via Repression durch. Das heißt nicht, dass die Interessen der konkurrierenden Machtzentren verschwunden sind, aber das Ganze wird gedeckelt und damit lässt sich verhindern, dass Intrigen und Machenschaften in Schießereien ausarten.

Steht der Sturz des Diktators womöglich bevor, wird dieser Deckel gesprengt, Spannungen kochen hoch und jeder schmiedet Bündnisse, um seine Interessen durchzusetzen. Konflikte hinter den Kulissen werden zu Kämpfen im Palast – oder auf den Straßen.

Und wenn Tyrannen fallen, kann Euphorie in eine Tragödie umschlagen. Aus Siegesrufen werden schnell Hilfeschreie.

Im Frühjahr 2019 tanzten die Menschen in den Straßen von Khartum.[5] Frauen sangen, Zivilisten fuhren neben

Männern in Uniform auf Panzern mit, um die Freiheit und das Versprechen zu feiern, dass alles besser werden würde. Was als friedlicher Protest wegen gestiegener Brotpreise begann, hatte über viele Umwege zum Ende der Herrschaft von Omar al-Bashir geführt, der die Diktatur am Nil mehr als drei Jahrzehnte geführt hatte. Auf den Straßen ein Moment des Triumphs.

Obwohl friedliche Demonstranten Bashir ins Taumeln gebracht hatten, war es das Militär, das seinen Sturz herbeiführte. Und jetzt, da das Militär das Sagen hatte, wollte es die Macht nicht so einfach aus der Hand geben.

Junge sudanesische Männer und Frauen, voller Hoffnung auf die Zukunft ihres Landes, beschlossen, auf der Buri Road im Zentrum von Khartum, direkt neben dem Hauptquartier des sudanesischen Militärs, ein Sit-in zu veranstalten. Wochenlang wurde dort Tag und Nacht protestiert, die Menschen hatten sogar Zelte aufgestellt. Die Atmosphäre war intensiv, aber auch fröhlich. Es wurde gesungen, getanzt und musiziert. Manchmal machten die Soldaten mit. Einmal war ein Mann in Uniform zu sehen, der Saxofon spielte.

Doch dann, am 3. Juni, brach Dunkelheit über das Lager herein, weil der Strom ausfiel. Bewaffnete Männer auf Pick-up-Trucks kamen und die Gerüchteküche brodelte. Dann begann die Gewalt.

Angesichts des Chaos an diesem Tag war es selbst für Leute in direkter Umgebung der Buri Road schwierig, zu erkennen, was vor sich ging, aber Open-Source-Intelligenz-Experten haben für die BBC die Ereignisse des Tages rekonstruiert.[6] Die Männer in den Pick-ups gehörten den Rapid Support Forces (RSF) an. Die RSF unter der

Leitung von Mohamed Hamdan Dagalo sind aus Milizen hervorgegangen, die al-Bashir zur Niederschlagung von Rebellen an den Grenzen des Sudan einsetzte. Nach dem Ende von Omar al-Bashir gehörten Dagalo und seine Männer zum Militärischen Übergangsrat (Transitional Military Council, TMC), den die Demonstranten dazu bringen wollten, eine zivile Kontrolle zu akzeptieren.

Während die Sicherheitskräfte vorrückten, zielten sie auf unbewaffnete Demonstranten. »Tötet sie! Tötet sie«, schrien sie. Die vorrückenden Männer begannen zu prügeln und zu plündern. Einige der Zelte, die die Demonstranten errichtet hatten, wurden niedergebrannt.[7]

In den Videoaufnahmen, die an diesem Tag per Livestream übertragen wurden, filmt ein Mann den Boden, während Schüsse zu hören sind. Als sich die Kamera bewegt, entdeckt sie den leblosen Körper eines jungen Mannes, der mit dem Gesicht auf der Erde daliegt. »Hier wurde jemand erschossen«, brüllt der Mann mit der Kamera. »Sie haben jemanden getötet! Sie haben hier jemanden getötet, Leute«, ruft er weiter. Während er schreit, versucht ein dritter Mann in einem blauen Hemd, die Leiche wegzuziehen, aber er lässt sie rasch wieder los. Und obwohl der Kameramann immer wieder laut ruft, scheint ihm niemand Beachtung zu schenken.

Als die Kamera erneut schwenkt, wird klar, warum: Der leblos daliegende junge Mann war einer von vielen, auf den geschossen worden war. Die neue Kameraperspektive zeigt: Eine weitere Person wird von zwei Demonstranten weggezerrt, während andere in Panik fliehen. Der Mann mit der Kamera beginnt zu laufen. Vermutlich, weil ihm klar ist, dass er nicht helfen kann, und er ahnt, jeden

Moment selbst erschossen zu werden. Während die Kamera wegen seiner langen Schritte wackelt, ruft er immer wieder: »Sie bringen uns um, Leute.«

Während die Demonstranten um ihr Leben rannten, schossen die Sicherheitskräfte weiter. Ein paar Demonstranten hatten »Glück« und konnten sich in ein Krankenhaus retten, wo die Ärzte und das Pflegepersonal schwere Verletzungen, die von Schüssen, Peitschenhieben, Schlägen mit Metallstangen und Bajonetten rührten, behandelten.[8] Sogar ein Arzt, der Verletzte behandelte, wurde angeschossen.[9] Doch damit war das Grauen noch nicht zu Ende. In der Stadt, wo bekanntlich der Weiße und der Blaue Nil zusammenfließen, wurden später Leichen von Demonstranten aus dem Fluss geborgen – manche mit Betonklötzen an den Füßen.[10]

Als wäre das noch nicht furchtbar genug, verschlimmerte sich die Lage im Sudan weiter. Nach einer kurzen Zeitspanne, in der sich die Militärs bereit erklärt hatten, die Macht mit der Zivilbevölkerung zu teilen, übernahmen sie am 25. Oktober 2021 die volle Kontrolle über das Land und zerstörten somit den Traum einer Demokratie.[11]

Doch selbst danach sorgten die Generäle nicht für Stabilität. Stattdessen bekämpften sich die Männer in Uniform gegenseitig, mit immer verheerenderen Folgen für das Land. Im Frühjahr 2023 kam es zwischen dem General, der den sudanesischen Regierungsrat leitete, und seinem Stellvertreter zu einem Konflikt mit tödlichem Ausgang, als ihre Streitkräfte im Zentrum der Hauptstadt aufeinandertrafen, dort, wo einst Demonstranten getanzt hatten, um das Ende der Al-Bashir-Diktatur zu feiern.[12] Diesmal beschränkten sich die Kämpfe nicht auf Handfeuerwaffen. Dagalos schnelle Eingreiftruppe und das reguläre Militär attackierten sich diesmal mit Raketenwerfern und Artillerie. Khartum wurde sogar aus der Luft angegriffen. Der offene Krieg zwischen Dagalo, dem Befehlshaber der RSF, und Abdel Fattah al-Burhan, dem obersten General des Militärs, riss das gesamte Land mit in den Abgrund. Wahrscheinlich wurden Tausende getötet; mehr als fünf Millionen Menschen flohen.[13]

Diktaturen tendieren dazu, nicht einfach in sich zusammenzubrechen, sondern in Flammen aufzugehen und dabei alles und jeden zu verbrennen. Und auch wenn Länder theoretisch wie Phönix aus der Asche aus dem Chaos neu erstehen könnten, folgt auf solches Chaos häufig noch mehr vom Gleichen. Der Diktator mag ein Ende gefunden haben, aber die Diktatur nicht. Es handelt sich nicht um einen linearen Übergang, sondern um einen Zyklus, der sich wiederholt. Darum leben viele Länder unter permanentem Tyrannentum, das nur durch die kurzen Momente unterbrochen wird, in denen der eine Diktator den Palast durch die Hintertür verlässt und der nächste Tyrann durch die Palasttore eintritt. Das Problem der Diktatorennachfolge ist größtenteils auf die Interessen des Amtsinhabers zurückzuführen. Diktatoren, die nach Gutdünken regieren, sind selten daran interessiert, einen Nachfolger zu benennen oder einen sinnvollen Prozess zu beschließen, um einen Nachfolger zu bestimmen, sollten sie einmal nicht mehr da sein. Wie bereits klar wurde, hängt das Überleben der Tyrannen von der Wahrnehmung ihrer Stärke ab. Sobald sie einen Nachfolger benennen, laufen sie Gefahr, sich selbst zu schwächen, während sie gleichzeitig jemand anderen stärken, der nun ein starkes Interesse daran hat, den Diktator zu ersetzen.

Ist die Nachfolge schlecht vorbereitet, kann das dazu führen, dass einem Gegner, der dem Tyrannen sowieso in den Rücken fallen wollte, die Mordwaffe in die Hand gedrückt wird. Tyrannen weigern sich daher oft, ihre Nachfolge zu regeln, denn sie glauben, dass damit ihr Sturz beschleunigt wird. Ob das Land in Flammen aufgeht oder nicht, wenn sie nicht mehr im Amt sind, ist in ihren Augen bestenfalls zweitrangig.

Verlieren Tyrannen die Macht, ist das für jene, die Teil des Regimes waren, aber zuvor nicht viel Macht hatten, eine Chance, ihre Position zu verbessern. Vielleicht wollen sie sogar selbst die Führung übernehmen? Diese Herausforderer wollen Veränderungen, aber sie wollen sie nur, wenn sie ihren Interessen entspricht. Das heißt, sie wollen keine Demokratie und keine Machtübernahme durch das Volk. Sie sind nicht gegen das System an sich, sondern wollen nur ihre eigene Position innerhalb des Systems verbessern. Dann gibt es noch die Eliten, die bereits an der Spitze des Systems eines Regimes stehen. Diese Personen, die die Gunst des vormals amtierenden Herrschers genossen, versuchen, ihre Position zu verteidigen, um ihren Zugang zu Macht und Geld zu sichern.

Ihnen geht es nicht darum, das System zu ändern, sondern es vor dem Zusammenbruch zu bewahren, damit sie weiterhin in den Genuss der Vorteile kommen.

Stürzt der Despot, sind die Interessen der Bevölkerung denen der alten Garde und der Herausforderer innerhalb des Regimes diametral entgegengesetzt. Die Massen wollen keine Umverteilung von Macht und Geld innerhalb des Regimes, sondern vom Regime zu den Bürgern. Der beste Weg dorthin ist Demokratisierung, denn je demokratischer ein Land, desto mehr Menschen werden für den Machterhalt benötigt. Und je mehr Menschen für den Machterhalt benötigt werden, desto mehr Ressourcen braucht es, um sie zufriedenzustellen.[14]

Ein Kompromiss ist nahezu unmöglich und es steht viel auf dem Spiel. Darum ist jede Gruppe, die glaubt, durch Gewaltanwendung die Oberhand gewinnen zu können, versucht, genau das zu tun. Und schon kann ein Hinterzimmerkonflikt zu einer echten Schießerei werden. Geschieht das, verlieren die Massen in der Regel, weil ihr Wettbewerbsvorteil nicht in der Anwendung von Gewalt liegt.

Eine Variante des diktatorischen Nachfolgeproblems hat auch den Übergang im Sudan scheitern lassen. Viele wollten, dass Omar al-Bashir geht – Demonstranten, Militärgeneräle und RSF-Führer waren sich in diesem Punkt einig. Sie konnten sich jedoch nicht darauf verständigen, wie es weitergehen sollte. Die einen verlangten den Übergang zu einer Demokratie, die anderen, dass ein Mann in Uniform das Sagen haben sollte – konnten sich aber untereinander nicht darauf einigen, welcher Mann.

Generell gilt: Je stärker ein Regime personalisiert ist, desto folgenreicher ist der Sturz des Tyrannen.[15] Dreht sich das System um einen einzigen Anführer, kann sein Ausscheiden leicht die gesamte Maschinerie zum Stillstand bringen.

Anders in Einparteiendiktaturen, die über eingebaute Mechanismen für die Nachfolge verfügen. Einparteiendiktaturen sind zwar ebenfalls darauf ausgerichtet, das

Oberhaupt an der Macht zu halten, aber es gibt andere Institutionen, die das Regime stabilisieren, sobald die Spitzenperson weg ist. Und oft greifen bei diesen parteigebundenen Systemen Mechanismen, die für die unvermeidlichen Streitigkeiten vorgesehen sind, zu denen es kommt, wenn ein neuer Anführer gewählt werden muss.

Ob es wirksame Nachfolgeregelungen gibt oder nicht, hängt vor allem von der Macht der Palasteliten gegenüber dem Amtsinhaber ab. Der Militärdiktator, König oder Sultan ist vielleicht nicht daran interessiert, einen Nachfolger zu ernennen, die Palasteliten allerdings schon. Ihnen geht es häufig nicht so sehr um den einzelnen Tyrannen, vielmehr um den Fortbestand des Tyrannentums, denn die Zugehörigkeit zum Regime und nicht der Despot selbst verleiht ihnen ihre Macht. Ihr Albtraumszenario ist ein freier Kampf, bei dem die Herausforderer offen um die Spitzenposition kämpfen und so einen Bürgerkrieg auslösen können, der das Überleben der gesamten politischen Ordnung bedroht. Diese Angst ist berechtigt.

Im Mittelalter erhöhte die autokratische Erbfolge in Europa das Risiko eines Bürgerkriegs erheblich.[16] Im Laufe der Zeit wurden die Nachfolgeregelungen in den absolutistischen Monarchien jedoch immer stärker kodifiziert und verfestigt. Um das Jahr 1000 war es in Europa gang und gäbe, dass Könige von ihren Brüdern beerbt wurden.[17] Dieses System, das als »Senioratsprinzip« bekannt ist, ist ein Albtraum für Tyrannen, denn es bedeutet, die Zeit arbeitet gegen sie: Der Altersunterschied zwischen dem König und seinem Bruder ist in der Regel gering und der jüngere Bruder, der weiß, dass er der Nächste in der Thronfolge sein wird, hat ein großes Interesse daran, den

Monarchen sterben zu sehen, damit er ihm folgen kann. Aus der Sicht des Königs ist das sicher suboptimal.

Ein sinnvolleres System für den König, zu dem immer mehr Monarchien übergingen, ist die »Primogenitur«. Bei diesem System tritt nach dem Tod des Herrschers der älteste Sohn und nicht der Bruder des Verstorbenen die Nachfolge an.[18] Da der Altersunterschied zwischen Kronprinz und König in der Regel groß ist, kann es sich der Kronprinz leisten, bis zum Tod seines Vaters loyal zu bleiben, im Vertrauen darauf, ihn zu überleben.[19]

Aber wenn das so ist, warum dann nicht einfach den Thron an das jüngste statt an das älteste Kind weitergeben, um den Altersunterschied zu maximieren? Dieses System wird »Ultimogenitur« genannt und hat eine große Schwäche, die mit den Eliten zusammenhängt, die die Palastmaschinerie am Laufen halten. Im Gegensatz zum ältesten Sohn, der mehr Zeit hatte, seine eigene Machtbasis im Laufe der Zeit aufzubauen, kann der jüngste Sohn nicht garantieren, die Elite zu belohnen, sobald er den Thron bestiegen hat.[20] Diese kleinen Änderungen bezüglich der Frage, wer auf der Strecke bleibt und wer den Thron besteigen darf, machen einen riesigen Unterschied für das Überleben von Oberhäuptern und Regimen. Hauptnutznießer sind die Palasteliten, die weiterhin von ihrer Position profitieren, während das Land einem möglicherweise verheerenden Kampf um den Thron aus dem Weg geht. Wenn die Nachfolge richtig geregelt ist, kann sie die Amtszeit von Tyrannen sogar verlängern.

Nachdem im Laufe der Jahrhunderte immer mehr europäische Monarchien vom mittelalterlichen System des agnatischen Seniorats zur Primogenitur übergingen, gelang es ihnen immer besser, die Nachfolge zu regeln. Eine Studie über 960 Monarchen, die vom Jahr 1000 bis zum Jahr 1800 in 42 europäischen Staaten regierten, ergab, dass Monarchen, die nach der Primogenitur-Regel regierten, mit mehr als doppelt so hoher Wahrscheinlichkeit an der Macht blieben wie Monarchen, die in Staaten mit anderen Nachfolgeregelungen herrschten.[21]

Mächtige Mitglieder des Hofes wollen eben so lange wie möglich von ihrer Unterstützung des Regimes profitieren. Haben sie das Gefühl, der Tod des Königs bedeutet das Ende ihrer Privilegien, weil das auch das Ende des Regimes bedeutet, werden sie ihre Unterstützung wahrscheinlich nicht fortsetzen und eher Aktivitäten gegen den Monarchen fördern. Wenn sie jedoch der Meinung sind, dass das Risiko eines (potenziell verheerenden) Bürgerkriegs dank eines designierten Nachfolgers sinkt, ist der Amtsinhaber möglicherweise weniger gefährdet. Das Gleiche gilt natürlich auch für den Nachfolger selbst. Da er oder sie ohnehin planmäßig zum nächsten Herrscher ernannt wird, besteht ein großer Anreiz, das aktuelle System beizubehalten und nicht zu untergraben. Der Nachfolger muss bloß warten, um auf den Thron zu kommen. Und tatsächlich kann die Ernennung eines Nachfolgers die Regierungszeit des Herrschenden verlängern, weil damit eine Person geschaffen wird, die das Regime vor seinen Gegnern schützt.[22]

Viele Oberhäupter von Nicht-Demokratien sehen daher in klaren Nachfolgeregelungen eine Möglichkeit, ihre Herrschaft zu stabilisieren.[23] In Syrien plante Hafiz al-Assad, die Macht an seinen ältesten Sohn Basil weiterzugeben.[24] Weil Basil bei einem Autounfall ums Leben kam, folgte Bashar, Basils jüngerer Bruder. Die Umstände waren ungewöhnlich. Während Basil schon lange Zeit auf die Nachfolge vorbereitet worden war, hatte Bashar eine Ausbildung zum Augenarzt in einem Londoner Krankenhaus absolviert und wenig Interesse an Politik, erzählte man sich. Dennoch einigten sich die Führer der syrischen Baath-Partei darauf, Bashar zu unterstützen, da es der wahrscheinlichste Weg war, das System zu erhalten und interne Fehde zu umgehen.[25] Bashar war vielleicht nicht der perfekte Kandidat, aber er wurde als die am wenigsten schlechte Option betrachtet. Alle anderen ernst zu nehmenden Anwärter wurden von Hafiz al-Assad in den Jahren vor seinem Tod systematisch von der politischen Bühne entfernt.[26] Und bis Bashar al-Assad im Dezember 2024 nach Russland flüchtete, nachdem er von Rebellen besiegt worden war, ging diese Rechnung mehr oder minder auf: Assad legte zwar weite Teile des Landes in Schutt und Asche, aber die Eliten des Regimes verdienten weiter am Elend.

Ein weiterer Faktor hat großen Einfluss auf das, was nach dem Sturz eines Tyrannen geschieht: die Form des Sturzes. Als ein Jahr nach der Samtenen Revolution in Armenien ein Journalist eine Obstverkäuferin fragte, wie sich die Dinge verändert hätten, antwortete sie, dass nur Idioten glauben, eine Revolution würde alles ändern. Die grauhaarige Frau, die vor Pappkartons voller Zwiebeln, Äpfel und Tomaten hockte, fügte hinzu: »Eine Revolution ist wie ein leeres neues Haus – man muss es herrichten und einrichten.«[27] Damit traf sie den Nagel auf den Kopf. Ein friedlicher Aufstand ist die Chance, etwas Besseres zu schaffen, aber er löst nicht alle Probleme auf einmal. Lehrenden verschafft er nicht die benötigten Mittel, um die junge Generation zu bilden; er bringt keine Fabriken zurück, die lange verschwunden sind; er senkt nicht die Preise für Brot oder Milch.[28] Für manche mag sich die Zeit nach der Revolution 2018 sogar noch schlimmer angefühlt haben. Doch nach den Jahren der autoritären Herrschaft in Eriwan war es zumindest eine Öffnung, die Chance für einen Neuanfang.

Im Allgemeinen besteht die beste Chance, den Kreislauf des Tyrannentums zu durchbrechen, wenn Tyrannen durch gewaltlosen Protest gestürzt werden können. In ihrem Buch *Why Civil Resistance Works* haben Erica Chenoweth und Maria Stephan dargelegt, dass ganze 57 Prozent der erfolgreichen gewaltfreien Kampagnen in eine Demokratie führten. Von den Veränderungen, die mit Gewalt einhergingen, waren es weniger als sechs Prozent.[29] Die Gründe sind vielfältig – unter anderem geht es um Legitimität. Um ein festgefügtes autoritäres Regime ohne Gewalt zu stürzen, ist die Beteiligung eines großen Teils der Bevölkerung erforderlich. Nun, da das alte Regime gestürzt ist, hat das neue Regime die öffentliche Legitimierung, die Dinge anders anzugehen.

Da eine derart große Anzahl von Menschen beteiligt ist, müssen friedliche Wege zur Konfliktbeilegung gefunden werden. Sind sie an der Macht, können sie diese Erfahrung nutzen, um mit anderen politischen Akteuren zu verhandeln, ohne auf Gewalt zurückzugreifen. Das ist für eine funktionierende Demokratie unerlässlich und es bedeutet, politische Bewegungen, die durch Gewaltlosigkeit an die Macht gekommen sind, machen sich im allgemeinen politischen Geschäft oft verhältnismäßig gut.[30] So besteht der Anreiz, in einem System zu verharren, in dem diese Fähigkeiten wertvoll sind. Das unterscheidet sie von Gruppen, die mit Gewalt an die Macht kommen. Sie besitzen die gegenteilige Fähigkeit: Sie sind gut darin, Gewalt anzuwenden, aber nicht zu verhandeln. Warum sollten sie damit aufhören, sobald sie an der Macht sind, wenn das doch ihr Vorteil ist? Also tun sie es nicht. Sie schwingen weiterhin das Schwert.

In autokratischen Regimen ist es eher schwierig, die Massen zu mobilisieren, deshalb stellen Staatsstreiche in der Regel die größte Bedrohung für Diktatoren dar. Übernehmen die Männer mit den Waffen die Macht, gibt es im Prinzip drei Optionen: Militärdiktatur, ein vom Militär unterstützter Herrscher oder Demokratisierung. In Diktaturen führen etwa zwei von drei Putschen zum Zusammenbruch des gesamten politischen Systems und zur Entstehung eines neuen.[31] Das kann Demokratie, eine weitere Diktatur oder irgendetwas dazwischen sein. Interessanterweise haben sich die diesbezüglichen Zahlen deutlich verändert: Während des Kalten Kriegs führten nur 14 Prozent der Putsche gegen Diktaturen zu einer Demokratie, in den folgenden 25 Jahren stieg diese Zahl allerdings auf 40 Prozent.[32]

Ein weiterer Nachteil von Staatsstreichen ist, dass es sich selten um eine einzelne Tat handelt. Es geschieht immer wieder, dass Länder in eine »Putschfalle« geraten, sobald sie auch nur einen einzigen Staatsstreich erlebt haben. In Thailand zum Beispiel gab es jeweils 1981, 1985, 1991, 1992 (sogar zwei), 2006 und 2014 Putschversuche.[33] Dies lässt sich unter anderem durch bestimmte gesellschaftliche Normen erklären. In einer liberalen, demokratischen Gesellschaft wie Norwegen ist ein Putsch fast unvorstellbar. Macht ist in der Politik wichtig, aber auch Legitimität – und davon besitzt die norwegische Regierung reichlich. Sie bietet dem norwegischen Volk nicht nur einen hohen Lebensstandard, sondern wurde in freien und gerechten Wahlen gewählt. Und da es in der jüngeren Vergangenheit keine Putsche gegeben hat, ist es unwahrscheinlich, dass norwegische Soldaten ernsthaft die Möglichkeit einer Machtübernahme in Betracht ziehen. Im Gegensatz dazu hat eine Militärjunta, die erst vor Kurzem durch einen Staatsstreich an die Macht gekommen ist, kaum Legitimität.[34] Da ein Staatsstreich von einer kleinen Zahl bewaffneter Männer und Frauen durchgeführt werden kann, ist schwer zu beurteilen, ob eine Junta vom Volk legitimiert ist. Außerdem besitzt sie nicht den Vorteil der Akzeptanz, weil sie schon lange im Amt ist.[35] Zusammengefasst macht das eine Junta sehr viel anfälliger für einen weiteren Putsch und dann noch einen. Der Putschfalle zu entkommen, ist nicht einfach.

Nichtsdestotrotz kann man argumentieren, dass manche Staatsstreiche gegen bestimmte Typen von Diktatoren gar nicht so übel sind.[36] Putsche gehören zu den wenigen realistischen Möglichkeiten, einige der schlimmsten Tyrannen der Welt loszuwerden. Dass sie das Land in eine blühende Demokratie führen, ist eher unwahrscheinlich, aber es gibt Situationen, in denen es schlicht nicht viele andere Optionen gibt. Und gibt es nicht Situationen, in denen es wünschenswert wäre, einen bestimmten Tyrannen loszuwerden, selbst wenn das Land danach nicht in eine Demokratie übergeht? Es gibt etliche Szenarien, in denen das durchaus vorstellbar ist.

Benjamin Disraeli behauptete, dass »Attentate die Geschichte der Welt nie verändert hätten«.[37] Einzelne Ge-

genbeweise (zum Beispiel der Ausbruch des Ersten Weltkriegs) mal beiseitegelassen, gibt es etliche stichhaltige Belege dafür, dass Disraeli falschlag. Den Tyrannen zu töten, kann sich als nützlich erweisen. In einer Studie zu den Auswirkungen von Attentaten auf Staatsorgane und Krieg haben die Wirtschaftswissenschaftler Benjamin Jones und Benjamin Olken herausgefunden, dass die Tötung nicht demokratischer Machthaber die Chancen auf Demokratisierung eines Land erhöhen kann. Die Ermordung demokratischer Führer hingegen ergab vergleichsweise wenig Unterschiede.[38] Das ist eine intuitive Erkenntnis. In einer personalistischen Diktatur macht der Tod eines einzelnen Mannes einen deutlich größeren Unterschied als in einer funktionierenden liberalen Demokratie.

Während sich Attentate allein gegen den Diktator oder eventuell noch gegen seinen engsten Zirkel richten, können sich Bürgerkriege flächendeckend ausbreiten – und haben häufig Hunderttausende, manchmal sogar Millionen Tote zur Folge. Das zerstörerische Konfliktpotenzial spielt in einer eigenen Liga. Und oft bedeutet der Sturz des Tyrannen im Rahmen eines Bürgerkriegs nicht einmal das Ende des Krieges (oder der Tyrannei). Als beispielsweise Idriss Déby im Jahr 2021 im Tschad von Rebellen getötet wurde, stürzte weder das Regime noch war dadurch der Krieg beendet. Es gab anschließend nicht einmal einen Diktator mit einem anderen Nachnamen, denn Idriss Débys 37-jähriger Sohn übernahm die Macht, sodass der Tschad nach wie vor von einem Déby regiert wurde.

Wie Putsche haben auch Bürgerkriege die Tendenz, sich zu wiederholen. Ungefähr zwei von zehn Bürgerkriegen flammen innerhalb von fünf Jahren wieder auf.[39] Der

Tyrann stürzt, ein neuer Herrscher kommt und die Zerstörung geht weiter. Häufig liegt das daran, dass der eigentliche Grund der Konflikte fortbesteht. Wenn sich die unzufriedene Bevölkerung erhebt, weil die Menschen arm und chancenlos sind, verschwindet ihr Unmut auch nicht einfach, weil ein Waffenstillstand vereinbart wird.

Darüber hinaus wird der neue Machthaber versucht sein, weiterzukämpfen, da ein starker Anreiz besteht, nicht derjenige Führer zu sein, der den Krieg verliert, vor allem, wenn er zudem Teil der herrschenden Elite ist, die den Krieg begonnen hat.[40] Niemand will für eine Niederlage den Kopf hinhalten, also wird weitergekämpft.

Doch selbst wenn der neue Herrscher Frieden mit den Rebellen machen wollte, würde er sich damit schwertun. Einer der Gründe, warum es autoritären Regimen nicht leichtfällt, mit Rebellen Frieden zu schließen – selbst nach dem Tod eines Diktators –, ist, dass sie ihren Gegnern kaum ein glaubwürdiges Versprechen geben können.[41]

Um das zu verdeutlichen, reisen wir gedanklich an das Nordufer des zweitgrößten Sees Afrikas, den Tanganjikasee. In der Nacht des 13. August 2004 hörten die Bewohner von Gatumba, einer burundischen Siedlung an der Grenze zur Demokratischen Republik Kongo, etwas Ungewöhnliches.[42] Im Westen, jenseits der Sümpfe, erklangen Trommeln, Glocken und Pfeifen. Als die Geräusche näher kamen, war Gesang zu vernehmen. »Gott wird uns zeigen, wie wir zu dir kommen und wo du zu finden bist«, sangen die Gestalten in der Dunkelheit.

Einige, aber nicht alle der sich nähernden Menschen trugen Militäruniform. Die Bewohner von Gatumba, von denen viele Flüchtlinge waren, wussten nicht, dass die

Trommler und Sänger zu den Forces Nationales de Libération (FNL) gehörten. Die meisten waren Männer, aber einige noch Kinder, so klein, dass ihre Waffen über die Erde schleiften.[43]

Die FNL war eine im burundischen Bürgerkrieg aktive Hutu-Rebellengruppe. Der Konflikt war nach der Ermordung von Melchior Ndadaye ausgebrochen, dem ersten demokratisch gewählten Präsidenten Burundis. Im August 2000, nachdem zahllose Burundier ihr Leben durch die Gewalttaten verloren hatten, unterzeichnete die burundische Regierung einen Friedensvertrag mit den meisten bewaffneten Gruppierungen des Landes – nicht jedoch mit der FNL. Die FNL, unter Führung des damals neunundvierzigjährigen Agathon Rwasa, kämpfte weiter.

In der besagten Nacht in Gatumba begann die FNL zu schießen. Die meisten ihrer Opfer waren Banyamulenge, eine Ethnie aus dem Kongo, die häufig mit den Tutsi gleichgesetzt wird. Zwischen den Schüssen, den Bränden und den Schreien herrschte das totale Chaos. Doch trotz der Gewalt glaubten einige Menschen, dass sie gerettet würden, da die Angreifer riefen: »Los, kommt, wir beschützen euch.«[44]

Aber niemand war gekommen, um zu helfen. Stattdessen erschossen die Rebellen die Menschen, die ihre Zelte verließen. Viele, die das nicht taten, starben in den Zelten und verbrannten. Die *Washington Post* berichtete später, dass ein sechzehnjähriges Mädchen mit ansehen musste, wie ihre Mutter durch einen Kopfschuss starb, ihr Bruder enthauptet und ihr Vater bei lebendigem Leibe verbrannt wurde.[45] Insgesamt töteten die FNL-Kämpfer mehr als 150 kongolesische Zivilisten, weitere 106 Menschen wurden verletzt. Nach Angaben der UNO waren die meisten Opfer Frauen, Kinder und Babys – sie wurden erschossen und verbrannt.[46]

Als ich mit Agathon Rwasa über das Massaker in Gatumba sprach, weigerte er sich, die Verantwortung zu gestehen, und sagte, aufgrund der Anschuldigungen sei er ungerecht behandelt worden. Obwohl er seine Unschuld beteuerte, betonte er, Christ zu sein. »Ich glaube an die Kraft der Vergebung«, fügte er hinzu.[47]

Der Fall Rwasa zeigt, warum es so kompliziert sein kann, Bürgerkriege zu beenden. Im Jahr 2004 stellten die burundischen Behörden wegen des Massakers einen Haftbefehl gegen ihn aus.[48] Doch damit jemand, dem Kriegsverbrechen vorgeworfen werden, aufhört zu kämpfen, muss er nicht nur glauben, dass ein militärischer Sieg unmöglich ist, sondern auch, dass die Regierung nicht gegen ihn vorgehen wird, sobald er die Waffen niederlegt. Das ist nicht einfach, denn einen Rebellenführer nicht zu verfolgen, dessen Truppen so viel Leid verursacht haben, sorgt für Empörung. Auch zwei Jahrzehnte später hat Rwasa wegen des Massakers von Gatumba noch keinen einzigen Tag im Gefängnis verbracht. Stattdessen gelang es ihm, stellvertretender Sprecher des Parlaments von Burundi zu werden, und er kandidierte sogar für das Präsidentenamt.[49] Er ist also alles andere als ein Ausgestoßener.

Demokratische Führer unterliegen scharfen Einschränkungen, wenn es darum geht, mit Leuten wie Rwasa zusammenzuarbeiten, weil sie die Wähler auf ihrer Seite halten müssen. Tyrannen dagegen können Rebellenführern so ziemlich alles versprechen. Amnestie? – Natürlich. Die Rebellenkämpfer ins reguläre Militär integrieren? – Kein

Problem. Diktatoren können alle möglichen Versprechungen machen. Allerdings kann es sich als selbstmörderisch erweisen, für das Versprechen eines Diktators die Waffen niederzulegen – denn es bedeutet nichts. Idriss Déby ist auch dafür ein gutes Beispiel. Nachdem ein Rebellenführer ein Abkommen unterzeichnet hatte und aus dem Exil zurückkehrte, weil er sich in Sicherheit wähnte, wurde er in seinem Haus in N'Djamena ermordet.[50] Bürgerkriege sind nicht nur außerordentlich tödlich und zerstörerisch, sie sind auch schwer zu beenden – insbesondere für Diktatoren.

Das führt uns zu einem vom Ausland erzwungenen Regimewechsel. Ende März 2003 sagte George W. Bush: »Dies sind die ersten Schritte eines breit angelegten und konzertierten Feldzugs.«[51] Drei Wochen später stießen Zivilisten und US-amerikanische Streitkräfte auf dem Firdos-Platz in Bagdad eine Statue von Saddam Hussein vom Sockel. Später im selben Jahr fand man einen zerzaust aussehenden Saddam Hussein in einem Erdloch in der Nähe von Tikrit. Ein bösartiger, brutaler Diktator wurde gestürzt, gefunden und hingerichtet.

Aber zu welchem Preis? Tausende von US-amerikanischen Soldatinnen und Soldaten sowie Söldner wurden getötet. Der Krieg kostete den US-Steuerzahler Milliarden. Vor allem aber kostete er Zehntausende irakische Bürgerinnen und Bürger das Leben, und ihr Land wurde durch den Krieg und die darauffolgenden Unruhen verwüstet. Darüber hinaus destabilisierte der Konflikt die gesamte Region und trug zum Aufstieg des Islamischen Staates (IS) bei – einem ernsthaften militärischen Risiko. Warum ist diese US-Operation gescheitert? Ging es um die USA und den Irak im Besonderen, oder bedeutet ein vom Ausland aufgezwungener Regimewechsel allgemein, dass ein Scheitern wahrscheinlich ist? – Beides.

Eines der großen Probleme beim gewaltsamen Austausch eines Regimes durch Kräfte aus dem Ausland besteht darin, dass der Angreifer entscheiden muss, was er mit Hinterlassenschaften des alten Regimes tun will. Säuberungen? Entscheidet man sich dafür, verprellt man jene Leute, die wissen, wie man dort regiert, und gibt ihnen einen Anreiz, den Übergang zum neuen Regierungssystem zu torpedieren. Entscheidet man sich dagegen, ist der Übergang gefährdet, weil die Loyalität jener, die bisher für den Diktator gearbeitet haben, nicht selbstverständlich gegeben ist.

Im Irak entschieden sich die USA für eine Säuberung. Zwischen dem 12. Mai 2003 und dem 28. Juni 2004 leitete Paul Bremer die provisorische Koalitionsbehörde, die Coalition Provisional Authority (CPA).[52] In dieser Funktion war er so etwas wie der Gouverneur des Landes, nur dass er weder vom irakischen Volk gewählt worden war noch der irakischen Legislative Rechenschaft schuldete. Bremer erließ seine erste Anordnung als CPA-Administrator vier Tage nach Amtsantritt. In Abschnitt 1 Absätze 2 und 3 der Anordnung hieß es, dass etliche Mitglieder der Baath-Partei und Regierungsbeamte von ihren Posten entfernt werden sollten. Einigen wurde darüber hinaus untersagt, künftig im öffentlichen Sektor zu arbeiten.[53] In einer zweiten Anordnung, später im selben Monat erlassen, löste Bremer die irakischen Sicherheitskräfte offiziell auf.[54]

Auf den ersten Blick mögen diese beiden Verfügungen eine gute Idee sein. Seit Jahrzehnten war die Baath-Partei für Menschenrechtsverletzungen im Irak verantwortlich. Natürlich sollte nun niemand mehr, der der Partei nahestand, Zugang zu den Hebeln der Macht haben, oder?

Allerdings ist es komplizierter. Die Anordnung zur Ent-Baathifizierung betraf etwa 85.000 Iraker, von denen viele Tausende sich nicht als begeisterte Anhänger von Saddam Hussein betrachteten, sondern der Partei schlicht beigetreten waren, um ihre Arbeit zu behalten. Einige waren Lehrer, andere kümmerten sich um die Strom- und Wasserversorgung.[55] Der damalige Chef der CIA in Bagdad warnte Bremer: »Mit Einbruch der Dunkelheit werden Sie 30.000 bis 50.000 Baathisten in den Untergrund getrieben haben. Und in einem halben Jahr werden Sie das erst richtig bereuen.«[56]

Mit Auflösung der irakischen Armee wurden Hunderttausende, die eine militärische Ausbildung absolviert hatten, von angesehenen Personen zu Arbeitslosen. Ohne Einkommen und verärgert, sahen viele keinen Anreiz, den neuen Status quo zu akzeptieren. Ein späterer Bericht stellte fest, dass »diese beiden Anordnungen die Fähigkeit der Besatzungstruppen, sowohl die Sicherheit aufrechtzuerhalten, als auch das normale Funktionieren der irakischen Regierung gravierend untergraben haben«.[57]

Und so kam es dann auch. Manche von Saddam Husseins ehemaligen Soldaten begannen schnell, bewaffneten Widerstand zu organisieren, und im Herbst 2003 hatten die Besatzungstruppen ein ernsthaftes Problem.[58] Im Oktober 2006 kam das Pentagon zu dem Schluss, dass die US-Streitkräfte im Begriff waren, zu verlieren.[59] Im darauffolgenden Jahr hatte sich die Lage dermaßen verschlechtert, dass Präsident Bush entschied, zusätzlich 30.000 Soldaten in den Irak zu entsenden, um die Gewalt in den Griff zu bekommen.[60]

Generell ist das ein schwer zu lösendes Problem. Nach dem Sieg über Nazideutschland im Zweiten Weltkrieg haben beispielsweise manche Alliierte den umgekehrten Weg eingeschlagen. Anstatt zu versuchen, alle, die mit dem Naziregime zu tun gehabt hatten, auszusortieren, ließen die Besatzer westlich der Elbe bewusst ehemalige Generäle, Richter und Verwaltungsbeamte weiterarbeiten, weil sie sich mehr um ein dysfunktionales Deutschland sorgten als um ein Land mit Überbleibseln des ehemaligen Regimes. Dies wirkte sich bis in die Spitzen der deutschen Politik aus: 1969 war der Bundeskanzler der Bundesrepublik Deutschland ein Mann, der 1933 der NSDAP beigetreten war. Die Behauptung, dass die Entnazifizierung unvollständig durchgeführt wurde, ist stark untertrieben.

Betrachtet man ganz allgemein vom Ausland aufgezwungene Regimewechsel, so ist die Bilanz miserabel, und das nicht nur, weil es schwierig ist, mit ehemaligen Eliten zurechtzukommen. Eine 2013 veröffentlichte Studie besagt, dass etwa 11 Prozent der Regimewechseloperationen der USA im Laufe eines Jahrhunderts in Demokratie mündeten, also kaum mehr als eine von zehn.[61] Obwohl Demokratisierung oft als primäres Ziel des intervenierenden Staates angegeben wird, stimmt das nicht allzu oft.[62] Auch demokratische Politiker wollen an der Macht bleiben und der Einsatz von Gewalt gegen einen anderen Staat bedeutet ein großes Risiko. Für die meisten lohnt es sich einfach nicht, diese Gefahr einzugehen, es sei denn, die nationale Sicherheit steht auf dem Spiel. Die Förderung von Demokratie wird als Bonus angesehen, ist aber kein Grund, in den Krieg zu ziehen. Und wenn Demokratisierung nicht mal der Hauptgrund für einen Krieg ist, warum sollte dann aus einem Krieg Demokratie resultieren?

Präsident Kennedy verstand diese Dynamik sehr gut. Während des Kalten Kriegs, als Washington Ramfis Trujillo in der Dominikanischen Republik entmachten wollte, sagte Kennedy:

> »Es gibt drei in absteigender Reihenfolge zu bevorzugende Möglichkeiten: ein anständiges demokratisches Regime, eine Fortsetzung des Trujillo-Regimes oder ein Castro-Regime. Wir sollten Ersteres anstreben, aber wir können nicht auf die zweite Möglichkeit verzichten, solange wir nicht sicher sind, dass wir die dritte vermeiden können.«[63]

Treten demokratische Staats- und Regierungschefs im Fernsehen auf und der Nachrichtensprecher fragt sie nach den Beweggründen für ihr Eingreifen, werden sie das so nicht ausdrücken – aber in den militärischen Lagezentren werden sie genau danach handeln.

Außerdem gibt es Fälle, in denen Demokratisierung im Vergleich zur nationalen Sicherheit nicht nur als weniger wichtig betrachtet wird, sondern sogar als negativ.[64] Ersetzt man einen Tyrannen durch einen demokratischen Führer, hat der Demokrat ein größeres Interesse daran, Wahlen zu gewinnen, als den Willen einer ausländischen Macht zu befolgen. Tatsächlich können Demokratieexporteure in eine Situation geraten, wo das Installieren einer demokratischen Regierung sie Menschenleben und

Geld kostet, nur um dann festzustellen, dass diese Regierung sich umdreht und sich gegen sie stellt.

Hier liegt eine Art Paradoxon vor. Wenn es bei einem vom Ausland erzwungenen Regimewechsel (teilweise) darum geht, eine nachhaltige Demokratie zu schaffen, sind zwei Hauptfaktoren zu berücksichtigen. Erstens: Erfolgswahrscheinlichkeit, die sehr unterschiedlich ausfallen kann, da sich manche Länder mit sehr viel höherer Wahrscheinlichkeit in Demokratien verwandeln als andere. Wenn alle anderen Faktoren gleich sind, ist es viel einfacher, ein reiches Land mit historisch demokratischer Erfahrung in eine Demokratie zu verwandeln als eine arme personalistische Diktatur, in der noch nie eine Wahl stattgefunden hat.[65]

Zweitens: Die Komplexität der militärischen Intervention, die zum Sturz des Regimes erforderlich ist. Die Absetzung von Herrschern stabiler Länder mit funktionierenden Institutionen (wie das Kaiserreich Japan), die die besten Chancen zur Demokratisierung haben, ist in der Regel kostspielig, weil diese Institutionen militärische Effektivität erzeugen. Die Absetzung von Oberhäuptern armer personalistischer Diktaturen mag einfacher sein, aber die Erfolgschancen sind geringer, weil es kaum eine Grundlage für eine Demokratisierung gibt.[66] Demokratieexporteure können also entweder einen »leichten Krieg« mit kleiner Chance auf ein nachhaltiges Ergebnis oder einen »schweren Krieg« mit großer Chance auf positivere Ergebnisse wagen. Da ein harter Krieg Hunderttausende von Todesopfern bedeuten kann, lohnt er sich selten.

Warum also werden angesichts der fürchterlichen Wahrscheinlichkeiten so oft Versuche unternommen, ein

Regime gewaltsam zu ändern? Zum Teil ist das Hybris. Politiker neigen dazu, zu glauben, dass es diesmal anders verlaufen wird. Vielleicht halten sie sich für besonders intelligent und glauben, dass sie nicht in die gleichen Fallen tappen werden wie ihre Vorgänger.

Doch auch die Alternativen sind oft düster. Theoretisch weiß man, dass Gewalt kaum zu einer blühenden Demokratie führen wird. Aber würden Sie sich von Statistiken leiten lassen, wenn der Chef Ihres Auslandsnachrichtendienstes berichtet, dass ein Diktator im Begriff ist, Krankenhäuser und Straßenmärkte mit Fassbomben zu attackieren? Oder würden Sie das Risiko eingehen und versuchen, die Kampfhubschrauber des Diktators zu zerstören, bevor sie abheben? Selbst mit allen Statistiken der Welt wäre das keine einfache Entscheidung.

All diese Szenarien basieren darauf, dass Diktatoren stürzen, aber es gibt auch noch die Möglichkeit, dass sie ins Bett gehen und einfach nicht wieder aufwachen. Und in der Tat passiert das nicht selten, denn viele Diktatoren werden sehr alt. Paul Biya in Kamerun war noch im Alter von neunzig Jahren an der Macht, Teodoro Obiang im benachbarten Äquatorialguinea mit einundachtzig. Fidel Castro verstarb mit neunzig Jahren. Robert Mugabe wurde ganze fünfundneunzig Jahre alt, bevor er in einem Krankenhaus in Singapur starb.

Seltsamerweise passiert für gewöhnlich nicht viel, wenn Diktatoren »einfach einschlafen«. In einem Bericht, der die Folgen des Todes von 79 Diktatoren im Amt analysierte, wurde festgestellt, dass nur 8 Prozent dieser Todesfälle zu einem Zusammenbruch des Regimes führten.[67] Und fast nie folgte Demokratie. Manche mögen diese Zahlen für überraschend halten. Der Diktator ist tot. Ist das nicht die beste Gelegenheit, das Land in eine andere Richtung zu lenken? Im Großen und Ganzen passiert genau das nicht.

Es gibt die englische Redensart: »Hüte dich vor einem alten Mann in einem Beruf, in dem man normalerweise jung stirbt.« Und was für Soldaten gilt, gilt auch für Diktatoren. Despoten, die im Amt sterben, haben in der Regel während ihrer Herrschaft eine ganze Reihe von Bedrohungen abgewehrt. Wenn sie in ihrem goldenen Bett einschlafen, ist es unwahrscheinlich, dass das Regime zusammenbricht, denn das System ist offenbar gefestigt und bereit für den Machtwechsel. Jeder weiß, wo er hingehört, und die Maschinerie läuft auch unter diesen außergewöhnlichen Umständen weiter. Das neue Oberhaupt tritt auf den Plan.

Und selbst wenn der neue Tyrann drastische Veränderungen vornehmen will, wird ihm das schwerfallen, denn ohne die alte Garde zu regieren, ist nahezu unmöglich. Und warum sollten die Männer und Frauen, die den alten Führer umgeben haben, das System, das ihnen so zupasskam, auch auflösen wollen? Das wollen sie gewöhnlich nicht, also werden sie jemanden aussuchen, der das Boot nicht ins Wanken bringen möchte. Wenn der von ihnen Ausgesuchte wider Erwarten versucht, Dinge anders zu machen, wird er wahrscheinlich nicht weit kommen.

Eine Wissenschaftlerin der Harvard University hat kürzlich argumentiert, dass Anführer nur dann im Schlaf sterben »dürfen«, wenn sich die Eliten bereits auf einen Nachfolger verständigt haben.[68] Wäre das nicht der Fall, würde jemand versuchen, sich einen Vorteil zu verschaffen, indem er gegen den Amtsinhaber vorgeht, während der noch lebt. Da dies nicht geschehen ist und der Diktator in Ruhe sterben durfte, ist es wahrscheinlich, dass es eine Vereinbarung zwischen den Insidern des Regimes gibt, die drastische Veränderungen nach dem Ableben des Tyrannen wenig wahrscheinlich macht.

Und es gibt noch einen weiteren Aspekt. Die Form, in der ein neuer Führer an die Macht kommt, sagt uns nicht nur, welches politische System wir erwarten können, sondern gibt auch einen Hinweis darauf, wie stabil es sein wird. Übernimmt ein neuer Anführer die Macht, befindet er sich oft in einer vergleichsweise schutzlosen Position.[69] Die Situation ist in Bewegung und die Menschen kennen ihre neue Rolle noch nicht – sie könnten sogar versucht sein, den neuen Anführer herauszufordern, wenn sie ihn für schwach halten. Doch manche Methoden der Machtergreifung sorgen für deutlich mehr Stabilität als andere.[70]

Jemanden zu ermorden, ist vergleichsweise einfach und zeugt nicht von großer Stärke. Die Zerschlagung einer ganzen politischen Ordnung durch einen Staatsstreich, eine Rebellion oder massive Proteste erfordert hingegen ein sehr viel höheres Maß an Unterstützung. Kommen neue Anführer auf diese Weise an die Macht, weiß jeder, dass sie vergleichsweise stark sind. Infolgedessen ist es unwahrscheinlicher, dass diese neuen Führer mit ernsthaften unmittelbaren Angriffen auf ihre Herrschaft konfrontiert sind, da niemand einen Kampf beginnen möchte, den er vermutlich verlieren wird.

Wenn Diktatoren stürzen und Regime zusammenbrechen, ist das Ergebnis oft katastrophal. Diktatoren sorgen für ihren Machterhalt, indem sie Gewinner und Verlierer bestimmen, und obwohl es Intrigen und Hinterzimmermachenschaften gibt, ist ein offener Schlagabtausch unwahrscheinlich, solange sie fest im Sattel sitzen. Sobald sie jedoch ins Wanken geraten und es so wirkt, als könnten sie stürzen, eskaliert die Situation. Die Eliten wollen das Regime am Leben erhalten, um ihre Vorteile zu wahren; die Herausforderer wollen an die Spitze aufsteigen und ihre Macht und den Zugang zu gestohlenem Geld ausbauen; das Volk will die Ressourcen des Regimes auf die breite Bevölkerung umleiten, sind aber in der Regel zu schwach, um mit den Insidern zu konkurrieren.

Hat sich der Staub gelegt und ist der Aderlass beendet, fragen sich die Menschen oft, ob sich das alles gelohnt hat, da die Tyrannei gar nicht vorbei ist, sondern lediglich einen anderen Namen hat. Der Kreislauf der Diktatur ist schwer zu durchbrechen, aber manchmal gelingt es: wenn Tyrannen »richtig« zu Fall gebracht werden. Nun, da wir wissen, wie Tyrannen fallen und was passiert, wenn sie es tun, wie können wir dafür sorgen, dass dieser Fall eintritt? Und ist es überhaupt klug, den Versuch zu unternehmen, Tyrannen zu stürzen?

9 Wie man Diktatoren stürzt

Die Geschichte beweist, dass alle Diktaturen und alle autoritären Regierungsformen vorübergehend sind. Nur demokratische Systeme sind nicht vorübergehend. Allen Unzulänglichkeiten zum Trotz hat die Menschheit nichts Besseres ersonnen.[1]

Wladimir Putin, Präsident Russlands

Wenige Dinge in der Politik sind so schwer wie der Sturz von Diktatoren, doch das bedeutet nicht, dass alle Versuche zum Scheitern verurteilt sind.

Wenn man davon ausgeht, dass es so schwierig ist, welchen Einfluss haben Außenseiter dann realistisch betrachtet? Im Guten wie im Bösen ist der Einfluss von außen oft begrenzt. Meistens obliegt so ein Sturz dem Volk selbst, und zwar einem kleinen Teil der Bevölkerung. Die allgemeine Regel lautet: Je näher sie dem Tyrannen steht, über desto mehr Einfluss verfügt eine Person. So wird der Verteidigungsminister mehr Macht haben als ein mittlerer Beamter, und die Macht eines Staatsdieners in der Hauptstadt wird die eines Ladenbesitzers an der Peripherie deutlich übersteigen.

Genauso wie Despoten vor Zielkonflikten stehen, um an der Macht zu bleiben, stehen die Feinde von Diktatoren vor schwierigen Entscheidungen. Damit es nicht zu einer Katastrophe kommt, muss man aus dem Teufelskreis der Diktatur ausbrechen.

Dafür gibt es zwei grundsätzliche Herangehensweisen: Bei der ersten geht es darum, den Sockel des Diktators zu beschädigen, um ihn im Laufe der Zeit so zu schwächen, dass ein starker Windstoß genügt, um ihn zu Fall zu bringen. Die zweite ist unmittelbarer und zielt darauf, den Tyrannen direkter anzugreifen.

Beim Sturz von Tyrannen verfügen nicht alle Länder über das gleiche Instrumentarium. Einige, wie die USA, besitzen alle Mittel. – Das sind so viele, dass man sich schwer für eines entscheiden kann, von politischem Druck über wirtschaftliche Maßnahmen bis hin zu Gewalt. So erkannten die USA 2019 nach gefälschten Wahlen in Venezuela Juan Guaidó als Präsidenten an, um Nicolás Maduro zu schwächen, der das Land de facto weiterhin kontrollierte.[2] Als US-Präsident Carter 1978 entschied, dass der nicaraguanische Diktator Somoza wegmüsse, nutzte Washington seinen Einfluss auf den Internationalen Währungsfonds, damit dieser der Regierung in Managua keinen Kredit mehr gewährte.[3] Außerdem setzte Carter nicht nur die militärische Unterstützung des Regimes aus, sondern hinderte auch andere an Waffenlieferungen.[4] In den frühen 1960er-Jahren war Präsident Kennedy einen Schritt weiter gegangen, als er eine Flotte vor die Küste der Hauptstadt der Dominikanischen Republik verlegte. Mit der Drohung einer bevorstehenden Invasion erklärte man Ramfis Trujillo, es sei an der Zeit, zurückzutreten. Der wollte kein Risiko eingehen und kam der Aufforderung nach.[5] 2003 stürzten die USA Saddam Hussein im Irak und 2011 halfen sie dabei, Muammar Gaddafi in Libyen abzusetzen. Ein Land wie die USA verfügt in dieser Hinsicht über einen gut gefüllten Werkzeugkasten.

Andere haben nur Zugang zu spezialisierten Instrumenten. In ihren Banken mag das Geld der Diktatoren liegen. Oder sie produzieren Technik, die die Flugzeuge des Regimes in der Luft hält. Oder sie befinden sich nur in geografischer Nähe, was Regimegegnern zupasskommen kann, die nach einem sicheren Ort Ausschau halten, um Widerstand zu organisieren.

Wenn Außenstehende sich für die langsamere, subtilere Methode entscheiden – den Sockel kontinuierlich beschädigen und auf einen Sturm warten –, dann sollte der erste Auftrag lauten, sorgsam zu analysieren und zu planen. Wer hält den Tyrannen wirklich an der Macht? Den Verlust welcher Gruppen kann sich der Machthaber keinesfalls erlauben? Was holt diese an einem Montagmorgen aus dem Bett? Wie lässt sich deren Kalkül beeinflussen? Da autoritäre Regime oft so undurchsichtig sind, kann es schwierig sein, das zu erkennen – vor allem in den am stärksten abgeschotteten Ländern der Welt. Doch trotz dieser offensichtlichen Schwierigkeiten gibt es mehr Ähnlichkeiten als Unterschiede. Es stimmt zwar, dass Ideologien sehr voneinander abweichen und Gesellschaften sich stark unterscheiden, insbesondere wenn sie unter Regimen leben, die sie jahrzehntelang indoktriniert haben. Und trotzdem wollen viele Leute in diesen Schlüsselpositionen ähnliche Dinge: Macht, Geld, Sicherheit für sich und ihre Familien, Respekt.

Nachdem diese Analyse gemacht ist, sollte das Ziel Außenstehender sein, den Sockel schneller zu beschädigen, als der Diktator ihn reparieren kann. Zu diesem Zweck bedarf es nicht nur einer Analyse der Stärken und Schwächen des Regimes, sondern auch des Akteurs, der versucht, es zum Scheitern zu bringen. Worin ist es gut, worin nicht?

Diese vorsichtigere Herangehensweise bringt drei Vorteile mit sich. Da der Tyrann nicht von Außenstehenden gestürzt wird, kann die Sache vergleichsweise billig sein. Und weil es bei diesem Ansatz darum geht, Menschen zu helfen, sich selbst zu helfen, sind die Chancen, dass es katastrophal ausgeht, deutlich geringer. (Theoretisch ist es möglich, dass hunderttausend Menschen sterben, weil eine fremde Macht Workshops für unabhängigen Journalismus veranstaltet hat – aber bislang ist so etwas nicht passiert.) Außerdem besteht die Wahrscheinlichkeit, dass das Ergebnis von Dauer ist, wenn vorsichtige Unterstützung von außen zum Sturz des Regimes beiträgt. Wie wir im Verlauf dieses Buchs gesehen haben, führen gewaltlose Übergänge, sofern sie erfolgreich sind, eher zu Demokratie als gewaltsame.

Tyrannen brauchen Geld, Waffen und Leute, um sich an der Macht zu halten. Und es ist wichtig, dass die Menschen in ihrem Umfeld damit rechnen, dass sie auch in Zukunft über alle drei Faktoren verfügen werden. Haben sie diesen Eindruck nicht, kalibrieren die Eliten ihre Unterstützung des Machthabers vielleicht neu, da sie nicht aufs falsche Pferd setzen wollen. Wenn das passiert, wird der Tyrann verwundbar, was Herausforderer einlädt, es mit ihm aufzunehmen. Außenstehende können alle drei Faktoren beeinflussen. Wollen sie zum Sturz eines Diktators beitragen, sollten sie darauf abzielen, den Herrscher zu schwächen, alternative Eliten zu stärken sowie die Massen zu ermächtigen. Erstes macht den Sturz wahrscheinlicher, Letztes steigert die Chance, den Teufelskreis des Tyrannentums zu durchbrechen.

Als ersten Schritt sollten Mächte von außen alles unterlassen, was den Tyrannen aktiv am Leben hält. Manch ein Diktator bekommt militärische Ausrüstung im Wert von Milliarden Dollar. Diese Waffenexporte sind natürlich nicht alle gleich. U-Boot-Torpedos werden höchstwahrscheinlich nicht zur Verteidigung des Regimes gegen die eigenen Leute eingesetzt, weil weder Staatsstreiche noch Massenproteste auf hoher See stattfinden. Aber ein Kampfpanzer, der in Sekunden Dutzende Demonstrierende töten kann? Das ist selbstverständlich etwas ganz anderes. Um Diktatoren das Leben schwerer zu machen, muss der Export militärischer Ausrüstung, die vom Diktator gegen seine eigene Bevölkerung eingesetzt werden kann, gestoppt werden. Details hängen vom jeweiligen Regime ab, aber das bedeutet definitiv keine gepanzerten Fahrzeuge, Handfeuerwaffen und Helikopter mehr.

Der nächste Schritt besteht darin, es dem Diktator zu erschweren, dass er Gegner ausfindig macht und kontrolliert. Heutzutage ist der Schlüssel dafür die digitale Überwachung von Computern, Tablets und Telefonen. Was die Überwachung von Handys angeht, sticht eine Software heraus.

Im Frühling 2011 saßen Führungskräfte der NSO Group, des Herstellers der Spionagesoftware Pegasus, auf einer großen Militärbasis außerhalb von Mexiko-Stadt in einem Raum zusammen, wo normalerweise Putzmittel aufbewahrt wurden.[6] Obwohl man sich schon in dieser gesicherten Umgebung befand, stand noch ein bewaffneter Wachmann vor der Tür. Es handelte sich nicht um ein gewöhnliches Ingenieursteam und so wenig Leute wie nur möglich sollten von diesem Besuch wissen. Nachdem sie eine Weile gewartet hatten, trat der Wachmann beiseite und die Präsentation begann. Anwesend waren der mexikanische Präsident Felipe Calderón und sein Verteidigungsminister Guillermo Galván Galván. Der oberste Technologiechef des Unternehmens übergab den Anwesenden ein BlackBerry.

Das Handy sah normal aus und ließ sich auch so bedienen. Es gab keine Warnsignale, kein Blinken oder Fehlermeldungen. Doch während die mexikanischen Regierungsvertreter das Handy benutzten, konnten sie auf einer großen Leinwand verfolgen, wie Daten vom Handy live übertragen wurden. Es war der perfekte Angriff: Das Handy war nicht nur komplett kompromittiert, sondern das Opfer bekam davon nichts mit.

Nach Abschluss des Hacks verfügte der Angreifer über Zugang zu fast allem auf dem Mobiltelefon: zu Kontakten, SMS, Anrufdaten, dem Mikrofon. Kurz danach hatte die NSO Group ihren ersten großen Kunden: den mexikanischen Staat. Schon lange kämpfte das Land gegen mächtige Drogendealer, und eine derartige Software würde perfekt sein, um gegen die Kartelle vorzugehen. Wenn die Behörden wussten, wo sich die Drogendealer befanden, mit wem sie kommunizierten und was sie planten, dann konnten sie diese viel effektiver bekämpfen.

Allerdings interessierten sich im Laufe der Jahre mehr und mehr Regierungen für die Technologie, und dabei ging es nicht bloß um den Kampf gegen Organisierte Kriminalität. 2013 bot man den Vereinigten Arabischen Emiraten Zugang zu der Software an. In deren Händen wurde sie Berichten zufolge genutzt, um in einem breit angelegten und intensiven Einsatz gegen Ahmed Mansoor vorzugehen. Der Ingenieur hatte sich nichts weiter als Kritik an seiner Regierung zuschulden kommen lassen. Die *New York Times* schrieb:

Sein Auto wurde gestohlen, sein E-Mail-Konto gehackt, sein Aufenthaltsort überwacht, sein Pass eingezogen, von seinem Bankkonto wurden 140.000 Dollar gestohlen, er verlor seinen Job und mehrmals schlugen ihn fremde Leute auf offener Straße.[7]

Als wäre all das noch nicht genug, wurde er Berichten zufolge auch noch von der Software der NSO Group ausgespäht. Es war furchterregend. Mansoor selbst schilderte es so: »Du fängst an zu glauben, dass jede deiner Bewegungen überwacht wird. Deine Familie beginnt, in Panik zu geraten. Damit muss ich leben.«[8] Letztlich musste er auch damit leben, in dem Wüstengefängnis, wo das Regime ihn einsperrte, auf dem Boden zu schlafen.[9] Hätte man noch nie von dieser Software gehört, könnte man glauben, sie sei in einer Diktatur entwickelt worden, um sie an andere Diktaturen zu verkaufen. Doch weit gefehlt. Die NSO Group entwickelte ihre Software im demokratischen Israel, bevor sie sie ins Ausland verkaufte. Es geht um viel Geld, aber das Ganze wurde auch ein Werkzeug der israelischen Außenpolitik. Da die Regierung kontrollierte, an wen die Software exportiert werden durfte, konnte sie diese nutzen, um neue Partnerschaften zu schmieden oder bestehende Allianzen zu festigen. Im Falle der Vereinigten Arabischen Emirate wurde die Exportlizenz angeblich gewährt, nachdem Agenten des israelischen Auslandsgeheimdiensts ein hochrangiges Mitglied der Hamas in Dubai ermordet hatten. Die Spionagesoftware diente als eine Art Olivenzweig.[10]

Wenn Demokratien wirklich wollen, dass Tyrannen stürzen, sollten sie keine derartigen Friedensangebote machen.

Diktaturen sammeln weniger Informationen über ihre Gegner, wenn sie keinen Zugang zu diesen Werkzeugen besitzen und es ihnen folglich schwerer fällt, gezielt Repressionen auszuüben. Ungezielte Repressionen erhöhen nämlich die Wahrscheinlichkeit eines Backlashs enorm: Werden Menschen bestraft, obwohl sie nichts »falsch« gemacht haben, welche Anreize haben sie dann, nicht in Opposition zum Herrscher zu gehen?

Als Nächstes muss es dem Amtsinhaber schwerer gemacht werden, das Selektorat zufriedenzustellen. In der Theorie sind Sanktionen eine Möglichkeit, um das zu erreichen. Sanktionen gegen autoritäre Regime sind unter politischen Entscheidungsträgern beliebt, weil sie ihnen erlauben, »irgendwas zu tun«, ohne ein großes Risiko einzugehen. Als Folge davon ist die Anzahl der Sanktionen in die Höhe geschossen: Während der 1990er-Jahre waren über fünfzig Prozent der Weltbevölkerung von Sanktionen betroffen. Präsident Bill Clinton beklagte, das Land sei »*sanctions happy*« geworden.[11] Seit damals hat sich das sogar noch gesteigert. Während der ersten Amtszeit von Präsident Trump erreichte die Regierung »einen Durchschnitt von fast vier Sanktionsbestimmungen pro Werktag«.[12]

Aber greifen die Sanktionen? Es kommt darauf an, was man unter »greifen« versteht. Sanktionen sollen wirtschaftlichen Druck auf ein anderes Land ausüben, damit dieses sein Verhalten ändert.[13] In der Praxis ist es fast unmöglich, Diktatoren mit Anreizen zum Rücktritt zu bringen. »Einen Diktator zum Rücktritt aufzufordern, das ist so, als würde man von ihm verlangen, sein eigenes Todesurteil zu unterzeichnen«, erklärte mir Agathe Demarais vom Thinktank European Council on Foreign Relations.[14] Ökonomischer Druck funktioniert nicht, indem er die Einstellung des Diktators ändert, sondern die der Leute in seinem Umfeld. Sanktionen können funktionieren, indem sie die Fähigkeit des Diktators einschränken, Geld, über das das Regime durch Handel oder Entwicklungshilfe verfügt, an Eliten zu verteilen. Aber welchen Unterschied Sanktionen machen, hängt teilweise auch von der Art des Regimes ab, gegen das sie sich richten. Eine Studie von 2010 zeigte, dass personalistische Regime und Monarchien vergleichsweise anfälliger für Sanktionen sind, weil sie besonders auf Einkünfte von außen – beispielsweise ausländische Hilfe – angewiesen sind, um ihre Vetternwirtschaft zu finanzieren.[15]

Theoretisch sollte eine kollabierende Volkswirtschaft autoritären Regimen Probleme bereiten, weil sie Unmut sowohl bei den Strippenziehern als auch bei den Massen erzeugt. Erstere werden weniger reich, Letztere ärmer. Um diese missliche Lage zu überwinden, könnte ein personalistischer Diktator versucht sein, Repressionen anzuwenden. Doch wenn er das tut, kann er sich nicht sicher sein, dass seine Generäle es mittragen, weil sie wahrscheinlich ebenfalls benachteiligt sind.

Im Vergleich zur personalistischen Diktatur stehen Militärdiktaturen und Einparteienstaaten in dieser Situation besser da.[16] Juntas haben es im Allgemeinen leichter, mit Repressionen auf die Wirkung von Sanktionen zu reagieren, weil ihre Kräfte unter dem Druck ihrer eigenen Repressionen weniger wahrscheinlich zersplittern. Parteibasierte Diktaturen können dagegen Eliten oft vereinnahmen, indem sie ihnen etwas anderes als Geld bieten, da sie tendenziell über mehr funktionierende Institutionen verfügen. Also selbst wenn diese oder jene wichtige politische Figur nicht mehr regelmäßig einen Packen Scheine erhält, kann sie doch zum Delegierten in einem Nationalkongress oder zum Chef eines staatlichen Konzerns befördert werden.

Wie effektiv Sanktionen sind, hängt auch von Geografie ab. Wenn ein Land über beträchtliche Ölreserven verfügt, ist das ein Riesenvorteil.[17] Öl ist eine derart wertvolle Ware, dass es sich so oder so verkaufen lässt. Sanktionieren ein paar Länder einen Ölexporteur, werden andere auf den Plan treten und das Öl kaufen. Sie erhalten dann eventuell einen Rabatt, aber Geld wird weiter fließen, und Diktaturen können die Bedrohung des Regimes oft abwenden, indem sie dieses Geld an die Villenbesitzer in der Hauptstadt verteilen.

Offenbar erfüllen viele nicht demokratische Staaten, gegen die Sanktionen verhängt werden könnten, um ihre Regierungen zu destabilisieren, das eine oder andere dieser Kriterien. Bedeutet dies, dass man solche Staaten niemals ins Visier nehmen sollte, weil Sanktionen nicht funktionieren werden?

Nicht unbedingt. Wirtschaftlicher Druck kann beispielsweise auch bei Erdöl exportierenden Staaten Sinn ergeben, weil er Leuten, die es nicht leicht haben sollen, das Leben erschwert. Auf Sanktionen gegen Russland angesprochen, sagte ein Volkswirtschaftler kürzlich zur *Washington Post:* »Ich stelle mir bei Sanktionen vor, dass wir den Baum schütteln, auf dem das Regime sitzt. Wir schütteln ihn nicht heftig genug, sodass es runterfällt«, fuhr er fort, »aber wir machen ihm Probleme.«[18] Das ist nicht perfekt, doch je nach Situation kann es besser sein als gar nichts.

Es gibt noch andere Optionen, um Tyrannen auf Trab zu bringen. Eine Möglichkeit ist, Verteidigungsgarantien zurückzunehmen. Und zwar nicht unbedingt, weil ein Akteur von außen mit großer Wahrscheinlichkeit besagten Diktator stürzt, sondern weil die Diktatur dadurch gezwungen ist, mehr von ihren begrenzten Ressourcen für militärische Effizienz auszugeben. Dadurch steigt das Risiko für einen Staatsstreich. Während das passiert, tritt ein neues Problem auf, dann ein weiteres, und derartige Ablenkung verleitet den Tyrannen zu Flüchtigkeitsfehlern.

Zusammenfassend lässt sich sagen, die Strategie zur Schwächung des Tyrannen beginnt mit dem Entzug der Unterstützung von außen. Dann muss man es ihm schwerer machen, Repressionen auszuüben, während man seine Fähigkeit reduziert, die Gewinne des Tyrannentums an die Leute zu verteilen, die ihn an der Macht halten. All diese Maßnahmen schwächen den Tyrannen im Vergleich zu anderen, die ihn ersetzen könnten.

Um den Druck zu erhöhen, können Außenstehende zudem Rivalen unterstützen und stärken, während der Machthaber sich abmüht. Yoweri Museveni wurde 1986, also während der Kalte Krieg noch in vollem Gange war, der neunte Präsident Ugandas. Im 21. Jahrhundert ist der

Aktivist Bobi Wine sein größtes politisches Problem: ein Musiker, der sich zum Präsidentschaftskandidaten entwickelte. Sein Markenzeichen ist ein rotes Barett mit den Umrissen Ugandas darauf. Wine fasziniert die Leute. Als er am 5. Oktober 2023 auf dem internationalen Flughafen von Entebbe landete, hatten seine Unterstützer etwas Besonderes geplant.[19] Nachdem er zwei Wochen im Ausland verbracht hatte, wollten sie ihn den ganzen Weg zu seinem Zuhause, etwa fünfzig Kilometer nordöstlich in Kampala, mit einem Demonstrationszug begleiten.

Doch anstatt von einer Willkommen-zu-Hause-Menge wurde Bobi Wine von unbekannten Männern empfangen, die ihm die Arme auf den Rücken drehten, kaum dass er das Flugzeug verlassen hatte. Anstatt mit seinen Unterstützern zu marschieren, fuhr man ihn in einem Wagen weg und trat ihm anschließend gegen den Kopf. Und als er schließlich zu Hause ankam, fand er auch dort keine Ruhe, da Dutzende Sicherheitskräfte sich im Haus und auf dem Anwesen aufhielten. »Ich bin vom Militär umzingelt, niemand darf das Gelände verlassen und niemand es betreten«, berichtete Bobi Wine einem Journalisten.[20]

Wine war de facto festgesetzt, aber immerhin wurde er nicht ermordet. Und wie mir ein Aktivist, der ihm nahesteht, erklärte, war das kein Zufall. Seiner Ansicht nach konnte Wine vom Regime schikaniert und unter Hausarrest gestellt, jedoch nicht getötet werden. Despoten mögen Gegner gern beseitigen, aber kein Diktator möchte eine Negativschlagzeile in der *New York Times* oder der *Washington Post*. Und weil er so charismatisch ist, genießt Bobi Wine unglaubliche Aufmerksamkeit. Auf Instagram hat er über 700.000 Follower; auf X (ehemals Twitter) sind es über zwei Millionen. Uganda steht nicht gerade im Fokus der Weltöffentlichkeit, aber wenn Bobi Wine etwas zustößt, nehmen die BBC, CNN und andere große Medien es zur Kenntnis. All das erschwert es dem ugandischen Diktator beträchtlich, den Oppositionsführer zu eliminieren.

Natürlich kann die Unterstützung alternativer Führungspersonen weit über medizinische Versorgung, Exil oder wohlwollende Interviews in den Medien hinausgehen. Man kann hochrangige Insider des Regimes ermutigen, sich abzusetzen oder gegen ihren Boss zu stellen. Durch Bestechung oder indem man ihnen Geld gibt, mit dem sie ihre eigene Machtbasis im Land aufbauen können. Vielleicht versorgt man sie auch zum richtigen Zeitpunkt mit kompromittierender Information.

Einfach die Diktatoren zu schwächen und deren Rivalen zu stärken, das genügt nicht. Die Massen müssen ermächtigt werden, auch wenn die prinzipielle Bedrohung der meisten Tyrannen von anderen Eliten und nicht von der Straße kommt, können Volksaufstände Machthaber innerhalb eines Wimpernschlags stürzen. Was genauso wichtig ist: Sie können alternativen Eliten helfen, Druck auf den Machthaber auszuüben. Sogar in extrem autoritären Regimen spielt breite Unterstützung aus der Bevölkerung (oder deren Fehlen) noch eine Rolle – selbst wenn es nur darum geht, andere Eliten wissen zu lassen, dass der gegenwärtige Herrscher ernsthaft Gefahr läuft zu stürzen.

Die Bevölkerung kann, für den Fall, dass sie Erfolg hat, auch Druck auf die Rivalen des Amtsinhabers ausüben. Auf diese Weise mag ein Wechsel an der Spitze, zumindest potenziell, zu einer gewichtigen Veränderung in der

Politik führen. Passiert das nicht, besteht das Risiko, dass der Sturz eines Diktators nur einen neuen hervorbringt – wodurch sich der Teufelskreis aus Tyrannei, Chaos und neuer Tyrannei schlicht fortsetzt.

Eine der Hauptschwierigkeiten, wenn man den Nutzen der Unterstützung von außen mit Leuten diskutiert, die versuchen, für Demokratie zu sorgen, besteht darin, dass diese Gruppen vor einem Dilemma stehen. Einerseits glauben sie fest an die Sache, weil sie sich sonst gar nicht dafür engagieren würden. Solche Menschen fahren in der Regel keine schicken Autos oder wohnen in irgendwelchen Villen. Aber andererseits scheuen sie sich auch, den Wert der auswärtigen Hilfe zu sehr zu betonen, weil er von den Menschen ablenken würde, die den Wandel vor Ort bewirkt haben. Das wäre umso schlimmer, weil ja diese Menschen das größte Risiko eingegangen sind. Zudem lieben Diktatoren es, von ausländischer Einflussnahme zu reden, wenn sie sich mit Opposition welcher Art auch immer konfrontiert sehen. Äußern sich Leute, die versuchen, demokratische Bestrebungen aus dem Ausland zu fördern, zu laut über ihren Beitrag, dann riskieren sie, damit den Herrschern, die sie eigentlich schwächen wollen, in die Hände zu spielen.

Trotzdem kann man ein paar Dinge lernen, wenn man mit Leuten spricht, die so etwas tagtäglich tun. Um die Massen in ihrer Auseinandersetzung mit dem Machthaber und Eliten des Regimes zu stärken, kann das Ausland Netzwerke knüpfen, Aktivisten ausbilden, Mobilisierung außer Reichweite der Diktatur fördern, das Zusammenziehen der Kräfte im Exil erlauben und den freien Informationsfluss gewährleisten.

Wenn Aktivisten Mühe im Kampf gegen ein scheinbar allmächtiges Regime haben, das alles in seiner Macht Stehende tut, damit die Gegner im Dunkeln tappen, dann können diese sich sehr allein fühlen. Sie glauben vielleicht, dass niemand so denkt wie sie selbst und die Verantwortung, das zu ändern, bei ihnen liegt. Natürlich wollen Tyrannen genau das erreichen, weil es das Koordinationsproblem verstärkt, das Proteste verhindert. Von außen kann man helfen, diese Kluft zu überwinden, indem man Menschen zusammenbringt.

In manchen Fällen bedeutet dies auch, zwischen widerstreitenden Interessen zu vermitteln. Vor dem amateurhaften Staatsstreich, bei dem es nicht gelang, Yahya Jammeh zu stürzen, hatte die gambische Opposition Schwierigkeiten, sich angesichts des überwältigend grausamen Regimes zu vereinen. Nach dem gescheiterten Coup kamen die Oppositionskräfte mit Unterstützung von Nichtregierungsorganisationen aus dem Ausland zusammen, weil ihnen klar geworden war, dass sie einen anderen Weg einschlagen mussten.[21] In einem idealen Szenario führt das Zusammenbringen von Menschen dazu, dass diese auch voneinander lernen. Wie mobilisiert man Leute? Wie wird ein landesweiter Streik organisiert? Über diese Fragen haben schon Generationen von Aktivisten nachgedacht, daher gibt es keinen Grund, das Rad neu zu erfinden.

Jede Diktatur ist anders, aber sie alle ähneln sich ausreichend, sodass es möglich ist, Menschen, die Oppositionsarbeit leisten, praktischen Rat zu geben. Akteure von außen können inländischen Gruppen Unterstützung gewähren, indem sie Strategie und Taktik mit ihnen trainieren. Mit Beginn des 21. Jahrhunderts tauchten völlig neue

Kategorien von Dingen auf, die es zu lernen galt. Wie erzeugt man viralen Content für Social Media? Welche Messengerdienste sind sicher, welche definitiv nicht? Diese praktischen Lektionen können Aktivisten voneinander lernen. Außenstehende sind imstande zu helfen, indem sie Netzwerke und Ausbildung ermöglichen.

Ein geeintes Volk ist schwerer zu schlagen als jede Ansammlung von Individuen. Aus dem Grund kann alles, was es den Leuten erleichtert, sich zu treffen und zu mobilisieren, die Macht der Massen vergrößern. Wo Gesetze es noch nicht unmöglich machen, regimekritische Organisationen der Zivilgesellschaft zu unterstützen, sollte darauf der Schwerpunkt liegen. Wo das schon der Fall ist, wäre die nächstbeste Option, Organisationen zu fördern, die sich nicht direkt dafür einsetzen, die Regierung zur Verantwortung zu ziehen, aber trotzdem großen Gruppen erlauben, sich untereinander zu koordinieren. Wenn das als Teil einer Kirche möglich ist – nur zu; wenn es sich um eine Gewerkschaft handelt – nur zu; wenn es um eine Interessenvertretung von Menschen mit Behinderung geht – nur zu. Alles, was Koordination und Mobilisierung einer breiten Öffentlichkeit ermöglicht und nicht von der Regierung kontrolliert wird, erweist sich eventuell als Vorteil.

Zur Stärkung von Oppositionsbewegungen kann auch die Unterstützung von Menschen im politischen Exil gehören. Politische Opposition besteht nicht nur aus Galionsfiguren, sondern es handelt sich um Communitys. Da gibt es Leute, die organisieren, Spenden sammeln, Kontakt zu den Medien pflegen und so weiter. Wird die Lage zu gefährlich, ist nicht nur eine Person, sondern sind viele Menschen gezwungen zu fliehen. Im Laufe der letzten

Jahre ist transnationale Repression eher die Regel als die Ausnahme geworden. So geriet eine beträchtliche Anzahl dieser Communitys unter zunehmenden Druck ihrer autoritären Peiniger, weil viele Demokratien Geflüchtete von ihren eigenen Grenzen und in andere Länder abgeschoben haben, die empfänglicher für Repressionen von Diktatoren sind. Diese Entwicklung umzukehren, würde zweifellos eine beträchtliche politische Herausforderung bedeuten, aber wenn das Ziel lautet, Tyrannen das Leben schwerer zu machen, dann könnte das sehr hilfreich sein.[22]

Eine weitere Hilfsmaßnahme kann der freie Informationsfluss sein. Das Internet erweist sich weiterhin als nützlich für Aktivisten, egal wie sehr Tyrannen versucht haben, es für ihre eigenen Zwecke zu nutzen. Man kann sich damit nicht nur koordinieren und Nachrichten verbreiten, sondern wenn der Moment kommt und es danach aussieht, dass das Regime schwankt, lässt sich damit auch mobilisieren. Bestehende Demokratien können Aktivisten helfen, sich selbst zu helfen: Beispielsweise indem sie die Entwicklung sicherer Messenger-Apps fördern und Aktivisten dabei unterstützen, die Zensur der Regierung zu umgehen.

Sind diese Maßnahmen implementiert und ist die Stabilität des tyrannischen Herrschaftssystems ernsthaft infrage gestellt, müssen andere Staaten über eine andere Art von Exil entscheiden: Exil für den Despoten statt für dessen Gegner. Wie schon in Bezug auf den philippinischen Diktator Ferdinand Marcos erwähnt, handelt es sich um ein schwieriges Problem. Gewähren Demokratien kein Exil, werden unschuldige Zivilisten sterben, da sich dem Diktator ein Anreiz bietet, alles zu tun, um an der Macht zu bleiben. Vielleicht gibt er den Befehl, zu foltern oder zu schießen. Möglicherweise werden solche Befehle nicht befolgt, aber eine gewisse Wahrscheinlichkeit besteht. Wenn Demokratien Exil gewähren, wird ein wirklich schlechter Mensch seinen Lebensabend auf Hawaii oder an der Côte d'Azur verbringen. Und nicht nur das. Er wird auch die internationale Justiz und Bemühungen, ihn zur Rechenschaft zu ziehen, untergraben. Zudem signalisiert er anderen, dass es ihnen freisteht, zu foltern und zu morden.

Zusammengenommen werden all diese Maßnahmen genügend Zersetzungskraft entfalten, um viele Diktaturen zu destabilisieren. Das passiert vielleicht nicht über Nacht, aber es wird passieren. Manche werden zusammenbrechen und die meisten ins Wanken geraten, sobald sich auch nur eine kleine Opposition bildet. In den Fällen, wo Diktatoren tatsächlich stürzen, besteht eine gute Chance, den diktatorischen Teufelskreis zu durchbrechen.

Aber diese Strategien sind insofern begrenzt, als viele der mächtigsten und schlimmsten Machthaber einen Angriff auf ihre Herrschaft schon vorhersehen und daher vorbereitet sind. Folglich gibt es innerhalb des Landes vielleicht nicht genügend Leute, die – selbst wenn sie Unterstützung bekommen – eine beträchtliche Wirkung ausüben können. Oder wie der Historiker Rory Cormac konstatierte: »Geheimes Agieren erzeugt keine Oppositionsgruppen.«[23] Das bedeutet, man kann nur etwas unterstützen, das bereits existiert, denn selbst die mächtigsten Akteure von außen können keine Partner herbeizaubern. Oder es besteht die Möglichkeit, dass es zwar Gegner des gegenwärtigen Regimes gibt, doch diese noch schlimmer wären als die aktuellen Machthaber. Oder schließlich kann das

Regime an sich so etabliert sein, dass es nur schwer zu stürzen ist, selbst wenn man Gegner unterstützen kann. Die Wahrscheinlichkeit dafür ist umso größer, je länger sich das System schon hält, der Apparat also besser funktioniert als zu Anfang.[24]

Unter solchen Umständen ist das Beste, was man realistischerweise als Außenstehender erreichen kann, die Beschleunigung des Diktatorensturzes. Ein Ende des Tyrannentums ist unwahrscheinlich. Das entscheidende Problem besteht darin, dass die destruktivsten Regime mit geringster Wahrscheinlichkeit so stürzen, dass es ein gutes Ende nimmt. Um solche Systeme zu beenden, werden die bisher genannten Maßnahmen wahrscheinlich nicht reichen.

In derartigen Situationen stehen politische Entscheidungsträger am Scheideweg. Wenn sie die eine Richtung einschlagen, benötigen sie ein anderes Instrumentarium. Wählen sie den anderen Weg, werden sie warten müssen, bis der Moment kommt, in dem sie etwas bewirken können.

Ein anderes Instrumentarium bedeutet andere Ziele: Anstatt zu versuchen, den Diktator mit der Zeit zu schwächen, lautet das Ziel jetzt, ihn direkt zu beseitigen. Also weg mit dem Hammer, her mit dem Dynamit. Der Vorteil von Dynamit, um den Diktator von seinem Sockel zu holen, besteht darin, dass es außerordentlich effektiv und schnell wirkt. Allerdings hat nicht jeder Zugang dazu, und das ist wahrscheinlich auch gut so, denn die Verwendung von Dynamit kann katastrophale Folgen haben. Mit anderen Worten sind dies Maßnahmen, die eher geeignet sind, Diktatoren zu stürzen, aber weniger wahrscheinlich zu einem nachhaltigen Ergebnis führen, wenn der Diktator tatsächlich gestürzt ist. Sie sind auch weitaus teurer.

Während bei keiner der bisherigen Maßnahmen Gewalt im Spiel war, ist sie es hier – zumindest indirekt. Das Ziel sollte sein, den Eliten des Regimes das Leben so schwer wie möglich zu machen, während man ihnen gleichzeitig die Chance bietet, sich zu befreien. Findet sich jemand, der bereit ist, den Machthaber zu beseitigen, hilft man der Person. Handelt es sich um ein Land mit Ölvorkommen, ermutigt man zur Sabotage von Pipelines und Raffinerien. Es gilt, bewaffnete Oppositionsgruppen zu identifizieren und sie mit den nötigen Waffen zu beliefern, damit sie Chaos stiften. Die Generäle muss man wissen lassen, dass ein *Coup d'État* Unterstützung fände. Und braucht ein Attentäter einen sicheren Unterschlupf, wird dafür gesorgt.

Ob das funktioniert? Was den Sturz des Diktators betrifft – vielleicht. In Bezug auf ein wahrhaft gutes Ende – unwahrscheinlich. Diese Maßnahmen sind höchst destruktiv und können leicht in einem Krieg gipfeln. Und wie wir wissen, nachdem wir die Vor- und Nachteile verdeckter Aktionen diskutiert haben, bleiben solche Aktionen selten geheim. Die Wahrscheinlichkeit ist groß, dass rauskommt, wer den Unterschlupf gewährt oder die Waffen geliefert hat – mit allen Folgen, die das für die beteiligte Seite mit sich bringt.

Was noch eskalierender wäre, als anderen das Dynamit zu besorgen, ist, die Zündschnur selbst anzuzünden. Als Deutscher, der von Geburt an in Freiheit gelebt hat, werde ich nicht argumentieren, dass man nie Gewalt anwenden sollte, um Diktatoren zu stürzen.

Abgesehen von den berühmten Fällen Japan und Deutschland gibt es andere, in denen es funktioniert hat. Yahya Jammeh, den Banka Manneh stürzen wollte, als er einen Putsch in Gambia organisierte, wurde schließlich gewaltsam entmachtet, als eine regionale Koalition das Heimatdorf des Diktators besetzte. Die aus Senegal, Ghana und Nigeria entsandten Kräfte stießen kaum auf Gegenwehr. Jetzt ist Gambia zwar keine perfekte Demokratie, aber seit der militärischen Intervention mit Sicherheit deutlich freier. Und die Intervention selbst war nicht kostspielig, eben weil es kaum Widerstand gab. Doch wie wir in den letzten Kapiteln gesehen haben, verlaufen die meisten aus dem Ausland gestarteten Operationen mit dem Ziel eines Regimewechsels nicht so wie die der Wirtschaftsgemeinschaft westafrikanischer Staaten in Gambia. Sie neigen eher zum Scheitern.

Da dies ein Weg ist, den nur wenige einschlagen wollen, kommen die Werkzeuge zurück in die Kiste, während Entscheidungsträger abwarten, bis sich eine Gelegenheit bietet, den Despoten zu einem akzeptablen Preis zu destabilisieren.

Sogar die mächtigsten Despoten können den Ausbruch von Krisen nicht auf ewig verhindern. Die klügsten Machthaber sind in der Lage, allgemeine Unzufriedenheit vorherzusehen, die Auswirkungen von Rezessionen abzuschwächen und so weiter, aber irgendetwas Unvorhergesehenes passiert immer. Vielleicht verwandelt sich ein spontaner Protest rasch in einen landesweiten Aufstand. Ein Teil des Militärs meutert, weil er keinen Sold erhalten hat. Oder vielleicht verschärfen sich aufgrund der Korruption des Regimes die Auswirkungen einer Naturkatastrophe.

Selbst wenn nichts von alldem passiert, sind Tyrannen immer noch sterblich. Irgendwann erkranken sie oder schlafen ein und wachen einfach nicht mehr auf. Wenn sich ein schmales Zeitfenster auftut, müssen Außenstehende bereit sein und es weit aufstoßen.

Bis das passiert, muss man alles tun, um den Schaden zu minimieren, den der Diktator in seiner Amtszeit noch anrichten kann. Das beginnt im eigenen Land. Autoritäre Machthaber haben genügend zivile Verbündete in liberalen Demokratien gefunden. Eine ganze Armee von Buchhaltern, Bankern, Anwälten und PR-Spezialisten in Städten wie London oder New York sind eifrig damit beschäftigt, Diktatoren-Cash in politischen Einfluss zu verwandeln. Tyrannen verkaufen Erdöl an Großbritannien (oder die USA oder Deutschland oder Frankreich …) und dann investieren sie die Erlöse in Schlüsselindustrien oder Beziehungen zu einflussreichen politischen Interessengruppen. 10,5 Prozent von Volkswagen, einem der wichtigsten Unternehmen Deutschlands, gehören der Qatar Holding LLC.[25] Die saudische Königsfamilie hat Berichten zufolge Hunderte Millionen und in einigen Fällen sogar Milliarden Dollar in amerikanische Konzerne wie Google, Zoom und Activision Blizzard investiert.[26] Es gibt kaum einen hochrangigen europäischen Fußballverein, der nicht irgendwie mit zwielichtigen Autokraten verbunden ist. Feindselige Autokraten reißen sich auch Häfen, Infrastruktur für Telekommunikation und andere kritische Einrichtungen unter den Nagel, von denen der moderne Alltag abhängt. Ist all das ein gutes Geschäft? Schwer zu sagen. Aber es ist definitiv eine gute Methode, um sich Einfluss zu kaufen und abscheuliche

Regime vor Druck von außen zu schützen. Wo sich das noch verhindern lässt, muss man es tun. Wo es schon passiert ist, müssen demokratische Staaten es rückgängig machen – um die Stellen zu finden, wo Autokraten die Hebel ansetzen können, und das Risiko dafür systematisch zu reduzieren.

Wenn wir uns also daranmachen, den Schaden zu begrenzen, den diese Leute anrichten können, dann brauchen wir als Nächstes eine große, laute Sirene. Steckt ein relevantes Regime in ernsthaften Schwierigkeiten, müssen wir gut vorbereitet sein. Das erfordert sorgsame Planung.

Was wären Anzeichen für einen stürzenden Machthaber? Wer könnte als Nächster an die Reihe kommen, nachdem der Amtsinhaber beseitigt ist? Was passiert, sobald das ganze Regime kollabiert, und wie würde man darauf reagieren? Viele Entwicklungen lassen sich planen, bevor sie eintreten. Wenn die Sirene losgeht, müssen alle an ihrem Platz und bereit sein, zu reagieren.

Eines der spannendsten Beispiele dafür wurde von Journalisten der Associated Press 2014 aufgedeckt. Vier Jahre zuvor hatte sich eine kubanische Journalistikstudentin namens Saimi Reyes Carmona der Universität von Havanna unter ihrem Spitznamen Saimita im sozialen Netzwerk ZunZuneo angemeldet.[27] Das ursprünglich kleine ZunZuneo (Slangwort für das Zwitschern eines Kolibris) wuchs in den darauffolgenden Monaten sprunghaft. Ehe sie sich's versah, hatte Saimita Tausende Follower. Als sie denen schrieb, um sie wissen zu lassen, dass sie Geburtstag habe, erhielt sie so viele Antworten, dass sie aufgeregt ihrem Freund davon berichtete. Es sei die coolste Sache, die sie je gesehen hätte.[28]

Was weder sie noch die anderen Nutzer von ZunZuneo wussten, war, dass das ganze Netzwerk von einer großen Firma in Washington und der United States Agency for International Development erdacht und geplant worden war. Da man das natürlich nicht offen zugeben konnte, musste die komplette Operation einen anderen Anstrich bekommen. Da kamen gestohlene Telefonnummern, Fake-Firmen in Großbritannien, Spanien und auf den Cayman Islands ins Spiel sowie ein Bankkonto in einem Steuerparadies. Der Zweck der Sache war gemäß einer internen Aktennotiz, zu verhindern, dass sie sich nach Amerika zurückverfolgen ließ. Um die Nutzer zu täuschen, gab es sogar den Vorschlag, gefakte Werbebanner auf der Website zu platzieren, damit ZunZuneo nach einem normalen Unternehmen und nicht wie eine Kampagne zur politischen Einflussnahme aussehen sollte.[29]

Ziel von ZunZuneo war nicht, Profit zu erwirtschaften oder den Nutzern das Leben zu erleichtern, sondern die kubanische Regierung zu schwächen, indem man die Bürger gegen sie mobilisierte. Zunächst musste es unpolitisch bleiben. Die User sollten sich über Konzerte, ihre Geburtstage oder andere alltägliche Belange austauschen. Doch käme es jemals zu einer Krise, könnte die amerikanische Regierung alle User von ZunZuneo mit regimekritischen Nachrichten bombardieren. Und nicht nur das, denn die Nutzer könnten sich über die Website auch untereinander koordinieren. Würde dieser kleine Extrapush in einem Moment ernsthafter Instabilität den entscheidenden Unterschied machen? Wir werden es nie erfahren, da das Projekt scheiterte, bevor der Plan in die Realität umgesetzt werden konnte.

ZunZuneo warf eine Reihe heikler moralischer Fragen auf, da die Menschen, denen es helfen sollte, getäuscht worden waren. In rein praktischer Hinsicht war es auch unglaublich riskant. Es ist eine Sache, zu versuchen, eine feindliche ausländische Regierung zu destabilisieren, indem man einen Auslandsgeheimdienst nutzt, aber dieses Vorhaben wurde von einer Agentur für Entwicklung und deren Auftragnehmern durchgeführt. Wenn man behauptet, Brunnen zu bohren, sich dann aber stattdessen in dieser Form engagiert, sind, selbst wenn es nur ein einziges Mal war, alle gefährdet, die rund um den Globus für diese Agentur arbeiten. Es handelte sich um ein so »kühnes« Unterfangen, dass der demokratische Senator Patrick Leahy es »dumm, dumm, dumm« nannte.[30]

Wenn also die bereits erwähnte Sirene ertönt, müssen Regierungen handeln. Das rote Blinklicht sollte zur Aktivierung von Notstandsplänen führen, um mit den wahrscheinlichen Folgen eines plötzlichen oder drohenden Führungswechsels zurechtzukommen. Das sind hektische Momente. Bestenfalls tritt ein schwankender Machthaber einfach zurück, um den Weg in eine bessere Zukunft frei zu machen, aber nach allem, was wir wissen, ist das immer unwahrscheinlich. Ein natürlicher Tod führt vielleicht zu einem Machtvakuum, da sich mehrere Figuren als »würdige« Erben des Tyrannen präsentieren. Vielleicht wird ein Aufstand niedergeschlagen, wenn ein angeschlagener Autokrat es schafft, sich an der Macht zu halten. Schlimmstenfalls wird aus dem Aufstand ein ausgewachsener Bürgerkrieg. Das würde bedeuten, dass Landsleute evakuiert werden, Menschen fliehen müssen und man sich für eine Seite entscheiden muss. Tritt so eine Situation ein, braucht man fertige Pläne in der Schublade, die sofort anwendbar sind.

Aber allein die Tatsache, dass wir Diktatoren stürzen können und jetzt wissen, wie das zu bewerkstelligen ist, bedeutet nicht, dass wir es zwingend tun *sollten*.

Es gibt viele gute Argumente, die gegen eine Einmischung sprechen. Zunächst einmal ist da die Unsicherheit.

Falls Sie zur richtigen Zeit am richtigen Ort waren, nämlich am 4. Oktober 1957 in den USA, dann konnten sie ein Objekt über den Nachthimmel fliegen sehen. Es handelte sich weder um eine Sternschnuppe noch um ein sonstiges Naturphänomen. Erstmals in der Geschichte war es Menschen gelungen, etwas zu bauen und zu starten, das die Erdatmosphäre verlassen konnte: Sputnik, ein 83 Kilogramm schwerer Satellit von der Größe eines Wasserballs, gestartet von einem Kosmodrom in der Sozialistischen Sowjetrepublik Kasachstan. Sputnik war nicht nur unter den richtigen Bedingungen mit bloßem Auge zu sehen, sondern man konnte ihn sogar piepen hören, wenn er über einen hinwegflog.[31] Während amerikanische Geheimdienste und Präsident Eisenhower schon seit einiger Zeit wussten, dass das passieren würde, war die breite Öffentlichkeit schockiert.[32] Hatte man die sowjetische Bedrohung unterschätzt? War die nun in der Entwicklung weiter als die freie Welt? Der Wettlauf ins All war in vollem Gange.

Im Zuge einer Entwicklung, die die sowjetischen Weltraumingenieure wohl nicht voraussahen, werden Satelliten heute von Sozialwissenschaftlern genutzt, um eine bessere Vorstellung von der wirtschaftlichen Stärke autoritärer Regime zu erhalten.[33] Eine nächtliche Satellitenaufnahme der koreanischen Halbinsel zeigt den Gegensatz zwischen Nord und Süd überdeutlich. Der demokratische Süden strahlt, wobei Seoul und das Gebiet drum herum wie eine riesige Leuchtkugel wirken. Jenseits der entmilitarisierten Zone sind nur ein paar Punkte, etwa Pjöngjang, sichtbar.

Um die Daten auszuwerten, legen Wirtschaftswissenschaftler ein Koordinatennetz über die Bilder, bevor sie die Lichtintensität jedes Quadrats messen. Fabriken erzeugen Licht. Sobald man weiß, wie viel Licht ein bestimmtes Gebiet abstrahlt, kann man auf die ökonomische Aktivität dort schließen. Das ist ziemlich eindrucksvoll. Und es funktioniert nicht nur mit Satellitendaten. Die Verfügbarkeit großer Datensätze zu allem, angefangen bei Bürgerkriegen über Mordanschläge bis hin zu Putschversuchen und Protesten, hat erheblich zugenommen. Die Fortschritte bei Methoden und Rechenleistung sind riesig. Regierungen und internationale Organisationen haben daraus den größtmöglichen Nutzen zu ziehen versucht. Die CIA sponsort Forschung zu Coups, die Vereinten Nationen bemühen sich, Instabilität vorherzusagen, und viele europäische Staaten nutzen quantitative Analysen, um ihre Einschätzung von Gewalt im Zusammenhang mit Wahlen zu ergänzen. All das hat dazu geführt, dass wir nun genauer verstehen, wie Diktatoren stürzen. Zusätzlich zu diesen systematischen Versuchen des Erkenntnisgewinns hat eine explosionsartige Zunahme von Open-Source-Informationen stattgefunden. In Anbetracht der Allgegenwart von Bildern und Videos sogar aus abgeschotteten Gesellschaften mag es einem vorkommen, als würden wir alles sehen und alles verstehen.

Tatsächlich bleibt vieles im Dunkeln – und was einem wie der perfekte Blick erscheint, ist in Wirklichkeit nur ein Bruchteil des ganzen Bilds. Die Wirtschaftswissenschaft nutzt (ungenaue) Satellitendaten nur als Hilfsmittel, da man selbst Basisindikatoren über die Wirtschaftsleistung in vielen Ländern der Welt nicht für bare Münze nehmen kann. Autoritäre Regime, egal ob Militärjuntas, Erbmonarchien oder Einparteienstaaten, sind undurchsichtiger als liberale Demokratien. So viel in diesen Regimen basiert auf Hinterzimmerdeals und informellen Regeln. Von daher lässt sich nur schwer herausarbeiten, wer eine Rolle spielt und wer nicht und wie stabil die Situation in einem bestimmten Moment ist. Was das Durchschauen autoritärer Regime angeht, ist selbst rückblickend nicht alles hundertprozentig klar.

Das führt zu einem der grundsätzlichen Argumente gegen Versuche, Diktatoren zu stürzen: Vorherzusehen, was anschließend passieren wird, ist nahezu unmöglich. Solche Stürze sind seltene Ereignisse, und selbst Experten können sie kaum genau vorhersagen. Was als Nächstes passiert, könnte besser, vielleicht aber auch schlechter sein. Beinah alles, was wir in den vergangenen Kapiteln diskutiert haben, basiert auf Wahrscheinlichkeiten. Führt eine Art von Regimewechsel mit größerer Wahrscheinlichkeit zu nachhaltigen Resultaten? Ja. Aber wenn eine bestimmte Form von Regimewechsel historisch gesehen die Erfolgsquote »zwei von drei« hat und so viel auf dem Spiel steht, sollten wir die Sache dann tatsächlich ins Rollen bringen? Es gibt gewichtige Argumente dagegen.

Die praktischen Argumente sind vielleicht sogar noch überzeugender. Erstens kann der Sturz eines ausländischen

Machthabers teuer sein. Die Kosten hängen natürlich vom Ausmaß der Beteiligung von außen ab. Am unteren Ende der Skala ist es meist nicht zu kostspielig (weder finanziell noch politisch), in einem feindlichen autoritären System gewaltlose Oppositionelle in begrenztem Umfang mit Geld zu unterstützen. In den Krieg zu ziehen, um einen ausländischen Diktator zu stürzen, ist dagegen extrem teuer – was sowohl den Blutzoll als auch die Finanzen angeht.

Dann ist da noch die Frage widerstreitender Interessen. In der Realität müssen Politiker tausend verschiedene Überlegungen anstellen, wenn sie die Politik gegenüber einem Land festlegen. Welche Handelsbeziehungen hat man zu dieser Region? Muss man die Versorgung mit einer entscheidenden natürlichen Ressource sicherstellen, die nicht leicht zu ersetzen ist? Wie steht es um den Militärstützpunkt – käme man wirklich ohne ihn aus, falls die Sache schiefgeht? Auf dem Papier steht Demokratie oft ganz oben auf der Liste, doch in der Politik wird sie oft von weniger abstrakten Anliegen ausgestochen. Und im Zweifelsfall siegt die »Stabilität«. Dass diese Stabilität oft nur eine Illusion darstellt, ist zweitrangig.

Es gibt auch andere Überlegungen – eine davon ist moralischer Natur. Hoffentlich wären die meisten von uns sich darin einig, dass Menschen, egal wo, ein gewichtiges Wort dabei mitzureden haben sollten, wenn es darum geht, wie sie regiert werden. Niemand verdient es, in einer Einparteiendiktatur, einer absolutistischen Monarchie oder unter einer Militärjunta zu leben. Aber genauso wenig wie wir wollen würden, dass ein fremdes Land unsere Führung auswählt, sind wahrscheinlich die meisten Leute nicht versessen darauf, dass wir ihre politische Führung aussuchen (oder beseitigen). Vielleicht möchten sie ihre Politiker ja loswerden, doch es macht einen Unterschied, wenn jemand anders das erledigt – sogar für den Fall, dass die Sache gut ausgeht.

In der Realität wirft der Sturz von Diktatoren noch weitere herausfordernde moralische Fragen auf. Das wird deutlich, wenn wir auf die Hungersnot der 1990er-Jahre in Nordkorea zurückblicken.

Die Lage war so schlimm, dass das Kim-Regime um internationale Hilfe bat. Obwohl seine ganze Ideologie auf der Vorstellung basiert, dass Nordkorea von den Ländern, die es jetzt um Hilfe bat, unabhängig oder ihnen sogar überlegen sei. Gleichzeitig wollte die Diktatur sicherstellen, dass die Hilfe an möglichst wenige Bedingungen geknüpft war. Sie wollte Nahrungsmittel, Geld und Medikamente, aber keine Hilfsorganisationen, die die Verteilung überwachten. Die Bewegungsfreiheit der Hilfskräfte wurde stark eingeschränkt und das Regime ging sogar so weit, Mitarbeiter auszuweisen, die Koreanisch sprachen.[34] Manchmal verschwanden Krankenhauspatienten, darunter auch Kinder, einfach.[35]

Das Problem war wie ein Albtraum. Soll man Regimen wie Nordkorea unter solchen Umständen Hilfe gewähren?

Das zu tun, war eine schwierige Option. Kim Sung-il arbeitete an der Entwicklung von Atomwaffen und ein Großteil des Leids der koreanischen Bevölkerung war seine Schuld. Er hätte die Wirtschaft öffnen und das Wohlergehen der Menschen über seine eigene Macht stellen können. Aber das tat er nicht und seinem Regime Hilfe zu leisten, würde fast unvermeidlich bedeuten, es zu stärken.

Nicht imstande zu sein, die eigene Bevölkerung zu ernähren, dieses offensichtliche Anzeichen für das Scheitern des Regimes würde durch Hilfeleistung gemildert. Noch dazu sind Güter für die Entwicklungshilfe, Waren und Geld, fungibel, also austauschbar. Sobald die Nahrungsmittel unter der Kontrolle Pjöngjangs stehen, kann man sie auch verkaufen. Und selbst wenn das Regime die Hilfe nicht verkauft, profitiert es davon: Es muss weniger Geld für die Ernährung gewöhnlicher Nordkoreaner aufwenden und kann mehr für anderes, beispielsweise für seine Armee, ausgeben.

Und tatsächlich entschieden einige Hilfsorganisationen sich für den Abzug. Ärzte ohne Grenzen gab bekannt, dass man nicht länger in Nordkorea arbeiten werde. Die Organisation erhob den Vorwurf, dass die Nahrungsmittel Bedürftigen vorenthalten und stattdessen ans Militär und andere politisch wichtige Gruppen verteilt wurden.[36]

Die Entscheidung ist nachvollziehbar. Aber können Demokratien so eine Bitte abweisen und noch mehr Menschen sterben lassen, wenn bereits Millionen Nordkoreaner hungern und Pjöngjang um Hilfe ersucht? Sie können es und haben es getan, doch ob man auf diese Weise ein Regime zu Fall bringt, ist alles andere als gesichert. Letztlich floss Hilfe im Wert Hunderter Millionen Dollar nach Nordkorea, um die Auswirkungen der Hungersnot zu lindern, die das nordkoreanische Regime verursacht hatte. Weil es manchmal Dinge gibt, die noch wichtiger sind als der Sturz von Diktatoren.[37]

All diesen Argumenten und Schwierigkeiten beim Versuch, Diktatoren zu stürzen, zum Trotz muss es einen Kipppunkt geben. Irgendwann ist bei allen damit verbundenen

Risiken der Preis, solchen Männern freie Hand zu lassen, einfach zu hoch. Wo genau dieser Kipppunkt liegt, ist verschieden: So wie die Risiken dieser Strategien sich unterscheiden, sind auch die Schwellen, ab denen es sich lohnt, die Sache durchzuziehen, andere.

Was auch immer geschieht – das Stürzen von Diktatoren erfordert Geduld. Als er 1972 nach den Auswirkungen der Französischen Revolution gefragt wurde, soll der chinesische Premierminister Zhou Enlai erwidert haben: »Zu früh, um das zu sagen.«[38] So gut das Zitat klingen mag, es stimmt nicht. Einem amerikanischen Diplomaten zufolge, der sich im selben Raum aufhielt, »kam es zu einem Missverständnis, das zu heikel war, um aufgeklärt zu werden«.[39] Zhou bezog sich demnach nicht auf die Französische Revolution von 1789, sondern auf die Unruhen in Paris 1968.[40] Das falsche Zitat ist beliebt, weil es ein Körnchen Wahrheit enthält: Es ist schwer, zu beurteilen, was nach so einschneidenden Ereignissen als Erfolg gilt. Nach einem Tag kann es wie Erfolg aussehen, nach einem Jahrzehnt wie Scheitern und hundert Jahre später wieder wie ein Erfolg.

Als der ehemalige Diktator Ben Ali weniger als einen Monat nachdem ein Gemüsehändler sich aus Protest gegen sein Regime selbst angezündet hatte, nach Dschidda floh, schöpfte die ganze Welt Hoffnung. Selbst nachdem andere Veränderungen im Sande verliefen oder rückgängig gemacht wurden, blieb Tunesien das internationale Symbol des Arabischen Frühlings. Nur ein paar Jahre später änderten die Dinge sich erneut. Etwas mehr als ein Jahrzehnt nach Ben Alis Sturz sah die Zukunft Tunesiens nicht so hell aus, da die Regierung die Macht wieder in ihren eigenen Händen konzentrierte. Die Toten und der Mut des tunesischen Volkes könnten umsonst gewesen sein, vergeudet.

Aber wer vermag zu sagen, wie die Lage in Zukunft aussehen wird? Vielleicht verwandelt Tunesien sich wieder in eine Diktatur. Das scheint sogar wahrscheinlich. Doch es besteht auch die Möglichkeit, dass die Vertreibung von Ben Ali und die folgenden Jahre der Freiheit das Fundament für die künftige Entwicklung zu einer erfolgreichen und prosperierenden liberalen Demokratie gelegt haben. Nach allem, was wir wissen, könnte Tunesien uns überraschen. Geschichte ist keine lineare Entwicklung. Sogar die Französische Revolution (und zwar die, die Zhou Enlai nicht gemeint hat) war keine reibungslose Sache. Frankreich erlebte gewalttätige Unterdrückung und sogar Krieg. Während der Terrorherrschaft wurden etwa 17.000 Menschen mittels Guillotine hingerichtet. Die ganze Episode endete mit einem Staatsstreich etwa zehn Jahre nach ihrem Beginn. Und doch erinnern wir uns heute an sie als einen zentralen Moment auf dem Weg zur französischen Demokratie. Unter so ungewissen Bedingungen engagiert zu bleiben, das gelingt Regierungen nicht von Natur aus, aber es ist die Realität der Welt, in der wir leben. Es gibt keine singuläre Antwort auf Tyrannentum, keinen Knopf, den man drücken kann, damit das Problem verschwindet. Stattdessen müssen wir an den Institutionen kratzen, die Despoten an der Macht halten, und bereit sein, zuzuschlagen, sobald sich eine Gelegenheit bietet. Und wenn es dann passiert, ändert sich die Lage vielleicht nicht vom Schlechten zum Guten, sondern vom Schlechten zum noch Schlimmeren, bevor sie sich verbessert. Auch damit müssen wir leben.

Tyrannen sind mächtig, aber ständig von Todesfurcht geplagt. Und all dem Getöse und scheinbaren Irrsinn zum Trotz sind die meisten dieser Machthaber kopfgesteuert. Aufgrund der Struktur des Regimes, von dem sie abhängen, erfahren sie die größte Bedrohung von genau den Leuten, die sie umgeben – von Palasteliten, Generälen und Beratern. Manchmal sind sogar Angehörige ihrer eigenen Familien bereit, sie zu vernichten, um selbst an die Spitze zu gelangen. Damit sie unter so feindseligen Bedingungen überleben, müssen Despoten ihre Eliten mit Reichtümern und Repression steuern. Um Tod, Verhaftung und Exil zu entgehen, müssen sie die Leute mit den Waffen besonders im Auge behalten. Ein Tyrann muss diese in Gewalt ausgebildeten und zum Töten ausgerüsteten Männer und Frauen im Griff haben. Alles Weitere, was den Diktator bedroht, entsteht letztlich aus seinem Umgang mit diesen beiden Gruppen. Wenn das Militär geschwächt ist und die Massen systematisch ausgeschlossen werden, um Vorteile für die winzige Zahl der Mächtigen an der Spitze zu begünstigen, dann stellen sowohl ein militärischer Konflikt als auch Volksaufstände eine ständige Bedrohung dar. Und sobald die Massen sich erheben, können Tyrannen dieses Problem nicht einfach schießend beseitigen. Denn dann besteht die Gefahr, dass das Regime derart auseinanderdriftet, dass es zerbricht. Ein Attentat ist eine Art Wildcard: schwierig, sich darauf vorzubereiten, und immer möglich. Aber nicht nur das. Es kann durchaus wahrscheinlicher werden, sofern Diktatoren sich erfolgreich vor anderen Risiken schützen, weil es bedeutet, dass es keine andere Option gibt, um Veränderung zu bewirken. Ist der Diktator tot oder schlicht entmachtet, folgt oft Chaos. Die meisten nicht demokratischen Regierungssysteme sind schlecht darin, die Nachfolge zu regeln – was teilweise daran liegt, dass Tyrannen normalerweise keinen Nachfolger ernennen wollen.

Demokratie hat noch nicht jeden Ort der Erde erreicht und wird das vielleicht niemals tun, aber den Präzedenzfall haben wir bereits und die Chancen stehen gut, dass sich Demokratie weiter ausbreiten wird. Zwar gibt es noch ein paar cartoonhafte Herrscher mit scheinbar grenzenloser Macht über ihr Reich, doch inzwischen sind sie nicht mehr die Regel, sondern die Ausnahme. Diese Tyrannen mögen wie starke Männer wirken, aber sie tun gut daran, sich zu fürchten.

Dank

Ein Buch zu schreiben, ist schwer, vor allem über ein so komplexes Thema wie dieses.

Ohne Joe Zigmond, meinen genialen Lektor, hätte ich es nicht geschafft. Es wäre übertrieben, zu behaupten, dass ich mich gefreut hätte, als ich sein erstes Feedback bekam – aber seine Weisheit hat das Buch unermesslich verbessert. Es war ein Privileg, mit ihm zusammenzuarbeiten, und ich habe sehr viel gelernt. In den letzten Monaten des Schreibens, als die Worte eine beängstigende Endgültigkeit anzunehmen schienen, waren Lauren Howards scharfsinnige Ideen ungeheuer hilfreich. Auch Siam Hatzaw bin ich dankbar, dass sie mich durch den Veröffentlichungsprozess geführt hat.

Die Gespräche mit Fachleuten und Aktivisten waren außerordentlich nützlich. Den Regierungsvertretern danke ich für ihr Vertrauen. An jene, die sich unter großer persönlicher Gefahr gegen überwältigende Grausamkeiten gewehrt haben: Sie sind die Inspiration, die es uns ermöglicht, an eine bessere Welt zu glauben.

Das Buch profitiert in hohem Maße vom Fachwissen zahlreicher Experten, die mit mir über alles Mögliche gesprochen haben: von der Volkswirtschaft einer Diktatur über das Partherreich bis hin zur Verbreitung von Atomwaffen. Ich bin Allard Duursma, Curtis Bell, Seva Gunitsky, Kristen Harkness, Joseph Wright, Daron Acemoglu, Erica

Frantz, Nicholas Miller, Jake Nabel, Ian Garner, Aleksandr Herasimenka, Clayton Besaw, Agathe Demarais, Anton Barbashin und Larry Diamond sehr dankbar.

Ich möchte ebenfalls die folgenden Personen erwähnen, die mir unschätzbar wertvolle Ratschläge gegeben und mich ermutigt haben. Ein besonderes Dankeschön an: Salvator Cusimano, Anchalee Rüland, Jürgen Brandsch, Livia Puglisi, Caspar Schliephack, Dinah Elisa Kreutz, Reid Standish, Julia Zulver, Nic Cheeseman, Oliver Moody, Imre Gelens, Inga Kristina Trauthig, Rowan Hamill-McMahon, Philip Mühl, Victor Cruz Aceves, Michael Jacobi, Dave Wakerley und meinen Doktorvater Christian Martin. Ohne David Landry und Brian Klaas wäre all dies nicht möglich gewesen.

Den größten Dank schulde ich meinen Freunden und meiner Familie. Ich danke euch für alles.

Anmerkungen

Einleitung: Die Golden Gun

1. Oriana Fallaci, Interview with History, Liveright, 1976, S. 267.
2. Für weitere Informationen zu Gaddafis Zeit in Paris: Isabelle Gautier, ›Quand Paris recevait Kadhafi en grande pompe‹, France Télévisions, 6. April 2015, und David Pujadas, ›Interview du colonel Kadhafi‹, France 2, 11. Dezember 2007.
3. ›Gaddafi absolviert das Touristenprogramm‹, Welt, 15. Dezember 2007.
4. Alex Duval Smith, ›Gaddafi Ups Tent, to Relief in Paris‹, New Zealand Herald, 16. Dezember 2007.
5. Helena Bachmann, ›Gaddafi's Oddest Idea: Abolish Switzerland‹, Time, 25. September 2009.
6. Daniel Nasaw und Adam Gabbatt, ›Gaddafi Speaks for More Than an Hour at General Assembly‹, Guardian, 23. September 2009.
7. ›Libya: Abu Salim Prison Massacre Remembered‹, Human Rights Watch, 27. Juni 2012.
8. Ulf Laessing, Understanding Libya Since Gaddafi, Hurst, 2020, S. 29.
9. ›Inside Gaddafi's Bunker – in Pictures‹, Guardian, 26. August 2011.
10. Alex Thomson, ›Inside Gaddafi's Secret Tunnels‹, Channel 4 News, 30. August 2011, https://www.youtube.com/watch?v=I3Nng9dHFLw
11. Sue Torton, ›Inside a Gaddafi Compound in Tripoli‹, Al Jazeera English, 21. September 2011, https://www.youtube.com/watch?v=fuAYeZE-b2U

12. ›Libya Protests: Second City Benghazi Hit by Violence‹, BBC, 16. Februar 2011, https://www.bbc.com/news/world-africa-12477275
13. Mark Memmott, ›Gadhafi Blames »Rats« And Foreign »Agents«; Says He Will Be A »Martyr«‹, National Public Radio, 22. Februar 2011, https://www.npr.org/sections/thetwoway/2011/02/22/133960871/gadhafi-blames-rats-and-foreign-agents-says-he-will-be-a-martyr
14. ›Muammar Gaddafi Remains Defiant‹, Al Jazeera, 22. Februar 2011, https://www.youtube.com/watch?v=wElsHiTcz-4
15. ›Timeline – Libya's Uprising Against Muammar Gaddafi‹, Reuters, 31. Mai 2011, https://www.reuters.com/article/uk-libya-events-idUKTRE74U3NT20110531/
16. Kevin Sullivan, ›A Tough Call on Libya That Still Haunts‹, Washington Post, 3. Februar 2016.
17. ›Libya: UN Backs Action Against Colonel Gaddafi‹, BBC, 18. März 2011, https://www.bbc.com/news/world-africa-12781009
18. Associated Press, ›Coalition Launches Military Action Against Libya‹, France 24, 19. März 2011, https://www.france24.com/en/20110319-coalition-takes-military-action-against-libya
19. Kareem Fahim, ›In His Last Days, Gaddafi Wearied of Fugitive's Life‹, *New York Times*, 22. Oktober 2011.
20. Martin Chulov, ›Gaddafi's Last Moments: »I Saw the Hand Holding the Gun and I Saw it Fire«‹, Guardian, 20. Oktober 2012.
21. Ebd.
22. Ebd.
23. Für weitere Informationen: Gabriel Gatehouse, ›My Search for Gaddafi's Golden Gun‹, BBC, 3. Februar 2016.
24. Fahim, ›In His Last Days‹.
25. Barry Malone, ›Gaddafi Body Handed to NTC Loyalists for Burial‹, Reuters, 25. Oktober 2011.
26. Die Schätzungen basieren auf: Henk Goemans, Kristian Skrede Gleditsch und Giacomo Chiozza, ›Introducing

Archigo's: A Dataset of Political Leaders‹, Journal of Peace Research 46, no. 2 (2009), S. 275.
27. Barbara Geddes, Joseph Wright und Erica Frantz, ›Autocratic Breakdown and Regime Transitions: A New Data Set‹, Perspectives on Politics 12, no. 2 (2014), S. 321.
28. David Smith, ›Congo TV Talkshow Stormed by Armed Intruders‹, Guardian, 30. Dezember 2011.
29. Ebd.
30. Peter Fabricius, ›DRC's Mukungubila: A »Prophet« Stuck Down in a Nowhere Land, Just Where Kabila Wants Him‹, Daily Maverick, 28. Mai 2017.
31. Winston Churchill, ›The Lights Are Going Out (We Must Arm), 1938‹, America's National Churchill Museum, 16. Oktober 1938.
32. Elisabeth Bumiller, ›Was a Tyrant Prefigured by Baby Saddam?‹, *New York Times*, 15. Mai 2004.
33. Zu Maos jungen Jahren vgl.: Jung Chang und Jon Halliday, Mao: The Unknown Story, Jonathan Cape, 2005.
34. Politikwissenschaftler Joseph Wright, Interview mit dem Autor, 24. Mai 2023.
35. Adam Przeworski, ›Some Problems in the Study of the Transition to Democracy‹, in Guillermo O'Donnell, Philippe C. Schmitter und Laurence Whitehead (eds), Transitions from Authoritarian Rule, vol. III, Johns Hopkins University Press, 1986, zitiert in: Barbara Geddes, Joseph Wright und Erica Frantz, How Dictatorships Work, Cambridge University Press, 2018, S. 185.
36. Zur Gesamtdiskussion der Definition von Regime vgl.: Geddes, Wright und Frantz, ›Autocratic Breakdown and Regime Transitions‹, S. 314–16.
37. Vgl. Siegbert Schefke, Als die Angst die Seite wechselte, Transit, 2019.
38. Marat Gurt, ›Turkmenistan to Move Gold Statue‹, Reuters, 3. Mai 2008, https://www.reuters.com/article/us-turkmenistan-statue-idUSL0355546520080503/

39. Justin McCurry, ›North Korea Executes Officials with Anti-Aircraft Gun in New Purge – Report‹, Guardian, 30. August 2016.
40. Colm O'Regan, ›The Rise of Inflated Job Titles‹, BBC, 17. Juli 2012, https://www.bbc.com/news/magazine-18855099
41. Bastian Herre, Esteban Ortiz-Ospina und Max Roser, ›Democracy‹, Our World in Data, 2013, https://ourworldindata.org/democracy
42. ›Growth in United Nations Membership‹, United Nations, https://www.un.org/en/about-us/growth-in-un-membership#1945
43. Milan W. Svolik, The Politics of Authoritarian Rule, Cambridge University Press, 2012, S. 25.
44. Herre, Ortiz-Ospina und Roser, ›Democracy‹.
45. Vgl. Francis Fukuyama, The End of History and the Last Man, Free Press, 1992.
46. Vgl. Michaela Wrong, Do Not Disturb, Fourth Estate, 2021.
47. John Pomfret und Matt Pottinger, ›Xi Jinping Says He Is Preparing China for War‹, Foreign Affairs, 29. März 2023.
48. Geddes, Wright and Frantz, ›Autocratic Breakdown and Regime Transitions‹, S. 327.

1. Die Tretmühle des Diktators

1. Howard W. French, ›A Personal Side to War in Zaire‹, *New York Times*, 6. April 1997.
2. Richard Engel, ›There is Something I call the Dictator's Treadmill‹, Twitter (renamed ›X‹), 25. Oktober 2019, https://x.com/RichardEngel/status/1187520692738240513?s=20
3. ›Median Wealth in the US Congress from 2008 to 2018, by Chamber‹, Statista, 3. November 2023, https://www.statista.com/statistics/274581/median-wealth-per-member-of-us-congress-by-chamber/
4. ›Boris Johnson Earns Nearly £1 m in One Month – and Matt Hancock's I'm a Celeb Fee Revealed‹, Sky News, 27. Januar

2023, https://news.sky.com/story/boris-johnson-earns-nearly-1m-in-one-month-in-outside-earnings-bringing-his-total-since-2019-to-2-3m-12796180

5. ›Country Profile‹, World Bank, 2023, https://pip.worldbank.org/country-profiles/TKM
6. ›The World Bank in Turkmenistan‹, World Bank, https://www.worldbank.org/en/country/turkmenistan/overview
7. Vgl. ›The Personality Cult of Turkmenbashi‹, Guardian, 21. Dezember 2006.
8. Robert G. Kaiser, ›Personality Cult Buoys »Father of All Turkmen«‹, Washington Post, 8. Juli 2002.
9. Gulnoza Saidazimova, ›Turkmenistan: Where is Turkmenbashi's Money?‹, Radio Free Europe/Radio Liberty, 19. November 2007.
10. Asels Geschichte basiert vor allem auf: Abdujalil Abdurasulov, ›Kazakhstan Unrest: »If You Protest Again, We'll Kill You«‹, BBC, 21. Januar 2022, https://www.bbc.com/news/world-asia-60058972
11. Andrew Roth, ›Kazakhstan President Nazarbayev Steps Down After 30 Years in Power‹, Guardian, 19. März 2019.
12. Almaz Kumenov, ›Kazakhstan: Street Named After President (Predictably)‹, eurasianet, 30. November 2017.
13. Guy Faulconbridge, ›West Must Stand Up to Russia in Kazakhstan, Opposition Leader Says‹, Reuters, 7. Januar 2022, https://www.reuters.com/world/exclusive-west-must-stand-up-russia-kazakhstan-dissident-former-banker-says-2022-01-07/
14. Joanna Lillis, ›Who Really is Kazakhstan's Leader of the Nation?‹, eurasianet, 25. Oktober 2019, https://eurasianet.org/who-really-is-kazakhstans-leader-of-the-nation
15. Alexander Gabuev und Temur Umarov, ›TurmoilinKazkahstan Heralds the End of the Nazarbayev Era‹, Carnegie Endowment for International Peace, 10. Januar 2022, https://carnegiemoscow.org/commentary/86163
16. Vyacheslav Abramov und Ilya Lozovsky, ›Oliver Stone

Documentary About Kazakhstan's Former Leader Nazarbayev Was Funded by a Nazarbayev Foundation‹, Organized Crime and Corruption Reporting Project, 10. Oktober 2022, https://www.occrp.org/en/investigations/sidebar/oliver-stone-documentary-about-kazakhstans-former-leader-nazarbayev-was-funded-by-a-nazarbayev-foundation

17. Paolo Sorbello, ›Kazakhstan's Parliament Aims to Take Away Nazarbayev's Privileges‹, The Diplomat, 28. Dezember 2022, https://thediplomat.com/2022/12/kazakhstans-parliament-aims-to-take-away-nazarbayevs-privileges/

18. Abramov und Lozovsky, ›Oliver Stone Documentary‹.

19. Anatolij Weisskopf und Roman Goncharenko, ›A New Era for Kazakhstan's Reelected President?‹, Deutsche Welle, 21. November 2022, https://www.dw.com/en/new-era-for-kazakhstans-reelected-president/a-63822032

20. Tom Burgis, ›Nazarbayev and the Power Struggle Over Kazakhstan's Future‹, Financial Times, 13. Januar 2022.

21. Barbara Geddes, Joseph Wright und Erica Frantz, ›Autocratic Breakdown and Regime Transitions: A New Data Set‹, Perspectives on Politics 12, no. 2 (2014), S. 321.

22. Cecile Mantovani, ›Swiss Reject Initiative to Ban Factory Farming‹, Reuters, 25. September 2022, https://www.reuters.com/world/europe/swiss-course-reject-initiative-ban-factory-farming-2022-09-25/

23. Geddes, Wright und Frantz, ›Autocratic Breakdown and Regime Transitions‹, S. 321.

24. Das Szenario basiert auf: Kristen A. Harkness in her When Soldiers Rebel, Cambridge University Press, 2018, S. 171–72.

25. Daniel Treisman, ›Democracy by Mistake: How the Errors of Autocrats Trigger Transitions to Freer Government‹, American Political Science Review 114, no. 3 (2020), S. 792–810.

26. Agence France Presse, ›Argentina's Dictatorship Dug its Own Grave in Falklands War‹, France 24, 30. März 2022,

27. David Rock, Argentina, 1516–1987, University of California Press, 1987, S. 378, zitiert in: Treisman, ›Democracy by Mistake‹.
28. ›Thatcher Archive Reveals Deep Divisions on the Road to Falklands War‹, University of Cambridge, 22. März 2013, https://www.cam.ac.uk/research/news/thatcher-archive-reveals-deep-divisions-on-the-road-to-falklands-war
29. ›A Short History of the Falklands Conflict‹, Imperial War Museums, https://www.iwm.org.uk/history/a-short-history-of-the-falklands-conflict
30. Agence France Presse, ›Argentina's Dictatorship Dug its Own Grave in Falklands War‹, France 24, 30. März 2022, https://www.france24.com/en/live-news/20220330-argentina-s-dictatorship-dug-its-own-grave-in-falklands-war
31. Abel Escribà-Folch und Daniel Krcmaric, ›Dictators in Exile‹, Journal of Politics 79, no. 2 (2017), S. 560.
32. ›Alberto Fujimori Profile: Deeply Divisive Peruvian Leader‹, BBC, 20. Februar 2018.
33. Escribà-Folch und Krcmaric, ›Dictators in Exile‹, S. 562.
34. Ebd., S. 563.
35. ›Interview: Former »Newsweek« Correspondent Recalls Life and Death in Ceaușescu's Romania‹, Radio Free Europe/Radio Liberty, 16. Dezember 2009, https://www.rferl.org/a/Interview_Former_Newsweek_Correspondent_Recalls_Life_And_Death_In_Ceausescus_Romania/1905712.html
36. Die Darstellung von Ceaușescus Flügen basiert vor allem auf Clyde Habermans Artikel ›Upheaval in the East: Dictator's Flight; Pilot of Helicopter Describes Ceaușescu's Escape Attempt‹, *New York Times*, 1. Januar 1990.
37. Emma Graham-Harrison, ›»I'm Still Nervous«, Says Soldier Who Shot Nicolae Ceaușescu‹, Guardian, 7. Dezember 2014.
38. Ebd.
39. Ebd.

40. Alan Greenblatt, ›A Dictator's Choice: Cushy Exile or Go Underground‹, National Public Radio, 26. August 2011, https://www.npr.org/2011/08/26/139952385/a-dictators-choice-cushy-exile-or-go-underground
41. Vgl. Escribà-Folch und Krcmaric, ›Dictators in Exile‹, S. 563–64.
42. Daniel Krcmaric, ›Should I Stay or Should I Go? Leaders, Exile, and the Dilemmas of International Justice‹, American Journal of Political Science 62, no. 2 (2018), S. 489.
43. Ebd.
44. ›Liberia's Taylor Begins Exile in Nigeria‹, Public Broadcasting Service NewsHour, 13. August 2013, https://www.pbs.org/newshour/politics/africa-july-dec03-nigeria_08-13
45. Xan Rice, ›Liberia's Ex-leader Handed Over for War Crimes Trial‹, Guardian, 30. März 2006.
46. Owen Bowcott, ›War Criminal Charles Taylor to Serve 50-year Sentence in British Prison‹, Guardian, 10. Oktober 2013.
47. Escribà-Folch und Krcmaric, ›Dictators in Exile‹, S. 561.
48. Ben Brumfield, ›Charles Taylor Sentenced to 50 Years for War Crimes‹, CNN, 31. Mai 2012, https://edition.cnn.com/2012/05/30/world/africa/netherlands-taylor-sentencing/index.html
49. Escribà-Folch und Krcmaric, ›Dictators in Exile‹, S. 564.
50. Ebd.
51. ›Q&A: The Case of Hissène Habré Before the Extraordinary African Chambers in Senegal‹, Human Rights Watch, 3. Mai 2016, https://www.hrw.org/news/2016/05/03/qa-case-hissene-habre-extraordinary-african-chambers-senegal#3
52. Diego Lopes da Silva et al., ›Trends in World Military Expenditure, 2021‹, Stockholm International Peace Research Institute, https://www.sipri.org/sites/default/files/2022-04/fs_2204_milex_2021_0.pdf
53. ›Taliban Says Doha Office Flag, Banner Raised with »Agreement of Qatar«‹, Reuters, 23. Juni 2013,

https://www.reuters.com/article/afghanistan-peace-taliban-qatar-idINDEE95M05120130623/

54. ›Full Text of Ferdinand »Bongbong« Marcos Jr's Inaugural Address‹, Philippine Star, 30. Juni 2022.
55. Bernard Gwertzman, ›For Marcos, A Restless Night of Calls to US‹, *New York Times*, 26. Februar 1986.
56. Francis X. Clines, ›The Fall of Marcos: Slipping Out of Manila; The Final Hours of Marcos: Pleading to Save Face, Then Escape in the Dark‹, *New York Times*, 26. Februar 1986.
57. Daniel Southerl, ›A Fatigued Marcos Arrives in Hawaii‹, Washington Post, 27. Februar 1986.
58. Nick Davies, ›The $10bn Question: What Happened to the Marcos Millions?‹, Guardian, 7. Mai 2016.
59. David Smith, ›Thomas Lubanga Sentenced to 14 Years for Congo War Crimes‹, Guardian, 10. Juli 2012.
60. Krcmaric, ›Should I Stay or Should I Go?‹, S. 496.
61. ›How the Mighty Are Falling‹, The Economist, 5. Juli 2007.
62. Christina Lamb, ›Trapped in the Palace‹, The Spectator, 28. Mai 2011.

2. Der Feind im eigenen Haus

1. ›Chad Habre Accuses Sudan of Complicity in April Coup Plot‹, BBC, Summary of World Broadcasts, 12. Mai 1989, in: Philip Roessler, ›The Enemy Within‹, World Politics 63, no. 2 (2011), 300–46, S. 312–13.
2. Robert K. Massie, Catherine the Great, Head of Zeus, 2019, S. 312.
3. Ebd.
4. E. R. Dashkova (red. und übers. Kyril Fitzlyon), The Memoirs of Princess Dashkov, 1958, S. 78–80, in: Simon Sebag Montefiore, Catherine the Great & Potemkin, Weidenfeld & Nicolson, 2001, S. 50.
5. Massie, Catherine the Great, S. 305–21.
6. Ebd., S. 297.

7. Sebag Montefiore, Catherine the Great, S. 44.
8. Ebd., S. 36.
9. Arkhiv kniaz'ia Vorontsova, XXI, 49 (ed. P.I. Bartenev), in: Simon Dixon, Catherine the Great, Ecco, 2010, S. 122.
10. Sebag Montefiore, Catherine the Great, S. 51.
11. Massie, Catherine the Great, S. 315.
12. Dixon, Catherine the Great, S. 123.
13. Massie, Catherine the Great, S. 316.
14. Erica Frantz, Authoritarianism, Oxford University Press, 2018, S. 56.
15. Der folgende Abschnitt basiert auf: Bruce Bueno de Mesquita und Alastair Smith's The Dictator's Handbook, Public Affairs, 2012.
16. ›Population‹, Our World in Data, https://ourworldindata.org/grapher/population
17. Die Darstellung der Hungersnot in Nordkorea basiert vor allem auf: Stephan Haggard and Marcus Noland's Famine in North Korea: Markets, Aid, and Reform, Columbia University Press, 2007.
18. Die Geschichte basiert auf: Ju Hyun-ah's ›The Arduous March‹, Words Without Borders, 1. Mai 2013, https://wordswithoutborders.org/read/article/2013-05/the-arduous-march/
19. Ebd.
20. Min Yoon, ›The Arduous March: Growing Up in North Korea During Famine‹, Guardian, 13. Juni 2014.
21. Ju Hyun-ah, ›The Arduous March‹.
22. Haggard und Noland, Famine in North Korea, S. 68.
23. Daniel Byman und Jennifer Lind, ›Pyongyang's Survival Strategy: Tools of Authoritarian Control in North Korea‹, International Security 35, no. 1 (2010), 44–74, S. 62.
24. Haggard und Noland, Famine in North Korea, S. 11.
25. Vgl. Ronald Wintrobe, The Political Economy of Dictatorship, Cambridge University Press, 1998, S. 20–40.
26. De Mesquita und Smith, The Dictator's Handbook, S. 16.

27. Niccolò Machiavelli (übers. v. Tim Parks), The Prince, Penguin, 2009, S. 12.
28. Edward Goldring und Austin S. Matthews, ›To Purge or Not to Purge? An Individual-Level Quantitative Analysis of Elite Purges in Dictatorships‹, British Journal of Political Science 53, no. 2 (2023), 575–93, S. 575.
29. Milan W. Svolik, The Politics of Authoritarian Rule, Cambridge University Press, 2012.
30. Vgl. Laure Bokobza et al., ›The Morning After: Cabinet Instability and the Purging of Ministers after Failed Coup Attempts in Autocracies‹, Journal of Politics 84, no. 3 (2020), 1437–52.
31. Arianne Chernock, ›Queen Victoria and the »Bloody Mary of Madagascar«‹, Victorian Studies 55, no. 3 (2013), 425–49, S. 433.
32. Stephen Ellis, ›Witch-Hunting in Central Madagascar 1828–1861‹, Past & Present 175 (2002), 90–123, S. 99.
33. Samuel Pasfield Oliver, Madagascar: An Historical and Descriptive Account of the Island and its Former Dependencies, Macmillan, 1886, S. 85.
34. Ebd., S. 80.
35. Ida Pfeiffer, The Last Travels of Ida Pfeiffer: Inclusive of a Visit to Madagascar, Harper & Brothers, 1861, S. 240.
36. Oliver, Madagascar, S. 86.
37. Brian Klaas, ›Vladimir Putin Has Fallen Into the Dictator Trap‹, Atlantic, 16. März 2022.
38. Adam E. Casey und Seva Gunitsky, ›The Bully in the Bubble‹, Foreign Affairs, 4. Februar 2022.
39. Andrew Roth, ›Putin's Security Men: The Elite Group Who »Fuel His Anxieties«‹, Guardian, 4. Februar 2022.
40. Ebd.
41. Casey und Gunitsky, ›The Bully in the Bubble‹.
42. Yi Han-yong, Taedong River Royal Family: My 14 Years Incognito in Seoul, Dong-a Ilbo, 1996, in: Anna Fifield, The Great Successor, John Murray, 2019, S. 14.
43. Fifield, The Great Successor, S. 43.

44. Ebd.
45. Jung H. Pak, ›The Education of Kim Jong-un‹, Brookings, Februar 2018, https://www.brookings.edu/articles/the-education-of-kim-jong-un/
46. Mark Bowden, ›Understanding Kim Jong Un, the World's Most Enigmatic and Unpredictable Dictator‹, Vanity Fair, 12. Februar 2015.
47. Jerrold M. Post, ›Saddam Hussein of Iraq: A Political Psychology Profile‹, Political Psychology 12, no. 2 (1991), 279–89, S. 284.
48. Erica Goode, ›The World; Stalin to Saddam: So Much for the Madman Theory‹, *New York Times*, 4. Mai 2003.
49. Zitiert in: Dave Gilson, ›The CIA's Secret Psychological Profiles of Dictators and World Leaders Are Amazing‹, Mother Jones, 11. Februar 2015.
50. Jerrold M. Post und Robert S. Robins, When Illness Strikes the Leader, Yale University Press, 1993, S. 55.
51. Ebd.
52. Alejandro Artucio, ›The Trial of Macias‹, International Commission of Jurists, November 1979, S. 16.
53. Ebd., S. 8.
54. Post und Robins, When Illness Strikes the Leader, S. 55–56.
55. Associated Press, ›Killings Reported in Equatorial Guinea‹, *New York Times*, 25. Januar 1978.
56. Ebd.
57. Artucio, ›The Trial of Macias‹, S. 11.
58. Paul Kenyon, Dictatorland, Head of Zeus, 2018, S. 260 und 262.
59. Randall Fegley, ›Equatorial Guinea, An African Tragedy‹, Anthropology and Sociology, Series II, vol. 39, S. 52, in: Kenyon, Dictatorland, S. 262.
60. Bruce Bueno de Mesquita und Alastair Smith, ›Political Succession: A Model of Coups, Revolution, Purges and Everyday Politics‹, Journal of Conflict Resolution 61, no. 4 (2015), 707–43, S. 708.

61. Artucio, ›The Trial of Macias‹, S. 16.
62. Kenyon, Dictatorland, S. 262.
63. Zitiert in: Simon Baynham, ›Equatorial Guinea: The Terror and the Coup‹, World Today 36, no. 2 (1980), 65–71, S. 65.
64. Kenyon, Dictatorland, S. 263.
65. Ebd.
66. Ebd.
67. Associated Press, ›Equatorial Guinea Reports Coup‹, *New York Times*, 6. August 1979.

3. Das Militär schwächen

1. Zitiert in: Paul Kenyon, Dictatorland, Head of Zeus, 2018, S. 162.
2. Nicholas Marshall, ›United States of America v. Cherno Njie (01) and Papa Faal (02)‹, United States District Court for the District of Minnesota, 3. Januar 2015, https://www.justice.gov/file/189936/download
3. Die Darstellung des versuchten Staatsstreichs in Gambia basiert großteils auf Stuart A. Reids ›Let's Go Take Back Our Country‹, Atlantic, März 2016.
4. ›State of Fear‹, Human Rights Watch, 16. September 2015, https://www.hrw.org/report/2015/09/17/state-fear-arbitrary-arrests-torture-and-killings
5. Reid, ›Let's Go Take Back Our Country‹.
6. Banka Manneh, Interview mit dem Autor, 24. Februar 2023.
7. Ebd.
8. Andrew Rice, ›The Reckless Plot to Overthrow Africa's Most Absurd Dictator‹, *Guardian,* 21. Juli 2015.
9. ›Amnesty International Report 2014/2015‹, Amnesty International, 25. Februar 2015, https://www.amnesty.org/en/pol10-0001-2015-en-2/
10. Rice, ›The Reckless Plot‹.
11. Interview mit Banka Manneh.

12. Ebd.
13. Reid, ›Let's Go Take Back Our Country‹.
14. Rice, ›The Reckless Plot‹.
15. Marshall, ›United States of America v. Cherno Njie (01) and Papa Faal (02)‹.
16. Ebd.
17. Rice, ›The Reckless Plot‹.
18. Marshall, ›United States of America v. Cherno Njie (01) and Papa Faal (02)‹.
19. Reid, ›Let's Go Take Back Our Country‹.
20. Ebd.
21. Marshall, ›United States of America v. Cherno Njie (01) and Papa Faal (02)‹.
22. Reid, ›Let's Go Take Back Our Country‹.
23. Ebd.
24. Ebd.
25. Interview mit Banka Manneh.
26. Armin Rosen, ›A Prominent Dissident Was Just Charged in the US with Plotting to Overthrow One of Africa's Most Oppressive Governments‹, *Business Insider*, 22. März 2015.
27. Interview mit Banka Manneh.
28. Rosen, ›A Prominent Dissident‹.
29. Jonathan M. Powell and Clayton L. Thyne, ›Global Instances of Coups from 1950 to 2010: A New Dataset‹, *Journal of Peace Research* 48, no. 2 (2011), 249–59, S. 252.
30. King James Bible, 1 Kings xvi, 11.
31. Edward F. Campbell, ›A Land Divided: Judah and Israel from the Death of Solomon to the Fall of Samaria‹, S. 206–41, in Michael D. Coogan (ed.), *The Oxford History of the Biblical World*, Oxford University Press, 2001.
32. King James Bible, 1 Kings xvi, 18.
33. Powell und Thyne, ›Global Instances of Coups from 1950 to 2010‹.
34. Ebd.
35. ›Britain's Simon Mann Sentenced to 34 Years for Coup

Plot‹, France 24, 7. Juli 2008, https://www.france24.com/en/20080707-britains-simon-mann-sentenced-34-years-coup-plot-equatorial-guinea

36. Cecilia Macaulay, ›Equatorial Guinea's Obiang: World's Longest – serving President Eyes Re-election‹, BBC, 20. November 2022, https://www.bbc.com/news/world-africa-63674539
37. ›Equatorial Guinea‹, OPEC, https://www.opec.org/opec_web/en/about_us/4319.htm
38. ›GDP Per Capita‹, Our World in Data, 2023, https://ourworldindata.org/grapher/gdp-per-capita-worldbank?tab=chart&country=GNQ~TUR~MEX~KOR
39. Simon Mann, *Cry Havoc*, John Blake, 2012.
40. Ian Evans, ›We Were Betrayed, Claim Mercenaries Jailed After Ex – SAS Man's Failed Coup‹, *Guardian*, 25. April 2010.
41. Ebd.
42. Ebd.
43. Kim Sengupta, ›An African Adventure: Inside Story of the Wonga Coup‹, *Independent*, 12. März 2008.
44. David Pallister und James Sturcke, ›Simon Mann Gets 34 Years in Equatorial Guinea Jail‹, *Guardian*, 7. Juli 2008.
45. Jonathan Miller, ›Mann: I Was Not the Main Man‹, Channel 4, 11. März 2008, https://www.channel4.com/news/articles/politics/international_politics/mann+i+was+not+the+main+man/1761247.html
46. Antony Barnett und Martin Bright, ›Revealed: How Britain Was Told Full Coup Plan‹, *Guardian*, 28. November 2004.
47. Malcolm R. Easton and Randolph M. Siverson, ›Leader Survival and Purges After a Failed Coup d'Etat‹, *Journal of Peace Research* 55, no. 5 (2018), 596–608, S. 599.
48. Brian Klaas, ›Why Coups Fail‹, *Foreign Affairs*, 17. Juli 2016.
49. Esme Kirk-Wade und Zoe Mansfield, ›UK Defence Personnel Statistics‹, House of Commons Library, 18. Juli 2023, https://researchbriefings.files.parliament.uk/documents/CBP-7930/CBP-7930.pdf

50. Paul Collier und Anke Hoeffler, ›Coup Traps: Why Does Africa Have So Many Coups d'Etat?‹, Arbeitspapier, Centre for the Study of African Economies, August 2005, https://ora.ox.ac.uk/objects/uuid:49097086-8505-4eb2-8174-314ce1aa3ebb
51. Naunihal Singh, *Seizing Power*, Johns Hopkins University Press, 2014, S. 66.
52. James T. Quinlivan, ›Coup-Proofing: Its Practice and Consequences in the Middle East‹, *International Security* 24, no. 2 (1999), 131–65, S. 141.
53. Williamson Murray und Kevin M. Woods, *The Iran–Iraq War: A Military and Strategic History*, Cambridge University Press, 2014, S. 287, zitiert in: Caitlin Talmadge, *The Dictator's Army*, Cornell University Press, 2015, S. 154.
54. Hanna Batatu, *The Old Social Classes and the Revolutionary Movements of Iraq: A Study of Iraq's Old Landed and Commercial Classes and of Its Communists, Ba'athists, and Free Officers*, Princeton University Press, 1978, S. 1095, zitiert in: Quinlivan, ›Coup-Proofing‹, S. 144.
55. Quinlivan, ›Coup-Proofing‹, S. 144.
56. Ebd., S. 150.
57. Cameron S. Brown, Christopher J. Fariss und R. Blake McMahon, ›Recouping After Coup-Proofing: Compromised Military Effectiveness and Strategic Substitution‹, *International Interactions* 41, no. 1 (2016), 1–30, S. 4.
58. Zitiert ebd., S. 4–5.
59. Quinlivan, ›Coup-Proofing‹, S. 143–44.
60. Für eine detaillierte Diskussion der Folgen von Gewalt bei Staatsstreichen siehe Erica de Bruin, ›Will There Be Blood? Explaining Violence During Coups d'Etat‹, *Journal of Peace Research* 56, no. 6 (2019), S. 797–811.
61. Kristen A. Harkness, *When Soldiers Rebel*, Cambridge University Press, 2018, S. 57.
62. Ebd., S. 39.
63. Ebd., S. 36.

64. J. Bayo Adekson, ›Ethnicity and Army Recruitment in Colonial Plural Societies‹, *Ethnic and Racial Studies* 2, no. 2 (1979), 151–65, S. 161, zitiert in: Harkness, *When Soldiers Rebel*, S. 37.
65. Anthony Clayton, *Khaki and Blue: Military and Police in British Colonial Africa*, Ohio University, 1989, S. 160, zitiert in: Harkness, *When Soldiers Rebel*, S. 37.
66. Kristen A. Harkness, ›The Ethnic Stacking in Africa Dataset: When Leaders Use Ascriptive Identity to Build Military Loyalty‹, *Conflict Management and Peace Science* 39, no. 5 (2022), 609–32, S. 619–20.
67. Chris Hedges, ›Kurds Unearthing New Evidence of Iraqi Killings‹, *New York Times*, 7. Dezember 1991.
68. Ebd.
69. Quinlivan, ›Coup-Proofing‹, S. 151.
70. Erica de Bruin, *How to Prevent Coups d'Etat*, Cornell University Press, 2020.
71. Ebd., S. 97.
72. Zitiert in: Harkness, *When Soldiers Rebel*, S. 146.
73. De Bruin, *How to Prevent Coups d'Etat*, S. 97/98.
74. Vgl. ›Ghana Voters Back Nkrumah Proposal For One-Party Rule‹, *New York Times*, 26. Januar 1964.
75. De Bruin, *How to Prevent Coups d'Etat*, S. 96.
76. Lloyd Garrison, ›Coup in Ghana: Elaborately Organized Upheaval‹, *New York Times*, 5. März 1966.
77. Ebd.
78. Zitiert in: De Bruin, *How to Prevent Coups d'Etat*, S. 99.
79. John J. Chin, Joseph Wright und David B. Carter, *Historical Dictionary of Modern Coups d'Etat*, Rowman & Littlefield, 2022, S. 438.
80. Harkness, *When Soldiers Rebel*, S. 73.
81. Chin, Wright und Carter, *Historical Dictionary*, S. 438.

4. Rebellen, Waffen und Geld

1. Leon Trotsky, *The History of the Russian Revolution*, Victor Gollancz, 1984, S. 511.
2. United Press International, ›Thousands Dead as Quakes Strike Nicaraguan City‹, *New York Times*, 24. Dezember 1972.
3. ›Case Report Nicaragua – Earthquake‹, United States Agency for International Development, Dezember 1972, https://pdf.usaid.gov/pdf_docs/pnadq757.pdf
4. ›Earthquakes of Past Bigger Than Managua's‹, *New York Times*, 26. Dezember 1972.
5. ›Case Report Nicaragua – Earthquake‹.
6. David Johnson Lee, ›De-centring Managua: Post-earthquake Reconstruction and Revolution in Nicaragua‹, *Urban History* 42, no. 4 (2015), 663–85 S. 668–69.
7. United Press International, ›Major Section of Managua to Serve as Mass Grave‹, *New York Times*, 27. Dezember 1972.
8. Reuters, ›Managua Has Disappeared‹, *New York Times*, 24. Dezember 1972.
9. Robin Navarro Montgomery, ›The Fall of Somoza: Anatomy of a Revolution‹, *Parameters* 10, no. 1 (1980), 47–57, S. 51.
10. Rose Spalding, *Capitalists and Revolution in Nicaragua: Opposition and Accommodation, 1979–1993*, University of North Carolina Press, 1994, zitiert in: Lee, ›De-centring Managua‹, S. 680.
11. Idean Salehyan, *Rebels Without Borders*, Cornell University Press, 2011, S. 126.
12. Alan Riding, ›Bishops in Nicaragua Say Troops Kill Civilians in Fighting Leftists‹, *New York Times*, 2. März 1977.
13. Montgomery, ›The Fall of Somoza‹.
14. Laurie Johnston, ›Prize-Winning Editor Is Shot Dead in Nicaragua‹, *New York Times*, 11. Januar 1978.
15. Mateo Cayetano Jarquin, ›A Latin American Revolution: The Sandinistas, the Cold War, and Political Change in the

Region, 1977–1990‹, Dissertation (2019), Harvard University, Graduate School of Arts & Sciences, S. 47–48.
16. Christopher Paul, Colin P. Clarke und Beth Grill, *Victory Has a Thousand Fathers: Detailed Counterinsurgency Case Studies*, RAND Corporation, 2010.
17. Cayetano Jarquin, ›A Latin American Revolution‹, S. 70.
18. Cynthia Gorney, ›Somoza is Assassinated in Ambush in Paraguay‹, *Washington Post*, 18. September 1980.
19. Max Boot, ›The Evolution of Irregular War: Insurgents and Guerillas from Akkadia to Afghanistan‹, *Foreign Affairs* 92, no. 2 (2013), 100–14.
20. Eric Dorn Brose, *German History 1789–1871*, Berghahn, 1997, S. 4.
21. Henry Louis Gates, Emmanuel Akyeampong und Steven J. Niven (Hrsg.), *Dictionary of African Biography*, Oxford University Press, 2011, S. 172.
22. Ebd.
23. ›Chad Habre Accuses Sudan of Complicity in April Coup Plot‹, BBC, Summary of World Broadcasts, 12. Mai 1989, zitiert in: Philip Roessler, ›The Enemy Within‹, *World Politics* 63, no. 2 (2011), 300–46, S. 312–13.
24. Associated Press, ›Chad President Reportedly Flees and Rebels March In‹, *New York Times*, 2. Dezember 1990.
25. ›Chad's President Idriss Déby Dies After Clashes with Rebels‹, BBC, 20. April 2021, https://www.bbc.com/news/world-africa-56815708
26. Roessler, ›The Enemy Within‹, S. 314–15.
27. Paul Collier et al., ›Breaking the Conflict Trap‹, World Bank, 2003, S. 68, https://openknowledge.worldbank.org/server/api/core/bitstreams/ce680d98-c240-5747-a573-b4896762e5f5/content
28. Ebd.
29. Ebd.
30. F. Ngaruko und J. D. Nkurunziza, ›Civil War and Its Duration in Burundi‹, Paper für das Case Study Project The

Political Economy of Civil Wars von Weltbank und Yale University, 2002, zitiert ebd., S. 68–69.
31. Ebd., S. 72.
32. Ebd., S. 75.
33. Blaine Harden, ›Diamond Wars: A Special Report‹, *New York Times*, 6. April 2000.
34. Mark Shaw, ››»The Middlemen«: War Supply Networks in Sierra Leone and Angola‹, Netherlands Institute of International Relations, Arbeitspapier 10. März 2003, S. 19–20, https://www.clingendael.org/sites/default/files/2016-02/20030300_cru_working_paper_10.pdf
35. Collier et al., ›Breaking the Conflict Trap‹.
36. Marianne Moor und Liduine Zumpolle, ›The Kidnap Industry in Colombia‹, Pax Christi Netherlands, November 2001, https://paxforpeace.nl/wp-content/uploads/sites/2/2020/11/the-kidnap-industry-in-colombia-our-business-112001_0.pdf
37. Ebd.
38. Anja Shortland, *Kidnap*, Oxford University Press, 2019, S. 100.
39. Moor und Zumpolle, ›The Kidnap Industry in Colombia‹.
40. Michael L. Ross, ›Booty Futures‹, Arbeitspapier, 6. Mai 2005, S. 11, https://www.sscnet.ucla.edu/polisci/faculty/ross/papers/working/bootyfutures.pdf
41. Ebd., S. 11–12.
42. Vgl. Stathis N. Kalyvas, *The Logic of Violence in Civil War*, Cambridge University Press, 2012.
43. Adam Lockyer, ›Foreign Intervention and Warfare in Civil Wars: The Effect of Exogenous Resources on the Course and Nature of the Angolan and Afghan Conflicts‹, Dissertation, University of Sydney, Department of Government and International Relations, Dezember 2008, S. 109–10.
44. Nathan Leites and Charles Wolf jr., *Rebellion and Authority*, Markham, 1970, S. 128–29.
45. Jeremy M. Weinstein, *Inside Rebellion*, Cambridge University Press, 2007, S. 203–04.

46. Jürgen Brandsch, Interview mit dem Autor, 3. Februar 2023.
47. Dieses Argument bringt Alex de Waal vor in: *The Real Politics of the Horn of Africa*, Polity, 2015, S. 53.
48. Ebd.
49. ›Syria Refugee Crisis Explained‹, United Nations High Commissioner for Refugees, 14. März 2023, https://www.unrefugees.org/news/syria-refugee-crisis-explained/
50. Henry A. Kissinger, ›The Viet Nam Negotiations‹, *Foreign Affairs*, 1. Januar 1969.
51. Zitiert in: Associated Press, ›Colombia's Guerilla War killed 260,000, Report Says‹, CBC, 2. August 2018, https://www.cbc.ca/news/world/colombia-guerrilla-farc-death-toll-1.4771858
52. Roland Dumas, zitiert in: Alan Riding, ›Rebels in Control of Chad's Capital‹, *New York Times*, 3. Dezember 1990.
53. ›Supported by France, Convicted by Africa‹, Human Rights Watch, 30. Mai 2016, https://www.hrw.org/sites/default/files/report_pdf/francehabre0616en_summaryweb_0.pdf
54. ›France Bombed Chadian Rebels to Stop Coup d'Etat: Foreign Minister‹, Reuters, 12. Februar 2019, https://www.reuters.com/article/us-france-chad-idUSKCN1Q11XB/
55. Ebd.
56. Lockyer, ›Foreign Intervention and Warfare in Civil Wars‹, S. 203 und 205.
57. Vincent Schneiter, ›La Guerre de Libération au Nouristan‹, *Les Temps Modernes*, no. 408–9, Juli–August 1980, S. 240, zitiert ebd., S. 205–06.
58. Thomas A. Marks, ›Mao Tse-tung and the Search for 21st Century Counterinsurgency‹, *CTC Sentinel*, 2, no. 10 (2009), 17–20, S. 18.
59. Lockyer, ›Foreign Intervention and Warfare in Civil Wars‹, S. 98.

5. Feinde im In- und Ausland

1. Zitiert in: Ulrich Pilster und Tobias Böhmelt, ›Coup-Proofing and Military Effectiveness in Interstate Wars, 1967–99‹, Conflict Management and Peace Science 28, no. 4 (2011), 331–50, S. 331.
2. Ebd., S. 331–50.
3. Cigdem V. Sirin und Michael T. Koch, ›Dictators and Death: Casualty Sensitivity of Autocracies in Militarized Interstate Disputes‹, International Studies Quarterly 59, no. 4 (2015), 802–14.
4. Ben Doherty, ›Former SAS Soldier Arrested and Charged in NSW for Alleged War Crime Over Killing of Afghan Civilian‹, *Guardian*, 20. März 2023.
5. Simon Sebag Montefiore, Stalin: The Court of the Red Tsar, Phoenix, 2004, S. 229.
6. Ebd., S. 226–27
7. Robert Service, Stalin, Pan, 2010, S. 343.
8. Ebd., S. 351–52.
9. Sebag Montefiore, Stalin, S. 252.
10. Ebd., S. 237.
11. Ebd., S. 229.
12. Service, Stalin, S. 356.
13. Peter Whitewood et al., The Red Army and the Great Terror: Stalin's Purge of the Soviet Military, University Press of Kansas, 2015.
14. Sebag Montefiore, Stalin, S. 230.
15. Robert Service, The Penguin History of Modern Russia: From Tsarism to the Twenty-first Century (3rd edition), 2009, S. 225.
16. ›Great Purge‹, Encyclopedia Britannica, 2023, https://www.britannica.com/event/Great-Purge
17. Kenneth Pollack, Armies of Sand, Oxford University Press, 2019, S. 115.
18. Ebd., S. 115–16.

19. Kenneth Pollack, Arabs at War: Military Effectiveness, 1948–1991, University of Nebraska Press, 2002, in: Pilster und Böhmelt, ›Coup-Proofing and Military Effectiveness in Interstate Wars, 1967–99‹, S. 336.
20. Der folgende Abschnitt basiert auf: Lindsey O'Rourke, Covert Regime Change, Cornell University Press, 2018.
21. Ebd., S. 2.
22. Ebd., S. 49.
23. Ebd., S. 53.
24. Evans Thomas, The Very Best Men: Four Men Who Dared; The Early Years of the CIA, Touchstone, 1995, S. 120, zitiert in: ebd., S. 57.
25. ›The Bay of Pigs‹, John F. Kennedy Presidential Library and Museum, https://www.jfklibrary.org/learn/about-jfk/jfk-in-history/the-bay-of-pigs
26. ›Memorandum From the President's Special Assistant for National Security Affairs (Bundy) to President Kennedy‹, United States Department of State, Office of the Historian, 8. Februar 1961, https://history.state.gov/historicaldocuments/frus1961–63v10/d39
27. Bill Newcott, ›After 60 Years, Bay of Pigs Disaster Still Haunts Veterans Who Fought‹, National Geographic, 16. April 2021.
28. ›The Bay of Pigs‹, John F. Kennedy Presidential Library and Museum, https://www.jfklibrary.org/learn/about-jfk/jfk-in-history/the-bay-of-pigs
29. Newcott, ›After 60 Years, Bay of Pigs Disaster Still Haunts Veterans Who Fought‹.
30. ›The Bay of Pigs Invasion‹, CIA, 18. April 2016, https://www.cia.gov/stories/story/the-bay-of-pigs-invasion/
31. ›Memorandum From the Chief of Operations in the Deputy Directorate for Plans (Helms) to Director of Central Intelligence McCone‹, United States Department of State, Office of the Historian, 19. Januar 1962, https://history.state.gov/historicaldocuments/frus1961-63v10/d292

32. Alexander Smith, ›Fidel Castro: The CIA's 7 Most Bizarre Assassination Attempts‹, NBC News, 28. November 2016, https://www.nbcnews.com/storyline/fidel-castros-death/fidel-castro-cia-s-7-most-bizarre-assassination-attempts-n688951
33. Max Boot, ›Operation Mongoose: The Story of America's Efforts to Overthrow Castro‹, Atlantic, 5. Januar 2018.
34. Bruce Bueno de Mesquita, Randolph M. Siverson and Gary Woller, ›War and the Fate of Regimes: A Comparative Analysis‹, American Political Science Review 86, no. 3 (1992), 638–49, S. 642.
35. Zur Verbindung zwischen Demonstrationen und Außenpolitik vgl. z. B.: Jessica Chen Weiss, Powerful Patriots: Nationalist Protest in China's Foreign Relations, Oxford University Press, 2014.
36. D. Sean Barnett et al., ›North Korean Conventional Artillery‹, RAND Corporation, 2020, S. 2, https://www.rand.org/pubs/research_reports/RRA619-1.html
37. Ebd.
38. Julian Ryall, ›South Korea: Why is Seoul's Population Declining?‹, Deutsche Welle, 19. Juni 2022, https://www.dw.com/en/south-korea-why-is-seouls-population-declining/a-62138302
39. Barnett et al., ›North Korean Conventional Artillery‹, S. 17.
40. Cameron S. Brown, Christopher J. Fariss und R. Blake McMahon, ›Recouping After Coup-Proofing: Compromised Military Effectiveness and Strategic Substitution‹, International Interactions 42, no. 1 (2016), 1–30, S. 2 und 8.
41. Ibid., S. 8.
42. Nicholas Miller, Interview mit dem Autor, 9. März 2023.
43. Malfrid Braut-Hegghammer, ›Why North Korea Succeeded at Getting Nuclear Weapons – When Iraq and Libya Failed‹, Washington Post, 2. Januar 2018.
44. John Wright, Libya, Ernest Benn, 1969, S. 199, in: Malfrid Brautt-Hegghammer, Unclear Physics, Cornell University Press, 2016, S. 128.

45. Ebd.
46. Ebd., S. 143.
47. John K. Cooley, Libyan Sandstorm, Holt, Rinehart und Winston, 1982, S. 230, in: Thomas Müller-Färber, ›How the Qaddafi Regime Was Driven into Nuclear Disarmament‹, doctoral dissertation, Hertie School of Governance, Berlin Graduate School for Transnational Studies, Juni 2016, S. 162.
48. Müller-Färber, ›How the Qaddafi Regime Was Driven into Nuclear Disarmament‹, S. 162.
49. Brautt-Hegghammer, Unclear Physics, S. 157–58.
50. Akar Bharadvaj and Kevin Woods, ›When Strongmen Invade, They Bring Their Pathologies With Them‹, War on the Rocks, 18. Mai 2022, https://warontherocks.com/2022/05/when-strongmen-invade-they-bring-their-pathologies-with-them/
51. Caitlin Talmadge, The Dictator's Army, Cornell University Press, 2015, S. 162.
52. Kevin M. Woods et al., ›Saddam's Generals‹, Institute for Defense Analyses, 2011, S. 20.
53. Ebd., S. 14.
54. Ebd., S. 20.
55. ›Uzbekistan: Two Brutal Deaths in Custody‹, Human Rights Watch, 9. August 2002, https://www.hrw.org/news/2002/08/09/uzbekistan-two-brutal-deaths-custody
56. Nick Paton Walsh, ›Uzbek Mother Who Publicised »Boiling« Torture of Son Gets Hard Labour‹, Guardian, 13. Februar 2004.
57. Andrea Koppell und Elise Labott, ›US-Uzbek Ties Grow Despite Rights Concerns‹, CNN, 12. März 2002, https://edition.cnn.com/2002/US/03/12/ret.uzbek.us/
58. ›Joint Press Conference with President Islam Karimov‹, Tashkent, Uzbekistan, 8. Dezember 2001, US Department of State Archive, https://20012009.state.gov/secretary/former/powell/remarks/2001/dec/6749.htm
59. Daniel J. O'Connor, ›Rethinking Uzbekistan: A Military View‹, Military Review, März–April 2020, https://www.

armyupress.army.mil/Journals/Military-Review/English-Edition-Archives/March-April-2020/OConnor-Rethinking-Uzbekistan/

6. Wer schießt, verliert

1. Zitiert in: Héctor Tobar, ›Hugo Banzer, 75: Bolivian Dictator Turned President‹, *Los Angeles Times*, 6. Mai 2002.
2. Susan Ratcliffe (Hrsg.), *Oxford Essential Quotations*, Oxford University Press, 2017, https://www.oxfordreference.com/display/10.1093/acref/9780191843730.001.0001/q-oro-ed5-00007069
3. Barbara Geddes, Joseph Wright and Erica Frantz, *How Dictatorships Work*, Cambridge University Press, S. 179.
4. Gene Sharp, *From Dictatorship to Democracy*, Serpent's Tail, 2012 / *Von der Diktatur zur Demokratie. Ein Leitfaden für die Befreiung.* C. H. Beck, 2008.
5. Kristian S. Gleditsch und Mauricio Rivera, ›The Diffusion of Nonviolent Campaigns‹, *Journal of Conflict Resolution* 61, no. 5 (2017), 1120–1145, S. 1123.
6. Ein serbischer Aktivist im Gespräch mit dem Autor, 16. Februar 2023.
7. Erica Chenoweth, *Civil Resistance*, Oxford University Press, 2021, S. 95.
8. Ebd., S. 114.
9. Ebd., S. 115.
10. Ebd.
11. Vgl. Christian Davenport, ›State Repression and Political Order‹, *Annual Review of Political Science* 10, no. 1 (2007), 1–23 auf S. 7.
12. Erica Chenoweth and Maria J. Stephan, *Why Civil Resistance Works*, Columbia University Press, 2013.
13. ›Ukraine: Excessive Force Against Protestors‹, Human Rights Watch, 3. Dezember 2013, https://www.hrw.org/news/2013/12/03/ukraine-excessive-force-against-protesters

14. Oksana Grytsenko und Shaun Walker, ›Ukrainians Call for Yanukovych to Resign in Protests Sparked by EU U-turn‹, *Guardian*, 2. Dezember 2013.
15. Hanna Arhirova, ›10 years Later, a War-weary Ukraine Reflects on Events That Began Its Collision Course with Russia‹, Associated Press News, 21. November 2023, https://apnews. com/article/ukraine-uprising-anniversary-russia-war-maidan-2f73f31a5aec45bd7dbcddae8f72edac
16. Susan Ormiston, ›Remembering the 2014 Ukraine Revolution, Which Set the Stage for the 2022 Russian Invasion‹, CBC News, 23. Februar 2023, https://www.cbc.ca/news/ukraine-2014-euromaidan-1.6756384
17. Vgl. Daniel Byman und Jennifer Lind, ›Pyongyang's Survival Strategy: Tools of Authoritarian Control in North Korea‹, *International Security* 35, no. 1 (2010), 44–74.
18. ›Amnesty International Report 2022 / 23: The State of the World's Human Rights‹, Amnesty International, 27. März 2023, https://www.amnesty.org/en/documents/pol10/5670/2023/en/
19. ›Russia: Police Raid Prominent Rights Group‹, Human Rights Watch, 4. Dezember 2008, https://www.hrw.org/news/2008/12/04/russia-police-raid-prominent-rights-group
20. Katherin Machalek, ›Factsheet: Russia's NGO Laws‹, in ›Contending with Putin's Russia: A Call for American Leadership‹, *Freedom House*, 6. Februar 2013, S. 11, https://freedomhouse.org/sites/default/files/2020-02/SR_Contending_with_Putins_Russia_PDF.pdf
21. Ebd., S. 12.
22. Andrew Roth, ›Russian Court Orders Closure of Country's Oldest Human Rights Group‹, *Guardian*, 28. Dezember 2021.
23. Mary Elise Sarotte, *The Collapse*, Basic Books, 2014, S. 9.
24. Matt Ford, ›A Dictator's Guide to Urban Design‹, *Atlantic*, 21. Februar 2014.

25. Siddharth Varadarajan, ›Dictatorship by Cartography‹, *Himal Southasian*, Februar 2007.
26. Matt Ford, ›A Dictator's Guide to Urban Design‹, *Atlantic*, 21. Februar 2014.
27. Yana Gorokhovaskaia und Isabel Linzer, ›Defending Democracy in Exile‹, *Freedom House*, Juni 2022, S. 4, https://freedomhouse.org/sites/default/files/2022-05/Complete_TransnationalRepressionReport2022 NEW 0.pdf
28. Ebd.
29. Die Darstellung von Jias Erfahrung basiert auf: Jia Zu, ›I Will Never Forget the Tiannanmen Massacre‹, *Washington Post*, 4. Juni 1999.
30. Ebd.
31. Peter Ellingsen, ›Remembering Tiananmen‹, *Sydney Morning Herald*, 3. Juni 2014.
32. ›Tiananmen 30 Years On: China's Indelible Stain‹, Amnesty International, 1. Juni 2019, https://www.amnesty.org/en/latest/news/2019/06/china-tiananmen-crackdown-30-years-on/
33. Nicholas D. Kristof, ›Crackdown in Beijing; Troops Attack and Crush Beijing Protest; Thousands Fight Back, Scores Are Killed‹, *New York Times*, 4. Juni 1989.
34. Louisa Lim, *People's Republic of Amnesia*, Oxford University Press, 2014, S. 7.
35. Sheryl Wudunn, ›In Beijing, Rage and Despair Over the Soldiers' Brutality‹, *New York Times*, 5. Juni 1989.
36. Lily Kuo, ›China's Other Tiananmens: 30 Years On‹, *Guardian*, 2. Juni 2019, https://www.theguardian.com/world/2019/jun/02/chinas-other-tiananmens-30th-anniversary-1989-protests
37. Lim, *People's Republic of Amnesia*, S. 189.
38. Deng Xiaoping, ›Deng's June 9 Speech: »We Faced a Rebellious Clique« and »Dregs of Society«‹, *New York Times*, 30. Juni 1989.

39. Siegbert Schefke, *Als die Angst die Seiten wechselte*, Transit, 2019, S. 61 und 62.
40. Ebd., S. 97.
41. Sarotte, *The Collapse*, S. 53.
42. Hartmut Zwahr, *Ende einer Selbstzerstörung*, Sax, 2014, S. 90.
43. Bernd-Lutz Lange und Sascha Lange, *David gegen Goliath*, Aufbau, 2019, S. 82–84.
44. Zwahr, *Das Ende einer Selbstzerstörung*, S. 89.
45. Vgl. z. B. ebd., S. 90.
46. Ebd.
47. Sarotte, *The Collapse*, S. 71.
48. Ebd., S. 72.
49. Ebd., S. 73–74.
50. Steven Levitsky und Lucan A. Way, ›Linkage Versus Leverage: Rethinking the International Dimension of Regime Change‹, *Comparative Politics* 38, no. 4 (2006), S. 379–400.
51. Dieses Manöver ist inspiriert von der realen Reaktion von Monarchien während des Arabischen Frühlings, wie beschrieben von Yasmina Abouzzohour in: ›Heavy Lies the Crown: The Survival of Arab Monarchies, 10 Years after the Arab Spring‹, *Brookings*, 8. März 2021, https://www.brookings.edu/articles/heavy-lies-the-crown-the-survival-of-arab-monarchies-10-years-after-the-arab-spring/

7. Keine andere Option

1. Efraim Karsh, ›Conflict of Necessity‹, *Los Angeles Times*, 30. März 2003.
2. ›Assassination‹, *Encyclopaedia Britannica*, 5. Dezember 2023, https://www.britannica.com/topic/assassination
3. Barbara Schmitz, ›War, Violence and Tyrannicide in the Book of Judith‹, S. 103–19, in: Jan Liesen and Pancratius Beentjes (Hrsg.), *Visions of Peace and Tales of War*, De Gruyter, 2010, S. 112.
4. Moses I. Finley, *The Ancient Greeks*, Penguin, 1977, S. 58,

zitiert in: Shannon K. Brincat, ›»Death to Tyrants«: The Political Philosophy of Tyrannicide – Part 1‹, *Journal of International Political Theory* 4, no. 2 (2008), 212–40 auf S. 215.

5. Aristotle (übersetzt von Terence Irwin), *Nicomachean Ethics*, Hackett Press, 2000, S. 36, zitiert ebd., S. 217.
6. Ebd., S. 216 und 218.
7. Ebd., S. 220.
8. ›John of Salisbury‹, *Stanford Encyclopaedia of Philosophy*, 27. April 2022, https://plato.stanford.edu/entries/john-salisbury/
9. Cary Nederman, ›Three Concepts of Tyranny in Western Medieval Political Thought‹, *Contributions to the History of Concepts* 14, no. 2 (2019), S. 9.
10. John of Salisbury (hrsg. von Cary J. Nederman), *Policraticus: Of the Frivolities of Courtiers and the Footprints of Philosophers*, Cambridge University Press, 1990, S. 210.
11. Nederman, ›Three Concepts of Tyranny in Western Medieval Political Thought‹, S. 9.
12. See Cary J. Nederman, ›A Duty to Kill: John of Salisbury's Theory of Tyrannicide‹, *Review of Politics* 50, no. 3 (1988), S. 365–389.
13. Robert S. Miola, ›Julius Caesar and the Tyrannicide Debate‹, *Renaissance Quarterly* 38, no. 2 (1985), 271–89 auf S. 274.
14. Benjamin F. Jones and Benjamin A. Olken, ›Hit or Miss? The Effect of Assassinations on Institutions and War‹, *American Economic Journal: Macroeconomics* 1, no. 2 (2009), 55–87 auf S. 56.
15. John Chin et al., ›Reshaping the Threat Environment: Personalism, Coups, and Assassinations‹, *Comparative Political Studies* 55, no. 4 (2022), 657–87.
16. Die Darstellung des Anschlags basiert großteils auf: Frances Robles, ›»They Thought I Was Dead«: Haitian President's Widow Recounts Assassination‹, *New York Times*, 30. Juli 2021.
17. Ebd.

18. John Pacenti and Chris Cameron, ›US Prosecutors Detail Plot to Kill Haitian President‹, *New York Times*, 1. Februar 2023.
19. Ebd.
20. ›Haiti President's Assassination: What We Know So Far‹, BBC, 1. Februar 2023, https://www.bbc.com/news/world-latin-america-57762246
21. Jones and Olken, ›Hit or Miss?‹, S. 62.
22. Chin et al., ›Reshaping the Threat Environment‹.
23. Ebd.
24. Elian Peltier und Raja Abdulrahim, ›Can Russia Tame Wagner in Africa Without Destroying It?‹, *New York Times*, 29. Juni 2023.
25. Ebd.
26. Vgl. Jason K. Stearns, *Dancing in the Glory of Monsters*, Public Affairs, 2012, S. 279.
27. Stuart Jeffries, ›Revealed: How Africa's Dictator Died at the Hands of his Boy Soldiers‹, *Guardian*, 11. Februar 2001.
28. Chin et al., ›Reshaping the Threat Environment‹.
29. John Hoyt Williams, ›Paraguayan Isolation under Dr. Francia: A Re-Evaluation‹, *Hispanic American Historical Review* 52, no. 1 (1972), 102–22 auf S. 102.
30. Dalia Ventura, ›Aimé Bonpland, el brillante botánico opacado por Alexander von Humboldt que se enamoró de Latinoamérica‹, BBC, 8. Januar 2022, https://www.bbc.com/mundo/noticias-59593096
31. Stephen Bell, *A Life in Shadow*, Stanford University Press, 2010, S. 62.
32. Ventura, ›Aimé Bonpland‹.
33. Johann Rudolf Rengger, *Historischer Versuch über die Revolution von Paraguay und die Dictatorial-Regierung von Dr. Francia*, J. G. Cotta, 1827, S. 162.
34. Pjotr Sauer, ›Russian Soldiers Say Commanders Used »Barrier Troops« to Stop Them from Retreating‹, *Guardian*, 27. März 2023.

35. Ivan Nechepurenko, ›Putin Holds Highly Choreographed Meeting with Mothers of Russian Servicemen‹, *New York Times*, 25. November 2022.
36. Ebd.
37. Andrew Roth und Pjotr Sauer, ›Putin Talks to Mothers of Soldiers Fighting in Ukraine in Staged Meeting‹, *Guardian*, 25. November 2022.
38. Ebd.
39. Zaryab Iqbal und Christopher Zorn, ›Sic Semper Tyrannis? Power, Repression and Assassination Since the Second World War‹, *Journal of Politics* 68:3 (2006), S. 489–501 auf S. 492.
40. Dan Williams, ›After Duvalier: Haiti – A Scary Time for Voodoo‹, *Los Angeles Times*, 7. März 1986.
41. ›The Death and Legacy of Papa Doc Duvalier‹, *Time*, 17. Januar 2011.
42. Albin Krebs, ›Papa Doc, a Ruthless Dictator, Kept the Haitians in Illiteracy and Dire Poverty‹, *New York Times*, 23. April 1971.
43. Williams, ›After Duvalier‹.
44. Homer Bigart, ›Duvalier, 64, Dies in Haiti; Son, 19, Is New President‹, *New York Times*, 23. April 1971.
45. Rick Atkinson, ›US to Rely on Air Strikes if War Erupts‹, *Washington Post*, 16. September 1990.
46. ›Executive Order 12333 – United States intelligence activities‹, part 2, section 11, US National Archives and Records Administration, 1981, https://www.archives.gov/federal-register/codification/executive-order/12333.html
47. Frank Church et al., ›Alleged Assassination Plots Involving Foreign Leaders – An Interim Report‹, United States Senate, Report No. 94–465, 20. November 1975, S. 255, https://www.intelligence.senate.gov/sites/default/files/94465.pdf
48. Ebd., S. 1.
49. Die meisten Details zum Überfall auf das Blaue Haus stammen aus: Mark McDonald, ›Failed North Korean

Assassin Assimilates in the South‹, *New York Times*, 17. Dezember 2010.
50. Norimutsu Onishi, ›South Korean Movie Unlocks Door on a Once – Secret Past‹, *New York Times*, 15. Februar 2004.
51. Ivan Watson and Jake Kwon, ›How a Plot to Kill Kim Il Sung Ended in Mutiny and Murder‹, CNN, 19. Februar 2018, https://edition.cnn.com/2018/02/18/asia/south-korea-failed-assassination-squad-unit-684-intl/index.html
52. Onishi, ›South Korean Movie Unlocks Door‹.
53. Watson und Kwon, ›How a Plot to Kill Kim Il Sung Ended in Mutiny and Murder‹.
54. Ebd.
55. ›34 Die as Korean Prisoners »Invade« Seoul‹, *New York Times*, 24. August 1971.
56. Andrei Lankov, ›How a Secret Plot to Assassinate North Korea's Leader Spiraled Out of Control‹, NK News, 7. August 2023, https://www.nknews.org/2023/08/how-a-secret-plot-to-assassinate-north-koreas-leader-spiraled-out-of-control/
57. Ebd.
58. Onishi, ›South Korean Movie Unlocks Door‹.
59. Ebd.
60. Ebd.
61. Lankov, ›How a Secret Plot to Assassinate North Korea's Leader Spiraled Out of Control‹.
62. Choe Sang – Hun, ›South Korea Plans »Decapitation Unit« to Try to Scare North's Leaders‹, *New York Times*, 12. September 2017.
63. Ankit Panda, ›South Korea's »Decapitation« Strategy Against North Korea Has More Risks Than Benefits‹, Carnegie Endowment for International Peace, 15 August 2022, https://carnegieendowment.org/2022/08/15/south-korea-s-decapitation-strategy-against-north-korea-has-more-risks-than-benefits-pub-87672
64. Ebd.

65. Ebd.
66. Megan DuBois, ›North Korea's Nuclear Fail – Safe‹, *Foreign Policy*, 16. September 2022.
67. Shane Smith and Paul Bernstein, ›North Korean Nuclear Command and Control: Alternatives and Implications‹, Defense Threat Reduction Agency, August 2022, https://wmdcenter.ndu.edu/Portals/97/Documents/Publications/NK-Nuclear-Command-and-Control_Report.pdf
68. DuBois, ›North Korea's Nuclear Fail – Safe‹.
69. Ebd.
70. Diese Darstellung des venezolanischen Anschlags basiert auf: Christoph Koettl und Barbara Marcolini, ›A Closer Look at the Drone Attack on Maduro in Venezuela‹, *New York Times*, 10. August 2018.
71. Vgl. Chin et al., ›Reshaping the Threat Environment‹.

8. Vorsicht vor dem, was man sich wünscht

1. Ryan Chilcote und Aliaksandr Kudrytski, ›Belarus Strongman Balances Between Ukraine War, Putin, EU‹, Bloomberg, 2. April 2015.
2. Andrea Kendall-Taylor und Erica Frantz, ›How Autocracies Fall‹, Washington Quarterly 37, no. 1 (2014), 35–47, S. 36.
3. Zitiert in: Sarah J. Hummel, ›Leader Age, Death, and Political Reform in Dictatorships‹, University of Illinois at Urbana-Champaign, working paper, 12. Dezember 2017, https://publish.illinois.edu/shummel/files/2017/12/LeaderDeath171106.pdf
4. Seva Gunitsky, Interview mit dem Autor, 12. Januar 2023.
5. Rob Matheson, ›Sudanese Celebrate End of Omar al-Bashir's 30-year Rule‹, Al Jazeera, 11. April 2019, https://www.aljazeera.com/videos/2019/4/11/sudanese-celebrate-end-of-omar-al-bashirs-30-year-rule
6. Die Darstellung basiert vor allem auf dem BBC-Video, das Augenzeugen mit ihren Handys aufgenommen

haben: ›Sudan's Livestream Massacre‹, BBC, 12. Juli 2019, https://www.bbc.com/news/av/world-africa-48956133

7. ›They Were Shouting »Kill Them«‹, Human Rights Watch, 17. November 2019, https://www.hrw.org/report/2019/11/18/they-were-shouting-kill-them/sudans-violent-crackdown-protesters-khartoum
8. Ebd.
9. ›Sudan's Livestream Massacre‹.
10. Ebd.
11. Michelle Gavin, ›Sudan's Coup: One Year Later‹, Council on Foreign Relations, 24. Oktober 2022, https://www.cfr.org/blog/sudans-coup-one-year-later
12. Aidan Lewis, ›What is Happening in Sudan? Fighting in Khartoum Explained‹, Reuters, 13. Juli 2023, https://www.reuters.com/world/africa/whats-behind-sudans-crisis-2023-04-17/
13. Declan Walsh und Abdi Latif Dahir, ›War in Sudan: Who is Battling for Power, and Why It Hasn't Stopped‹, *New York Times*, 26. Oktober 2023.
14. Bruce Bueno de Mesquita und Alastair Smith, *The Dictator's Handbook*, Public Affairs, 2012.
15. Vgl. Barbara Geddes, Joseph Wright und Erica Frantz, *How Dictatorships Work*, Cambridge University Press, 2018, S. 230.
16. Andrej Kokkonen und Anders Sundell, ›Leader Succession and Civil War‹, Comparative Political Studies 53, nos 3–4 (2019), 434–68, S. 434.
17. Andrej Kokkonen und Anders Sundell, ›Delivering Stability: Primogeniture and Autocratic Survival in European Monarchies 1000–1800‹, Quality of Government Institute, Working Paper Series (3. April 2012), S. 4.
18. ›Primogeniture and Ultimogeniture‹, *Encyclopaedia Britannica*, 27. Oktober 2023, https://www.britannica.com/topic/primogeniture
19. Kokkonen und Sundell, ›Delivering Stability‹, S. 6.
20. Xin Nong, ›Informal Succession Institutions and Autocratic

Survival: Evidence from Ancient China‹, working paper, 3. März 2022, https://xin-nong.com/files/Informal_Succession_Xin_EHA.pdf
21. Kokkonen und Sundell, ›Delivering Stability‹, S. 4.
22. Anne Meng, ›Winning the Game of Thrones: Leadership Succession in Modern Autocracies‹, *Journal of Conflict Resolution* 65, no. 5 (2021), 950–81.
23. Erica Frantz und Elizabeth A. Stein, ›Countering Coups: Leadership Succession Rules in Dictatorships‹, *Comparative Political Studies* 50, no. 7 (2017), 935–62.
24. Chris Hodges, ›Damascus Journal: Fist May Be of Iron, but is Assad's Hand Weak?‹, *New York Times*, 17. Dezember 1991.
25. Jason Brownlee, ›Hereditary Succession in Modern Autocracies‹, *World Politics* 59, no. 4 (2007), 595–628, S. 618.
26. Eyal Zisser, ›Does Bashar al-Assad Rule Syria?‹, *Middle East Quarterly* 10, no. 1 (2003), 15–23, S. 17.
27. Amos Chapple, ›What's Changed? Armenia One Year After Revolution‹, Radio Free Europe / Radio Liberty, 23. April 2019.
28. Ebd.
29. Erica Chenoweth und Maria J. Stephan, *Why Civil Resistance Works*, Columbia University Press, S. 213–15.
30. Vgl. Markus Bayer, Felix S. Bethke und Daniel Lambach, ›The Democratic Dividend of Nonviolent Resistance‹, *Journal of Peace Research* 53, no. 6 (2016), 758–71.
31. Erica Frantz, *Authoritarianism*, Oxford University Press, S. 126.
32. George Derpanopoulos et al., ›Are Coups Good for Democracy?‹, *Research and Politics* 3, no. 1 (2016), 1–7, S. 2.
33. John J. Chin, David B. Carter und Joseph G. Wright, ›The Varieties of Coups d'Etat: Introducing the Colpus Dataset‹, *International Studies Quarterly* 65, no. 4 (2021), 1040–51.
34. Paul Collier und Anke Hoeffler, ›Coup Traps: Why Does Africa have so many Coups d'Etat?‹, working paper,

Centre for the Study of African Economies, August 2005, https://ora.ox.ac.uk/objects/uuid:49097086-8505-4eb2-8174-314ce1aa3ebb
35. Ebd.
36. Vgl. z. B.: Clayton L. Thyne und Jonathan M. Powell, ›Coup d'Etat or Coup d'Autocracy? How Coups Impact Democratization, 1950-2008‹, *Foreign Policy Analysis* 12, no. 2 (2016), S. 192–213.
37. Zitiert in: Benjamin F. Jones und Benjamin A. Olken, ›Do Assassins Really Change History?‹, *New York Times*, 10. April 2015.
38. Benjamin F. Jones und Benjamin A. Olken, ›Hit or Miss? The Effect of Assassinations on Institutions and War‹, *American Economic Journal: Macroeconomics 1*, no. 2 (2009), S. 55–87, S. 70.
39. Giuditta Fontana, Markus B. Siewert und Christalla Yakinthou, ›Managing War-to-Peace Transitions after Intra-State Conflicts: Configurations of Successful Peace Processes‹, Journal of Intervention and Statebuilding 15, no. 1 (2023), 25–47, S. 25.
40. Vgl. Andrea Kendall-Taylor und Erica Frantz, ›Putin's Forever War‹, *Foreign Affairs*, 23. März 2023, und Sarah E. Croco, ›The Decider's Dilemma: Leader Culpability, War Outcomes, and Domestic Punishment‹, *American Political Science Review* 105, no. 3 (2011), 457–77.
41. Vgl. Barbara F. Walter, ›Conflict Relapse and the Sustainability of Post-Conflict Peace‹, World Bank, World Development Report 2011 Background Paper, 13. September 2010, https://openknowledge.worldbank.org/server/api/core/bitstreams/3633592d-58d0-5ed5-9394-aea81448f25c/content
42. Die Darstellung basiert vor allem auf: ›Burundi: The Gatumba Massacre‹, Human Rights Watch, September 2004, https://www.hrw.org/sites/default/files/reports/burundi0904.pdf
43. Ebd.

44. Ebd.
45. Zoeann Murphy, ›»He was Alive. They Burned Him«: Congolese Refugees Call for Long-overdue Justice‹, *Washington Post*, 19. September 2014.
46. ›UN Demands Justice After Massacre of 150 Refugees in Burundi‹, *New York Times*, 16. August 2004.
47. Agathon Rwasa, Interview mit dem Autor, 14. März 2023.
48. ›Burundi: 15 Years On, No Justice for Gatumba Massacre‹, Human Rights Watch, 13. August 2019, https://www.hrw.org/news/2019/08/13/burundi-15-years-no-justice-gatumba-massacre
49. Georges Ibrahim Tounkara, ›Burundi: Ex-rebel Agathon Rwasa to Run for President‹, Deutsche Welle, 17. Februar 2020, https://www.dw.com/en/burundi-ex-rebel-agathon-rwasa-to-run-for-president/a-52404700
50. Marielle Debos, *Living by the Gun in Chad*, Zed Books, 2016, S. 103.
51. ›2003–2011: The Iraq War‹, Council on Foreign Relations, https://www.cfr.org/timeline/iraq-war
52. ›L. Paul Bremer III‹, *Encyclopaedia Britannica*, 26. September 2023, https://www.britannica.com/biography/L-Paul-Bremer-III
53. L. Paul Bremer, ›Coalition Provisional Authority Order Number 1‹, Coalition Provisional Authority, 16. Mai 2003.
54. L. Paul Bremer, ›Coalition Provisional Authority Order Number 2‹, Coalition Provisional Authority, 23. Mai 2003.
55. James P. Pfiffner, ›US Blunders in Iraq: De-Baathification and Disbanding the Army‹, *Intelligence and National Security* 25, no. 1 (2010), 76–85, S. 79.
56. Zitiert in: ebd., S. 79.
57. Pfiffner, ›US Blunders in Iraq‹, S. 76.
58. Bruce R. Pirnie und Edward O'Connell, Counterinsurgency in Iraq (2003–2006), RAND Corporation, 2008.
59. ›The Gamble: Key Documents‹, *Washington Post*, 7. Februar 2009.

60. Tom Bowman, ›As the Iraq War Ends, Reassessing the US Surge‹, National Public Radio, 16. Dezember 2011, https://www.npr.org/2011/12/16/143832121/as-the-iraq-war-ends-reassessing-the-u-s-surge
61. Alexander B. Downes und Jonathan Monten, ›Forced to be Free? Why Foreign-Imposed Regime Change Rarely Leads to Democratization‹, *International Security* 37, no. 4 (2013), 90–131, S. 129.
62. Vgl. Jeffrey Pickering und Mark Peceny, ›Forging Democracy at Gunpoint‹, *International Studies Quarterly* 50, no. 3 (2006), 539–59.
63. Zitiert in: Arthur M. Schlesinger, *A Thousand Days: John F. Kennedy in the White House*, Houghton Mifflin, 1965, S. 769.
64. Vgl. Bruce Bueno de Mesquita und George W. Downs, ›Intervention and Democracy‹, *International Organization* 60, no. 3 (2006), 627–49, S. 632.
65. Downes und Monten, ›Forced to Be Free?‹, S. 94.
66. Ebd.
67. Andrea Kendall-Taylor und Erica Frantz, ›When Dictators Die‹, *Foreign Policy*, 10. September 2015.
68. Sarah J. Hummel, ›Leader Age, Death and Political Reform in Dictatorships‹, working paper, University of Illinois at Urbana-Champaign, 12. Dezember 2017, https://publish.illinois.edu/shummel/files/2017/12/LeaderDeath171106.pdf
69. Zur Diskussion der Machtkonzentration: Vgl. Milan W. Svolik, *The Politics of Authoritarian Rule*, Cambridge University Press, 2012.
70. Jun Koga Sudduth und Curtis Bell, ›The Rise Predicts the Fall: How the Method of Leader Entry Affects the Method of Leader Removal in Dictatorships‹, *International Studies Quarterly* 62, no. 1 (2018), 145–59.

9. Wie man Diktatoren stürzt

1. Zitiert in: David Hoffman, ›Putin Faces a State of Disorder‹, *Washington Post*, 3. Januar 2000.
2. ›Guido Versus Maduro: Who Backs Venezuela's Two Presidents?‹, Reuters, 24. Januar 2019.
3. Alan Riding, ›US Leads Efforts to Oust Somoza and Lead Nicaragua to Democracy‹, *New York Times*, 16. November 1978.
4. Mateo Cayetano Jarquin, ›A Latin American Revolution: The Sandinistas, the Cold War, and Political Change in the Region, 1977–1990‹, Dissertation, 2019, Harvard University, Graduate School of Arts & Sciences, S. 74.
5. Jason Brownlee, ›Hereditary Succession in Modern Autocracies‹, *World Politics* 59, no. 4 (2007), 595–628, S. 613.
6. Die Darstellung der NSO Gruppe in Mexiko basiert hauptsächlich auf: Natalie Kitroeff und Ronen Bergman, ›How Mexico Became the Biggest User of the World's Most Notorious Spy Tool‹, *New York Times*, 18. April 2023.
7. Ronen Bergman und Mark Mazzetti, ›The Battle for the World's Most Powerful Cyberweapon‹, *New York Times*, 28. Januar 2022.
8. Ebd.
9. ›The Persecution of Ahmed Mansoor‹, Human Rights Watch, 27. Januar 2021, https://www.hrw.org/report/2021/01/27/persecution-ahmed-mansoor/how-united-arab-emirates-silenced-its-most-famous-human
10. Bergman und Mazzetti, ›The Battle for the World's Most Powerful Cyberweapon‹.
11. Marcel Dirsus und David Landry, ›Interview [mit Agathe Demarais]: Sanctions‹, *Hundred*, 21. November 2022, https://thehundred.substack.com/p/interview-sanctions
12. Ebd.
13. Ebd.
14. Agathe Demarais, Interview mit dem Autor, 13. April 2023.

15. Abel Escribà – Folch and Joseph Wright, ›Dealing with Tyranny: International Sanctions and the Survival of Authoritarian Rulers‹, *International Studies Quarterly* 54, no. 2 (2010), 335–59 auf S. 335.
16. Ebd., S. 341.
17. Ebd., S. 355.
18. Janis Kluge zitiert in: Jeanne Wahlen und Catherine Belton, ›Sanctions Haven't Stopped Russia, But a New Oil Ban Could Cut Deeper‹, *Washington Post*, 15. Februar 2023.
19. Die Darstellung von Bobi Wines Verhaftung basiert hauptsächlich auf: Abdi Latif Dahir, ›Uganda's Top Opposition Leader Says He is Under House Arrest‹, *New York Times*, 5. Oktober 2023.
20. Ebd.
21. Für mehr Information über die Opposition in Gambia vgl.: Jeffrey Smith, ›Gambia's Opposition Unites‹, *Foreign Affairs*, 25. November 2016.
22. Vgl. Yana Gorokhovaskaia und Isabel Linzer, ›Defending Democracy in Exile‹, *Freedom House*, Juni 2022, S. 4, https://freedomhouse.org/sites/default/files/202205/Complete_TransnationalRepressionReport2022_NEW_0.pdf
23. Rory Cormac, ›So you could argue that …‹, Twitter (renamed ›X‹), 7. März 2023, https://x.com/RoryCormac/status/1633147729114193923?s=20
24. Vgl. Milan W. Svolik, *The Politics of Authoritarian Rule*, Cambridge University Press, 2012.
25. ›Shareholder Structure‹, Volkswagen Group, 31. Dezember 2022, https://www.volkswagen-group.com/en/shareholder-structure-15951
26. Roshan Goswami, ›Lucid, Activision, EA, Uber: Here's Where Saudi Arabia's Sovereign Wealth Fund Has Invested‹, CNBC, 11. Juli 2023, https://www.cnbc.com/2023/07/11/activision-ea-uber-heres-where-saudi-arabias-pif-has-invested.html
27. Das Porträt von ZunZuneo hier basiert hauptsächlich auf

einem Artikel von Associated Press: ›US Secretly Created »Cuban Twitter« to Stir Unrest and Undermine Government‹, *Guardian*, 3. April 2014.
28. Ebd.
29. Ebd.
30. Associated Press, ›US Aid Chief Faces Questions Over »Cuban Twitter«‹, *Guardian*, 8. April 2014.
31. ›Sputnik and the Space Race‹, National Archives, Dwight D. Eisenhower Library, https://www.eisenhowerlibrary.gov/research/online-documents/sputnik-and-space-race
32. Amy Ryan und Gary Keeley, ›Intelligence Success or Failure?‹, Studies in Intelligence 61, no. 3 (2017), extracts.
33. Vgl. z. B. Christopher Ingraham, ›Satellite Data Strongly Suggests that China, Russia and Other Authoritarian Countries Are Fudging Their GDP Reports‹, *Washington Post*, 15. Mai 2018.
34. Andrew Natsios, ›Don't Play Politics with Hunger‹, *Washington Post*, 9. Februar 1997, zitiert in: Emma Campbell, ›Famine in North Korea: humanitarian policy in the late 1990s‹, Overseas Development Institute, HPG Working Paper, Dezember 2015, S. 6, https://cdn.odi.org/media/documents/10213.pdf
35. Campbell, ›Famine in North Korea‹, S. 6.
36. Ebd., S. 8.
37. Ebd., S. 5.
38. Susan Ratcliffe (Hrsg.), *Oxford Essential Quotations*, Oxford University Press, 2016, https://www.oxfordreference.com/display/10.1093/acref/9780191826719.001.0001/q-oro-ed4-00018657
39. Zitiert in: David Rothkopf, ›Why It's Too Early to Tell How History Will Judge the Iran and Greece Deals‹, *Foreign Policy*, 14. Juli 2015.
40. Ratcliffe, *Oxford Essential Quotations*.

Personenregister

A

Amin, Idi   21, 26, 46, 50
Andeme, Pedro Ekong   90
Arafat, Yasser   117
Asel   35 f., 39
Assad, Bashar al-   155
Assad, Hafez al-   258 f.
Atkinson, Rick   237
Augustinus   221
Avazov, Muzafar   182

B

Banzer, Hugo   187
Bashir, Omar al-   250 ff., 255
Below, Ivan   163
Ben Ali, Zine el-Abidine   46, 50, 308 f.
Biya, Paul   273
Bokassa, Jean-Bédel   27
Booth, John Wilkes   245
Bortnikow, Alexander   83
Braut-Hegghammer, Malfrid   178
Bremer, Paul   268 f.
Bruin, Erica de   119, 125
Burhan, Abdel Fattah al-   253
Bush, George W.   182 f., 267, 270
Byman, Daniel   70

C

Calderón, Felipe   282
Cardenal, Pedro Joaquín Chamorro   133
Carter, Jimmy   134, 278
Castro, Fidel   134, 169–172, 237, 271, 273
Ceausescu, Nicolae   47–50
Cheney, Dick   237
Chenoweth, Erica   189 ff., 260
Chung-hee, Park   239 f.
Churchill, Winston   19
Clinton, Bill   284
Cormac, Rory   294
Cromwell, Oliver   113

D

Dagalo, Mohamed Hamdan   251, 253
Debayle, Anastasio Somoza   132, 135
Déby, Idriss   137 ff., 157, 263, 267
Demarais, Agathe   285
Deng Xiaoping   207
DiCaprio, Leonardo   142
Disraeli, Benjamin   262 f.
Don-soo, Yang   240
Dugan, Michael J.   236 f.

Dulles, Allen 168
Duvalier, François »Papa Doc« 235 f.

E
Eisenhower, Dwight D. 168, 302
Enlai, Zhou 179, 308 f.
Erdoğan, Recep Tayyip 29
Escribà-Folch, Abel 45

F
Ferdinand, Franz 246
Ford, Gerald 237
Ford, Matt 201 f.
Frantz, Erica 40
Friedrich der Große 63
Fujimori, Alberto 46
Fukuyama, Francis 28

G
Gaddafi, Muammar al- 9–15, 29 f., 50, 60, 86, 95, 177 ff, 278
Galtieri, Leopoldo 44 f.
Galván Galván, Guillermo 282
Geddes, Barbara 40
Guaidó, Juan 278

H
Habré, Hissène 53, 62, 138 f., 157
Harkness, Kristen 120, 122
Hitler, Adolf 20

Honecker, Erich 212, 214
Hussein, Saddam 20, 87 f., 116 f., 123 f., 179 ff., 219, 237, 267, 269, 278
Hyun-ah, Ji 69

I
Il-sung, Kim 70, 239 f.

J
Jammeh, Yahya 95 ff., 99, 101 ff., 291, 297
Janukowitsch, Viktor 83, 192 f.
Jeschow, Nikolai 163
Johannes von Salisbury 221
Johnson, Boris 32
Jones, Benjamin 263
Jong-il, Kim 70
Jong-un, Kim 25, 28, 70, 84, 176, 197 f., 241 ff.

K
Kabila, Joseph 16, 18, 30
Kabila, Laurent 229
Kagame, Paul 194
Karimow, Islam 182 f., 248
Katharina die Große 62 ff., 67
Kennedy, John F. 11, 98, 169, 271, 278
Kennedy, Robert F. 171
Kissinger, Henry 156
Klaas, Brian 110
Krenz, Egon 212 f.

L

Lambert, Joseph-François 80
Laxalt, Paul 57
Levitsky, Steven 214
Lind, Jennifer 70
Lissouba, Pascal 147
Lu Jinghua 260
Lumumba, Patrice 237

M

M'ba, Léon 128
Machiavelli, Niccolò 76
Maduro, Nicolás 244 f., 278
Mann, Simon 105
Manneh, Banka 96–99, 102 f., 297
Mansoor, Ahmed 283
Mao Tse-tung 20, 158, 187
Marcos, Ferdinand »Bongbong« Jr. 56 ff., 293
McNamara, Robert 172
Merkel, Angela 30
Mesquita, Bruce Bueno de 65 f., 72 f., 91
Miller, Nicholas 177
Moïse, Jovenel 223 f.
Moto, Severo 106
Mugabe, Robert 60, 108, 273
Mukungubila, Paul-Joseph 18 f.
Museveni, Yoweri 287

N

Naryschkin, Sergej 83
Nasarbajew, Nursultan 36–39
Nazarova, Alla 200
Ndadaye, Melchior 265
Nguema, Francisco Macías 89–94, 106
Nixon, Richard 169
Nkrumah, Kwame 125 ff.
Nyýazow, Saparmyrat 25, 33 f.

O

Obama, Barack 13
Obasanjo, Olusegun 51
Obiang, Teodoro 93, 106, 273
Olken, Benjamin 263
Orbán, Viktor 28
O'Rourke, Lindsey 167
Otan, Nur 39

P

Pahlavi, Mohammad Reza 9, 27
Panda, Ankit 242
Papa Doc siehe Duvalier, François
Papa Faal 95, 100 f.
Peter III., Zar 62–65, 67
Pol Pot 20, 27
Post, Jerrold 87 f.
Powell, Colin 183
Powell, Jonathan 104

Princip, Gavrilo 246
Putin, Wladimir 28, 82 ff., 161, 196, 199, 228, 232 ff., 277

Q
Quinlivan, James 115

R
Rakoto, Prinz 80 f.
Ranavalona I., Königin 79 ff.
Reyes, Saimi 299
Ross, Michael L. 146
Rwasa, Agathon 265 f.

S
Sanneh, Lamin 96 f., 100 ff.
Santos, Juan Manuel 156
Sarkozy, Nicolas 10
Sarotte, Mary Elise 210, 212
Sassou-Nguesso, Denis 147
Schefke, Siegbert 24, 208 f., 214
Schewardnadse, Eduard 190
Seko, Mobutu Sese 31, 229
Sharp, Gene 189
Shin-jo, Kim 238
Smith, Alastair 65 f., 72 f., 91
Stephan, Maria 260

Stroessner, Alfredo 134

T
Taylor, Charles 51 f., 59 f.
Thatcher, Margaret 44
Thyne, Clayton 104
Tokayew, Kassym-Shomart 37
Touadéra, Faustin-Archange 228 f.
Treisman, Daniel 44
Trujillo, Rafael 237
Trujillo, Ramfis 271, 278
Trump, Donald 284
Tuchatschewski, Michail 162, 164
Tumanow, Pawlo 192

W
Waal, Alex de 153
Watutin, Nikolai 165
Way, Lucan A. 214
Wine, Bobi 288 f.
Wright, Joseph 40

X
Xi Jinping 28

Z
Zwick, Edward 142

Seit Jahren befinden sich Populisten auf Erfolgskurs, während Politik und Zivilgesellschaft ihnen bislang hilflos gegenüberstehen. Viele Wähler halten sich selbst für die wahren Demokraten und sehen sich als »schweigende Mehrheit«. Die Populisten bestärken dieses Selbstverständnis und zeichnen das Bild einer Demokratie in der permanenten Krise. Eine erfolgreiche Strategie, gegen die man kaum etwas ausrichten kann – oder doch?

Leseproben und mehr unter www.kiwi-verlag.de

Kiepenheuer & Witsch

»Wer dieses Buch gelesen hat, wird sich nie wieder ohne einen Anflug von Unbehagen ans Steuer eines VW setzen, eine Versicherung bei der Allianz abschließen oder im Supermarkt nach einer Pizza von Dr. Oetker greifen. Am Ende verspürt man Ehrfurcht vor der Macht der Gier.« *Daily Telegraph*

Leseproben und mehr unter www.kiwi-verlag.de

Adolf Hitler hat im Verlauf seiner politischen Karriere der ausländischen Presse mehr als hundert Interviews gegeben. Journalisten aus aller Welt fanden den deutschen Diktator als Gesprächspartner faszinierend. Lutz Hachmeister erzählt nun erstmals die aufschlussreiche Gesamtgeschichte dieser Treffen und fragt: Was lässt sich daraus lernen?

»Die Lektüre von Hachmeisters letztem Buch sollte in die Curricula aller Journalistenschulen aufgenommen werden.«
René Schlott, Süddeutsche Zeitung

Leseproben und mehr unter www.kiwi-verlag.de

Kiepenheuer & Witsch